Christoph Ransmayr
Ach, Carlos

Karl Markus Michel war ein friedlicher Mann, der seinen Zeitgenossen weder Rang, Ehre noch Besitz streitig machen wollte. Seine Freunde nannten ihn *Carlos*, aber er hatte wohl selbst unter den Menschen Freunde, die ihn mit *Sehr geehrter Herr* ansprachen, wenn sie sich um ihn als Autor, Herausgeber, Lektor, Essayisten oder Philosophen bemühten. Geehrt oder geliebt: An seinem Ende wollte dieser Mann nicht nur die bescheidensten Titel, sondern auch alle seine Namen wieder ablegen und verfügte in einem letzten Willen, man möge seine Manuskripte, Fotos, Briefe, alles vernichten, seinen Leichnam verbrennen und die Asche auf dem Urnenfeld A9 des Berliner Friedhofs Heerstraße, dem Feld der Namenlosen, anonym bestatten.

Ich habe dieses Feld an einem Wintertag des vergangenen Jahres unter einer dünnen weißen Decke gesehen. Der leichte Schneefall dieses Tages tilgte alle Spuren der Erdarbeiten, die nötig gewesen waren, um eine Karrenladung voll Urnen mit der Asche von Menschen zu begraben, die Gleiches verfügt hatten wie mein Freund. Eine weiße Fläche, ohne Grabstein, ohne Grabhügel, ohne ein Zeichen der Erinnerung. Nur am Rand des Urnenfeldes und wie auf der Flucht vor der Leere verloren, lag ein Blumenkranz für eine wohl gemeinsam mit Carlos bestattete Frau. Ihr Name schien mir an diesem Morgen für alle Namen der hier für immer Verschwundenen und Betrauerten zu stehen, bestand die Inschrift auf der Kranzschleife doch nur aus zwei Worten: *Ach, Lucy.*

Ach, Carlos hätte wohl über jenes Steinmal gelacht, das ich ihm Wochen vor seinem Tod, an einem Steilhang der Caha Mountains auf der Halbinsel Beara im Südwesten Irlands, gemeinsam mit einem irischen Begleiter errichtet habe. Wenn Carlos lachte, dann stets verhalten, eher in sich hinein als über die Köpfe hinweg und so leise wie er sprach. Wenn Stimmengewirr oder Lärm ihn zwangen, seine Stimme zu erheben, war er schnell zu erschöpfen. Er hätte gelacht: ein Steinmal, ein Steinmann im Hochmoor zwischen Cork und Kerry – ausgerechnet ihm!

Die Errichtung dieses mannshohen Zeichens unter einem klaren, über der Atlantikküste stürmischen Herbsthimmel war zunächst tatsächlich mehr Spiel als Arbeit, gar Erinnerungsarbeit gewesen – Stein auf Stein: bloß dazu geeignet, uns in einer windigen Höhe warmzuhalten, die wir wegen des weiten Blicks über Felseninseln und Meer und auf die hellblauen Seen einer Hochmoorlandschaft nicht so schnell wieder verlassen wollten. Erst als wir den Schlussstein auf unser Werk setzten, einen von Flechten und Moos pelzigen Schieferbrocken, erinnerte mich mein Begleiter daran, dass solche Male schon seit der Zeit prähistorischer Jäger immer auch eine Bedeutung getragen hätten, einen astronomischen oder spirituellen, zumindest einen Sinn als Wegzeichen. Aber in den Caha Mountains gibt es kaum Wege. Also beschwerte ich den Steinmann allein mit dem Wunsch, dass Carlos, der Freund in der Ferne, wieder zu Kräften kommen, ja gesund werden möge. Er lag damals im Sankt-Marien-Hospital in Berlin und kämpfte gegen die Metastasen eines Primärtumors in der Lunge.

Gewiss, Carlos hätte über das Steinmal gelacht und hätte sich, ebenso gewiss, insgeheim darüber gefreut. Für Nachrichten aus den Bergen Corks aber war es zu spät, als ich damals nach Berlin kam. Carlos war am Morgen des 15. November des Jahres 2000 gestorben; sein Arzt sagte: im Schlaf. Ich weiß, dass ihm seine vertrauteste Freundin am Morgen jenes Tages einen Strauß englischer Rosen ans Bett brachte, und ich stelle mir vor, dass dieser Strauß das Zimmer noch schmückte, als es schon leer war.

Steinmale? Moor? Gebirge? Seltsam, wie oft mir Carlos gerade über größere, manchmal größte Entfernungen hinweg nahe erschienen ist. Vieles von dem, was mich anzog, hat er, wenn schon nicht verabscheut, so doch gemieden. Die Einöde?, Wildnis? Um Himmels willen!, nur keine von Regen und Hagelschloßen, Insekten oder Schnee durchwirbelten Landschaften. Und freier Himmel, wenn überhaupt, dann vielleicht auf einer Seepromenade oder Terrasse, in einem Korbstuhl etwa, in der Hand ein Glas trockenen Weißweins.

Carlos hat Landschaften, sofern sie nicht auf Gemälden vor ihm lagen, die er sammelte oder als unerschwinglich bloß bewunderte, grundsätzlich aus der Ferne betrachtet. Dabei haben wir einige der weitesten Reisen, die ich jemals unternahm, zusammen gemacht – zu Fuß, im Hochwinter!, und er trug dabei, wie immer, bloß Sommerschuhe. Soweit ich mich erinnere, war immer Winter, wenn wir durch die Säle der Nationalgalerie in Berlin, des Städelmuseums in Frankfurt, der Münchner Pinakothek oder des Kunsthistorischen Museums in Wien gingen, wanderten, vorüber an Bildern, die ihm die eigentlichen Fenster waren in die Welt. Städtischer Spaziergänger, selten Weltreisender und niemals Abenteurer, schien Carlos die Welt lieber durch diese Fenster zu betrachten als durch die Bullaugen von Flugzeugen und Schiffen und hörte Berichten aus dem Irgendwo manchmal amüsiert zu, Botschaften von anderen Sternen, blieb dabei aber immer aufmerksam, ja forderte mit seinen Fragen von jedem Berichterstatter, sich weiter und genauer und noch genauer zu erinnern:

Die Mondtore eines Tempels im Hongkonger Stadtteil Aberdeen? Das von Dschunken ins Südchinesische Meer flatternde Totengeld, Opfergeld zur Besänftigung der Geister? Und Lü Dong Bin, einer der acht Unsterblichen des Taoismus, der achtzehn Jahre lang vor einer Schale Hirsebrei geschlafen hatte? – Selbst wenn Carlos von seiner Geburtsstadt Hongkong erzählt wurde, wo er, als Sohn eines Missionars 1929 geboren, jene frühesten Lebensjahre verbracht hatte, an die es keine bewusste Erinnerung gibt, hörte er ohne Fernweh und Sehnsucht zu und verblüffte den Erzähler manchmal mit seinen Fragen: Achtzehn Jahre Schlaf? Wer hat die achtzehn Jahre des Schlafes von Lü Dong Bin gezählt?

Es war Carlos mit seinen Fragen, ein Spaziergänger in Sommerschuhen, der mich oft dazu bewegte, weiterzuerzählen, weiterzuschreiben von dem, was wirklich *und* was bloß möglich war.

Der Osten jener Stadt, in der er schließlich bis zu seinem Tod lebte, der Osten Berlins? Carlos hat alle Orte, selbst Viertel seiner eigenen Stadt gemieden, solange sie nur durch Stacheldrahtverhaue oder bloße Löcher in einem Wall zu erreichen waren. Ich erinnere mich, dass er mich Jahre vor der Schleifung der Berliner Mauer zum Bahnhof Friedrichstraße begleitete und dann, nach meiner Rückkehr aus dem *Osten*, in seiner Wohnung bewirtete: Aus Dutzenden Gemälden an den Wänden dieser Wohnung schien Licht wie durch Fensterreihen in die abendlichen Räume zu fallen. Nein, Carlos wollte viele Orte, von denen ihm berichtet wurde, niemals oder niemals wieder betreten, umgaben sie ihn doch in so vielen Farben, Schattierungen und Perspektiven auf den Gemälden seiner Sammlung oder auf den Begriff gebracht, in Sprache verwandelt, in den Tausenden Bänden seiner Bibliothek.

Ich habe Carlos, der sich in Städten niemals gefangen, sondern immer geborgen fühlte, manchmal mit fast missionarischem Eifer ins Freie mitzunehmen versucht, in Gegenden, die mir vertraut waren und deren Zauber ich ihm vorführen wollte. Wenn er sich gelegentlich auf kurze Reisen begab und wir uns beispielsweise in Wien trafen, habe ich ihn überredet, mich in die Hügelketten des Wienerwaldes zu begleiten, wo wir dann schließlich in einem kahlen Wirtshaus Zuflucht suchen mussten, die einzigen Gäste, und aus vergitterten Fenstern, in denen bei schönem Wetter die ganze Stadt in einer bläulichen Tiefe hätte erscheinen sollen, in dichtes Schneetreiben hinausstarrten. Über unseren Köpfen zeigten

Jagdtrophäen, staubige Hirschgeweihe, zum vergilbten Plafond. Ein anderes Mal, es war an der ungarischen Grenze, scheuchte uns ein Wolkenbruch in den mit Rotschimmel ausgeschlagenen Keller eines Weinbauern, während oben, auf einer Terrasse mit großer Aussicht, meterhohe Kakteen, Lieblinge eines leidenschaftlichen Gärtners, unter schlagenden Wasserfahnen alle ihre Blüten verloren. Nach unserer glücklichen Rückkehr in die Stadt sahen wir im Nachtprogramm eines Wiener Kinos einen langen, langen Film über Japan, der meinem Besucher aus Berlin jene zauberische Seenlandschaft mit ihren roten Holztempeln und Shintoschreinen am Fuß des Fujisan vorführen sollte, aus der ich gerade zurückgekehrt war.

Carlos fand Lehrfilme unerträglich, hasste philosophische, aus dem *Off* leiernde Kommentare über Japan und die Wunder der Natur, hasste Hirschgeweihe, schimmelfeuchte Keller, Wolkenbrüche, Schneetreiben, geschwätzige Gärtner und Ausflugsgasthäuser und ... – aber von seinen Vorlieben und Abneigungen erfuhr ich in diesen Jahren immer zu spät. Erst allmählich begann ich meine missionarischen, regelmäßig scheiternden Bemühungen als das zu begreifen, was sie waren – hoffnungslose Versuche, ihm zu vergelten, was er mir gezeigt, was er mir geraten, was er mir erzählt hatte.

Denn was Carlos nicht nur aus seiner anscheinend grenzenlosen Belesenheit, sondern auch aus seinem Leben erzählen konnte, war oft eindrücklicher und bewegender als der abenteuerlichste Bericht – wenn er sich an das im Bombenfeuer verglühende Darmstadt erinnerte, an die Straßenzüge seiner Kindheit und Jugend, an leere Fassaden, in deren Fenstern der Himmel in Flammen stand, an die kochenden Tümpel der Granattrichter, an denen er als fünfzehnjähriger Schüler und panischer Flakhelfer vorüberrennen musste, vorbei an Leichen und Fluchtlinien entlang, die in Bunkern und vor nie wieder vergessenen Fragen endeten: Wohin, um Himmels willen, konnte ein Weg noch führen, Fluchtweg, Ausweg oder gar Bildungsweg, der Ruinen und Berge von Leichen nicht zu umgehen vermochte? In welche Gesellschaft? Welche Zukunft?

Carlos hat auf solche und andere Fragen in einem ebenso bitteren wie feindseligen Nachkriegsfrieden, der schnell den treffenderen Namen eines Kalten Krieges annahm, bei Lehrern nach Antworten gesucht, die Max Horkheimer und Theodor Wiesengrund Adorno hießen, Lehrern, die im Verlauf jener Jahre selber zu Ikonen eines das Grau in Grau der Philosophie durchdringenden Denkens wurden, für ihn aber stets Menschen blieben, mit denen er als Student, dann als Mitarbeiter freundschaftlichen Umgang hatte. Zwar gab es kaum jemanden, der die Werke dieser Heiligen tiefer verstanden und besser zu würdigen gewusst hätte als Carlos, aber wenn er von ihnen erzählte, nahmen ihre Legenden manchmal durchaus anekdotische Facetten an. Dann erschien etwa Max Horkheimer, versunken in heitere Gespräche mit den Huren des Frankfurter Westends: nachbarschaftliche Plaudereien zwischen Philosophie und Prostitution, die Carlos aus den Souterrainfenstern des Frankfurter Institutes für Sozialforschung als Assistent beobachtet hatte, bevor er sich selber in einen Protagonisten der Geistesgeschichte verwandelte. Denn spätestens nachdem er gemeinsam mit seiner Frau die legendäre *weiße* Gesamtausgabe der Werke Georg Friedrich Wilhelm Hegels neu ediert und herausgegeben hatte, begann ihn nicht mehr bloß das Grau der Philosophie, sondern auch der diskrete Ruf einer Grauen Eminenz der deutschen Vernunft zu schmücken. In diesen weißen Bänden, die von Studenten und anderen Interessierten am Deutschen Idealismus jener Jahre ebenso gerne gestohlen wie gekauft wurden, stand aber nicht etwa *herausgegeben von, neu ediert* oder *veranstaltet von* undsoweiter, sondern schlicht: *Redaktion Eva Moldenhauer und Karl Markus Michel.*

Die Phänomenologie des Geistes in Weiß: Für einen Philosophiestudenten wie mich, der damals eine Generation hinter Carlos eine Dissertation über Max Horkheimer begann und niemals beendete, blieb aber stets ermutigender als diese Großtat, dass auch Karl Markus Michel, der Redakteur Hegels, eine begonnene Dissertation über Franz Kafka nie beendet, sondern sich schließlich einem Schreiben zugewandt hatte, das anderen als akademischen Regeln folgen wollte. Einem Schreiben, das er schon allein deshalb niemals leicht nehmen konnte, weil es ihm schwer fiel, schwerer als alles andere. Auch das ermutigte mich und wurde mir vertraut.

Schon das Protokoll unseres ersten Zusammentreffens hätte Teil einer leicht zu erzählenden und schwierig zu schreibenden Geschichte sein können: Ich war um mehr als eine Stunde zu früh aus Wien zu einem Termin, den ich auf keinen Fall versäumen durfte, ins Münchner Villenviertel Bogenhausen gekommen und saß wartend, fröstelnd in meinem Volkswagen vor einem Haus, das mir als Residenz und nicht als bloße Redaktionsadresse erschien – wurde hier doch an einer Art Utopia vieler Zeitschriftenschriftsteller jener Tage gearbeitet, der Monatsschrift *TransAtlantik.* Zwar gab es in dieser Redaktion keine Hierarchien und Titel, aber was anderswo *Chefredakteur* geheißen hätte, bekleidete hier ein *Sehr geehrter Herr Michel.* Ich hatte ihn bis zu dieser Stunde noch nie gesehen und kannte keines der seltenen Fotos, die es von ihm gab. Ich erinnere mich auch hier an leichten Schneefall und war gerade dabei, ordinären Lärm in Kauf zu nehmen, um mich wenigstens am Leerlauf des Motors einige Minuten zu wärmen, als ein hochgewachsener, schwarzhaariger Mann, an dem mir alles dunkel und bedeutsam erschien, die Residenz verließ. Er trug einen wehenden Mantel, und ich war überzeugt, einen geradezu klassischen Autor von *TransAtlantik* an meinem Käfer vorüberschreiten zu sehen. Hinter einer Zeitung in Deckung, versuchte ich dieser unnahbaren Erscheinung eine jener eleganten Geschichten zuzuordnen, die ich bis dahin in *TransAtlantik* gelesen hatte und an denen ich mich im Gespräch der kommenden Stunde wohl messen lassen musste – dem ersten (und einzigen) Vorstellungsgespräch meines Lebens!

TransAtlantik – das Ende der Bescheidenheit las ich dann auf einem nachlässig, wie zur beiläufigen Erinnerung an die Wand des Sekretariats gehefteten Zettel, durch das ich nach Ablauf meiner Käferstunde ins Zimmer des sehr geehrten Herrn Michel geführt wurde und dort – wie in der Geschichte vom Hasen und vom Igel – jenen hochgewachsenen, dunklen Mann freundlich lächelnd an einem seltsam aufgeräumten, fast leeren Schreibtisch wiederfand. Ich hatte ihn die Residenz zwar verlassen, aber nicht wieder betreten sehen.

Ich erinnere mich, dass im Verlauf meiner stockenden Beschreibung von Themen und Plänen auch der Schneefall vor den Fenstern stärker wurde, erinnere mich an die völlig unpassende Sorge um das Profil meiner Sommerreifen, die mich plötzlich überfiel, und erinnere mich insgesamt an eine Fahrigkeit und Nervosität, mit der ich diesem innerhalb eines Augenblicks vom Autor zur absoluten Autorität aufgestiegenen Mann schließlich die falsche Mappe übergab. Diese weiße Flügelmappe hätte Arbeitsproben enthalten sollen, Geschichten, Reportagen, und ihren Leser geneigt machen, in mir einen *TransAtlantik*-Autor der Zukunft zu sehen. Die falsche Mappe!, wie ich erst später, längst zurück in Wien, bemerkte. Was für eine seltsame Empfindung aus Peinlichkeit und Triumph, mit der ich dann Carlos' besänftigende Stimme am Telefon hörte: Die Geschichte wäre, mit einer entsprechenden Einleitung, durchaus für *TransAtlantik* geeignet. Ich hatte ihm irrtümlich eine Vorarbeit zu einem Roman über eine österreichisch-ungarische Arktisexpedition zurückgelassen und erhielt meinen ersten Auftrag – eine Reportage über Polen. Aber Polen litt damals am Kriegsrecht, seine Militärbehörden verweigerten mir die Einreise, und ich musste nach meinem Triumph bleiben, wo ich war. Und in dieser ratlosen Enttäuschung war es wieder Carlos, der mich besänftigte und ermutigte, mich trotzdem auf den Weg zu machen – in die Flüchtlingslager bei Wien, in Archive, eisige Wohnungen, zu den diplomatischen Residenzen der Diktatur und den von Fahnen umflatterten Zielen polnischer Wallfahrer in österreichischen Bergen. Und ich schrieb, schrieb meinen ersten Beitrag für *TransAtlantik,* eine Geschichte über die Schwarze Madonna von Tschenstochau, über die *Königin von Polen,* ohne auch nur einen Fuß in ihr Reich gesetzt zu haben.

Unbetretene Felder. Schnee. Erinnerungen. Ich war im Frühjahr nach Carlos' Tod wieder in den Caha Mountains, wieder gemeinsam mit dem Begleiter des vergangenen Jahres. Aber als wir den Sattel erreichten, an dem wir an einem strahlenden Herbsttag unser Steinmal errichtet hatten, fanden wir nur noch die verstreuten Trümmer eines Bauwerks, das hier noch in einem Jahrhundert hätte aufragen sollen. Kaum ein Stein war auf dem anderen geblieben. Wir hatten nicht bedacht, dass während der Wintermonate und in Wolkenbrüchen das Wasser in Sturzbächen und Kaskaden von den Bergrücken herabschießen, über diesen Sattel rauschen und alles unterspülen, zum Einsturz bringen und davontragen würde, was seinen Weg ans Meer behinderte. Der Sattel lag nun wieder beinahe so leer im einsetzenden Regen, wie er vor uns gewesen war.

Und?, fragte mich mein Begleiter – dein Freund, ist er wieder gesund?

Er ist gestorben, sagte ich, verbrannt und begraben in Berlin.

Und ohne ein weiteres Wort, wie auf ein längst verabredetes Zeichen, begannen wir auf jenem Schauplatz der Erosion und des Verschwindens, an einem wohl bis ans Ende allen Regens zyklisch überfluteten Ort im Südwesten Irlands, unseren Steinmann ein zweites Mal zu errichten.

Hans Magnus Enzensberger
Der Agnostiker als Theologe

EINE ERINNERUNG

»Jenseits aller Vernunft, da lockt etwas, es tröstet, narrt und treibt, bald Einzelne, bald Massen – wohin? Islam, Marienkult, Seelenwanderung, Weltuntergang, Biokost, Börsentips ... Es wird viel geglaubt heutzutage, mit wechselnden Inhalten. Entscheidend ist nur, ob das Individuum den Glauben konsumiert oder der Glaube das Individuum, und wie viele er braucht, um satt zu werden.« So steht es in der Ankündigung zu einem *Kursbuch,* das im September 1988 erschienen ist.

Es war Karl Markus Michel, der diesen Vorschautext formuliert hat; doch wer das Heft, das den lapidaren Titel »Glauben« führt, durchblättert, wird keinen Beitrag des Herausgebers finden. Wer daraus schlösse, dass der Glauben nicht Michels Stärke war, hätte Recht – und Unrecht zugleich. Er hat sich zu diesem Thema immer wieder geäußert, allerdings auf allerlei Umwegen, in Kursbüchern, die unverfängliche Titel wie »Trennungen« oder »Weiter denken« trugen, oder an versteckter Stelle; in einem Fall, einem Essay mit Auszügen »Aus den Archiven des Jüngsten Gerichts«, hat er sogar ein Pseudonym gewählt – eine bezeichnende Strategie für einen Autor, dem es verhasst war, mit der Tür ins Haus zu fallen.

Vermutlich hätte ihm auch jeder Rekurs auf seine Biographie missfallen. Michels Diskretion war sprichwörtlich; darin stimmen alle überein, die ihn kannten. Kein Geheimnis hat er jedoch daraus gemacht, dass er in Hongkong geboren, und dass sein Vater als Missionar in China tätig war; und es gehört wenig Scharfsinn zu der Vermutung, dass ihn diese Kindheitserfahrung dergestalt traumatisiert hat, dass er fortan nie wieder geneigt war, sich irgendeinem Glauben in die Arme zu werfen.

Diese tiefverwurzelte Skepsis, zugleich gedämpft und gepanzert durch eine ausdauernde Ironie, hat ihn jedoch nicht daran gehindert, sich für religiöse Probleme zu interessieren. Man kann ganz im Gegenteil von einer Fixierung sprechen. Immer wieder ist Karl Markus Michel auf die Geschichte und Gegenwart des Glaubens zurückgekommen, in Tonlagen, die zwischen Hass und Respekt changieren. Die stupende Gelehrsamkeit, die sich bei seinen Überlegungen zeigte, machte ihn zu einer ziemlich singulären Erscheinung: Der Agnostiker erwies sich als Theoretiker, der Theologe als Agnostiker.

In einer Zeitschrift, die lange Zeit als ein Forum der Neuen Linken galt, mutete ein so esoterisches Interesse sonderbar, um nicht zu sagen skandalös an, und in der Tat ließ sich gelegentlich ein deutliches Murren von verblüfften Genossen vernehmen, die mit Engeln und Heiligen nicht viel im Sinn hatten. Vielen lag der Gedanke fern, dass sich Michels Beiträge auch als Spurensuche lesen ließen und dass ihre eigenen Ideologien von religiösen Restbeständen zehrten. Für solche Regungen und Motive entwickelte Michel eine untrügliche Witterung, und seine umfassende Kenntnis der Tradition erlaubte es ihm, sie bis in die verborgensten Winkel hinein aufzuklären. Wer den Kult verstehen will, der sich um Che Guevara gebildet hat, kommt um die Geschichte der Heiligen nicht herum, und wer wissen will, wie böse das Monopolkapital wirklich ist, sollte sich einer eingehenden Beschäftigung mit dem Teufel nicht verschließen.

Ob es um die Lehren der Patristik oder der Scholastik, um die Moraltheologie des sechzehnten Jahrhunderts oder um die Bibelexegese ging, stets zeigte sich der Agnostiker als großer Kenner aller einschlägigen Kontroversen. Während andere sich in die Spitzfindigkeiten der marxistischen Doktrin einarbeiteten und zwischen der Zweiten, Dritten, Dreieinhalbten und Vierten Internationale zu unterscheiden wussten, befasste sich Michel mit den nicht weniger subtilen Streitigkeiten auf Synoden und Konzilien der Kirchengeschichte und wurde zum Experten in allen Fragen der Angeologie, der Trinitätslehre und der Kasuistik.

Die Quellen, die er dabei zitierte, sind derart abgelegen, dass es wohl kaum eine theologische Fakultät in Deutschland geben dürfte, in deren Lehrplan sie auftauchen. Wer hätte je von J. de Clusas *Tractatus de apparitione animarum* (1475) gehört oder *Die Hierarchien der Engel und der Kirche* des Proklos (410–485) studiert? Nicht als hätte Michel sich auf die theologisch korrekten Autoren beschränkt. Unter seinen Gewährsleuten finden sich auch Gnostiker und Mystiker aller Spielarten, und neben Hermann Busenbaums *Medulla theologiae moralis, facili ac perspicua methodo resolvens casus conscientiae* von 1660 zieht er, ohne mit der Wimper zu zucken, Jean-Paul Sartre und Bertolt Brecht heran. Kein Wunder, dass sich in Michels privater Bibliothek neben Horkheimer und Foucault die maßgeblichen Ausgaben sämtlicher Kirchenväter fanden.

Auch jenseits der politischen Ideologien des vergangenen Jahrhunderts überlebt das Phantom der Religion in mannigfacher Gestalt. Der Bedarf an Esoterik ist bekanntlich unermesslich groß, und Michel hat sich auch den Zauberern, Spiritisten, Geistersehern und Sektierern der Gegenwart mit großem Eifer und irisierender Ironie zugewandt. Nur ein Aufklärer kann vielleicht ermessen, wie unwiderstehlich die Religion im Zeitalter ihrer Säkularisierung geblieben ist, und nur ein Ungläubiger weiß zu würdigen, wie tief das Bedürfnis, zu glauben, in der Moderne wurzelt.

Karl Markus Michel hat solchen Versuchungen bis zum Ende widerstanden und sich alle Todesrituale, die seine Freunde hätten trösten können, verbeten. Am 1. Dezember 2000, im kahlen Krematorium von Berlin-Ruhleben, hat kein Geistlicher ihn begleitet.

Tilman Spengler
K.M.M.

1.

Zweimal sind wir miteinander verreist, einmal, zu Beginn der achtziger Jahre von München nach Konstanz, das zweite Mal im Frühjahr 1990 von Berlin nach Triest, und ganz gewiss hat er die Stadt an der Adria mehr geschätzt als den deutschen Südwesten. Ohnehin war ihm das Reisen als physischer Vorgang schon damals zu laut und ungeschlacht. Ein Vortrag in Wien, gut, das mochte angehen, doch im Grunde nur, weil es ein Ortswechsel zwischen zwei intelligiblen Metropolen war, in denen mehr oder weniger dieselben Dinge in mehr oder weniger derselben Sprache verhandelt wurden. Ansonsten reizte ihn die Luftveränderung wenig. Vielleicht hing das mit jener ersten Reise zusammen, die ihn als kleines Kind von Hongkong nach Deutschland gebracht hatte. Genaues hat er uns darüber nie erzählt, sie blieb ein geheimnisvoller Vorgang, so als wäre Moses in seinem Schilfkörbchen nicht nur im Nil, sondern auch noch im Indischen Ozean und um Kap Horn geschaukelt. Auch möglich, dass die Unlust mit dem Gefühl der Behaglichkeit verbunden war, das sich einstellt, wenn man die guten Dinge in der Nähe weiß und die interessantesten Bewegungen ausschließlich als Kopfgeburten und -manöver schätzt. Oder, das ist leider genausowenig auszuschließen, es ging um jene ganz spezifische Furcht vor der Einsamkeit, die den Reisenden ohne vertraute Gesellschaft überfällt. Auf jener Fahrt nach Schwaben, in das Allgäu bis zum Bodensee hatten wir Landkommunen der autonomen Szene aufgesucht. Wenn ich mich recht entsinne, ging es uns um Auskünfte zu einem Heft über die Folgen des Deutschen Herbst für die Linke. Es war ein warmer, üppiger Sommer, und K. M. M. hatte sich für den Anlass entschieden zu urban angezogen. Voller Missbill blickte er auf den Entenkot, der die Troddeln seiner weißen Slipper anschwärzte. Später, in einer jener Küchen, die noch dem Ideal des Sperrmülls huldigten, zerriss ihm eine überraschend in Bodennähe hervorschnellende Sprungfeder seines Sessels den Hosenumschlag.

Den in Berlin und Frankfurt so populären Borsalino schätzte man hier weniger als verfilzte Sennerkappen auf langen, verspeckten, bis zu den Schultern herabreichenden Haaren. Daran änderte nichts, dass der elegante Hut aus einer sehr edlen Boutique in München gestohlen worden war, was allerdings weder sein Träger noch seine hiesigen Gastgeber wussten. Nein, hier war K. M. M. nicht in seinem Element, Berlin lag weit, zum Greifen weit entfernt. Man musste sich nur an das Revers fassen.

Dennoch nahm nur er selbst an seinem Aufzug Anstoß. Die Kommunarden sagten »Sie« zu ihm, als sie Schnaps, Käse oder Most anboten, keiner unterbrach ihn, als er sprach, und die Texte, die sie gerne veröffentlicht, die Aufrufe, die sie gerne unterschrieben gesehen hätten, wurden immer nur mir zugesteckt. Nicht, Gott bewahre, dass er eine Ansprache gehalten hätte. In diesen Situationen bestand sein Reden in einer ermunternden Form des Zuhörens, kurzen Kommentaren, manchmal allerdings auch nur in einem spöttischen Blick. Ein zynischer Betrachter hätte gesagt: Hier besucht der intellektuelle Pachtherr ein sehr entlegenes Gut, von dessen Existenz er womöglich bisher nichts geahnt hat. Doch dieses Bild stimmt schon deshalb nicht, weil K. M. M. jeder Art von Bindung sehr skeptisch gegenüberstand und solchen, in denen es zu einer Bringschuld gekommen sein könnte, ganz besonders.

Zwei Tage später erreichten wir St. Gallen. In der Stiftsbibliothek atmete er so sichtbar auf, dass es den Anzug straffte.

2.

Er verabscheute Gesellschaften, in denen man die Stimme erheben musste, um dem Nachbarn etwas zu sagen, Gesellschaften, in denen man Gefahr lief, mit seiner Nachbarin zusammenzustoßen, Gesellschaften, in denen im Hintergrund zeitgenössische Musik oder Jazz gespielt wurde, Gesellschaften, zu denen Haustiere mitgebracht werden durften, Gesellschaften, auf denen sich demonstrativ geküsst wurde, es sei denn, Besucher aus Mittel- oder Südosteuropa zählten zu den Gästen.

Er verabscheute Gesellschaften, in denen überfüllte Aschenbecher in Bücherregale geschoben wurden, Gesellschaften, in denen mit Bierflaschen angestoßen und aus Bierflaschen getrunken, Gesellschaften, in denen Adorno falsch zitiert, Gesellschaften, in denen er nach seinem Sternzeichen gefragt wurde.

Er verabscheute Gesellschaften, in denen sich Gäste nicht mit dem Nachnamen zu erkennen gaben, Gesellschaften in denen Hubraum ein Thema war, Sonnenuntergänge in Positano oder Tabuverletzungen in der modernen Poesie.

Er verabscheute Gesellschaften, in denen ihm gesagt wurde, dieses oder jenes müsse unbedingt Thema eines künftigen *Kursbuchs* werden, Gesellschaften mit aufgeschlagenem Gästebuch, auskunftsbereiten Juristen und die traditionellen Wahrnehmungsgewohnheiten erschütternden Kunstobjekten. Egal ob an der Wand oder auf dem Boden.

3.
Einmal sagte er zu seinem Verleger: »Für das *Kursbuch* stelle ich mir immer ein Publikum von sieben oder neun Leuten vor. Wenn es sehr viel mehr werden, droht schon das Vulgäre.«

Zur Ehre dieses Verlegers sei festgehalten, dass der ihm zustimmte und überhaupt das Wort ›Auflagenhöhe‹ an diesem Nachmittag nicht erwähnt wurde.

Auch nicht ›Marketing‹.

Oder ›Positionierung‹.

Das alles ist noch nicht lange her.

4.
In seinen Büchern hinterließ K. M. M. kleine, engbeschriebene Zettel, die wie Wanderkarten den Weg durch das Werk und in benachbarte Regionen zeigten. Ich habe auf diese Weise die Spur des Teufels in neunzehn Bänden über drei Kontinente und durch zwölf Jahrhunderte verfolgt. Einmal flüchtete sich der Teufel in eine Fußnote auf Altgriechisch. Zu der in seiner markanten Kirschkernschrift festgehaltenen Übersetzung hatte sich K. M. M. notiert: »T. in dieser Form nur noch ein Problem der Grammatik.«

In seiner Pleiade-Ausgabe von Balzacs Novelle »Das Mädchen mit den Goldaugen« fand sich der Teufel wieder unter dem Rubrum: »infernalische Tönung der Pariser Gesichter«. Von hier ging es auf dem Zettel ohne größere Abschweifungen in das Werk von Johann Kaspar Lavater, obwohl dieser zu der Bedeutung von Farben in der Physiognomie des menschlichen Antlitzes kaum Ausführungen gemacht hat. Letzteres bedauerte K. M. M. heftig. Farben waren ihm wichtig.

5.
Seine Essays gewürdigt hat die Berliner Akademie der Künste 1998 durch die Verleihung des Heinrich-Mann-Preises. Selbst der Präsident zeigte sich damals angesichts der Entscheidung seiner Jury überrascht. Nicht gewürdigt haben alle anderen Akademien dieses Landes, in Eintracht mit sämtlichen deutschsprachigen Universitäten, Fach-, Theater- oder Museumsverbänden, Börsenvereinen, Kunsthochschulen, literarischen Preisrichtern, Feuilletonchefs, Kulturbehördlern, Senatoren, Stiftungsräten, Dekanen und Findungskommissionen.

6.
»Der Tag könnte etwas Farbe vertragen!« lautete seine Aufforderung zu einem Besuch beim Bilderhändler. Eine Zeit lang gehörten diese Erkundungen zu unserer Samstagsroutine. Das Wort »Bilderhändler« bezeichnete eine Reihe von Geschäften, deren gemeinsamer Nenner in der meist ungeklärten Herkunft ihrer Ware bestand. Entsprechend schillernd fielen die Interpretationsangebote der Händler aus. K. M. M. stufte ihre Bedeutung in umgekehrter Reihenfolge ihres bekundeten Unverstandes ein: »Könnte ein Seurat sein, warum auch nicht«, sagte der an der Kantstraße, »Seurat hat häufig Äpfel gemalt.«

Oder: »Wenn Sie die Signatur stört, bitteschön, das lässt sich beheben.«

Oder: »Etwas mager in den Hüften, die junge Frau, aber technisch vollkommen Spitze. Hand aufs Herz.«

Nichts lag K. M. M. ferner als das Feilschen, doch etwas an seinem Auftreten bewirkte, dass der Händler plötzlich mit sich selbst zu feilschen begann.

»Ist vielleicht nicht der Meister persönlich gewesen, eher die Schule von Seurat, komme ich Ihnen preislich etwas entgegen.«

»Mit so einer Signatur soll man nicht spaßen, komme ich Ihnen noch weiter entgegen.«

»Im Thieme-Becker steht der Name leider mit zwei ›l‹ geschrieben, komme ich Ihnen jetzt das letzte kleine Stückchen entgegen.«

So wurden manche Gemälde aus dem klar Obskuren gerettet und einer neuen Gemeinschaft zugeführt, deren ästhetischen Zusammenhalt allein der Geschmack von K. M. M. stiftete. Waren sie in seinem Besitz, wurde sorgfältigst der Bilder kunsthistorischer Stammbaum geklärt, wurden mögliche Zuordnungen eingeräumt, Konzessionen an das Fehlen spektralanalytischer Observanzen gemacht.

Ganz verzichtete allerdings auch K. M. M. nicht auf jene Aura des Geheimnisvollen, derer ein Bild bedarf, das lange Zeit herumgestreunt ist: »Weißt du eigentlich, wieviele Maler sich zur Schule von Barbizon bekennen? Ich meine: *vor* dem 19. Jahrhundert?«

7.
Für das *Kursbuch* hat K. M. M., nimmt man die pseudonym verfassten Beiträge hinzu, rund fünfzig Essays geschrieben. Über die Rolle der Intellektuellen und die Bedeutung von Engeln. Über die Wendungen der Moral und das Verbleichen von Helden. Über kulturelles Erbe und die Lust auf Ekel. Und vieles andere, genausowenig Ausgefallene. Er hat dabei einen literarischen Stil entwickelt, der immer stärker auf das Verschwinden des Autors zu zielen schien. Der Verfasser von Prosastücken als

Bühnenbildner, Lichtkünstler und Regisseur, bisweilen scheinbar nur noch als Anreger, Ordnungsstifter, Zusammenfüger. Oder sagen wir: als Herausgeber, als Hervorzauberer vieler Stimmen. Das Wort »ich« aufs Papier zu bringen, kostete ihn größte Überwindung.

Nur in drei Fällen hat man ihn dazu bewegen können, seine Gedanken in einem Buch zu versammeln. Dabei fehlte es nicht an Versuchen, freundlichen Pressionen, verlockenden Angeboten. Wie es zu jenen Ausnahmen kam, ist den Freunden, die mit ihren Ansinnen scheiterten, noch heute ein Rätsel.

Er perhorreszierte Schreibfehler. Damit fing es an. Bei unstimmigen Metaphern formten sich die Augenbrauen zu engen Rundbögen. Bestimmte Adjektive oder Wortverbindungen aktivierten physisches Unbehagen. Bedrohlich wurde es für einen Text, wenn sich die Hand von K. M. M. auf sein Kinn legte und die Augen in ihren Höhlen zu verschwinden begannen.

Das galt für die Texte, die er selber schrieb, genauso wie für die Texte, die er redigierte.

Das Wort »Text« schätzte K. M. M. übrigens auch nicht sonderlich, jedenfalls, wenn damit ein Aufsatz gemeint war.

Er, der bei den strengsten Systematikern der deutschen Philosophie in die Schule gegangen war, der eine mustergültige Gesamtausgabe der Schriften Hegels vorgelegt hatte, entfaltete sich in seinem eigenen Werk zu einem Virtuosen der Kasuistik, dem großen Spiel des: Was aber, wenn …? Der Teufel steckt im Detail, und K. M. M. hatte großes Vergnügen an beiden. In den Zeiten der Inquisition hätte man ihn gerne an seiner Seite gewusst.

8.

Als er sich noch entscheiden konnte, nannte er als Berufswunsch: Erzieher eines jungen Fürsten. Teilweise ist dieser Wunsch in Erfüllung gegangen.

Postscriptum
Ingrid Karsunke
Ein Brief

am 8. August 2001

lieber Christoph,
ich kann dein Erschrecken, dass du über Carlos, dem du so nahe warst, so wenig Biographisches weißt, gut verstehen. Jetzt, wo er tot ist, möchten wir gern den »ganzen« Carlos in unserer Erinnerung behalten. Hier also einiges aus seinem früheren Leben, als du ihn noch nicht kanntest:

Geboren wurde er 1929 in Hongkong, wo sein ungeliebter Vater Missionar war, kam aber schon als Kleinkind (mit zwei oder drei Jahren) nach Darmstadt und blieb dort bis zum Abitur.

Als Sechzehnjähriger wurde er zur Darmstädter Flak eingezogen und erlebte den Luftkrieg und die Zerstörung Darmstadts als Flakhelfer mit. Sein ganzes Leben lang hat er von dem Riesenfeuer über Darmstadt fasziniert erzählt.

Nach dem Abitur ging er zum Studium nach München und nach zwei Semestern nach Frankfurt. Studiert hat er vieles: im Hauptfach Germanistik (Seminare beim jungen Walter Höllerer), Philosophie (vor allem bei Adorno, aber auch bei Horkheimer), Kunstgeschichte. Er hat sich für eine Dissertation über Kafka entschieden und unendliche Mengen Material für diese Dissertation gesammelt, die nie geschrieben wurde.

Wirklich kennengelernt hat er Adorno und Horkheimer erst während seines Studentenjobs in der Bibliothek des Instituts für Sozialforschung in der Senckenberganlage. Deren Fenster lagen halb unter und halb über der Erde, und durch die obere Hälfte konnte er oft amerikanisch verkehrt rum Horkheimer beobachten, der mit seinen Studenten auf der Straße Passanten befragte und es liebte, sich mit den Westend-Nutten zu unterhalten. In dieser Zeit waren Carlos' Geschichten über das Institutsinnere berühmt und begehrt.

Zu schreiben begonnen hat Carlos schon während seiner Studienzeit. Zuerst für die *Frankfurter Hefte*, und er hat von seinem Redakteur Walter Dirks viel gelernt. Seine – vor allem literarischen – Rezensionen wurden immer sehr gelobt und waren immer zu lang. Leicht hat er sich mit dem Schreiben nie getan, alles wurde immer auf den letzten Drücker fertig und unter großem Gestöhn – vor allem fand er es so schwierig, den richtigen

Aufhänger zu finden. Später hat er auch für Höllerers *Sprache im technischen Zeitalter* Rezensionen geschrieben.

Eva Moldenhauer hat Carlos in einer Vorlesung an der Uni gesehen und dann irgendwann angefangen, ihr Papierbriefchen zuzuwerfen. Sie hat eigene zurückgeworfen, und so begann die Geschichte mit Eva. 1958 sind die beiden zusammengezogen, haben dann auch geheiratet, und Carlos hat sein Leben als »ewiger Student« aufgegeben und einen Job beim Hessischen Rundfunk als Hörspielredakteur angenommen; einer seiner Lieblingsautoren war Günter Eich. Nicht aufgegeben hat er seine Essay- und Buchprojekte und zum Beispiel zusammen mit Eva monatelang Material gesammelt für eine Arbeit über Romananfänge und einen Band mit Gedichten und Bildern über den Mond.

1961 hat er als Lektor beim Suhrkamp Verlag angefangen – dieser Job galt damals so viel wie ein fester Sitz auf dem geistigen Olymp. Zuerst war er zusammen mit Walter Boehlich im literarischen Lektorat, ab ungefähr 1964 haben sie begonnen, das wissenschaftliche Programm aufzubauen. Auch wenn die hauseigene Verlagsgeschichte es verschweigt – ohne Carlos und Walter Boehlich gäbe es kein wissenschaftliches Suhrkamp-Programm. Für die Reihe Theorie waren Carlos' Mitdenker dann Blumenberg, Habermas, Henrich und Taubes, für die Psychoanalyse hat Mitscherlich beraten. Viel zusammengearbeitet hat Carlos mit Adorno, dessen Gesamtausgabe er auch mitbetreut hat. Zusammen mit Eva hat er die berühmte weiße Hegel-Ausgabe ediert, er hat die französischen Anthropologen und Strukturalisten und alles andere Wichtige ins Programm gehoben.

Eva Moldenhauer hat auf Carlos' Drängen mit dem Bücherübersetzen begonnen und wurde im Leben mit ihm zu der berühmten Übersetzerin aus dem Französischen, die sie heute ist.

1965 erfand Hans Magnus Enzensberger das Kursbuch, und Carlos hat die Zeitschrift ab der ersten Ausgabe mit ihm zusammen gemacht. In dieser Zeit hat er *Die sprachlose Intelligenz* geschrieben, die in den ersten *Kursbuch*-Ausgaben und später in der edition suhrkamp erschienen ist. In der Suhrkamp-Zeit kam er dann kaum noch zum eigenen Schreiben, weil er 16 bis 18 Stunden am Tag an den Texten anderer saß, genau bis zur Pingeligkeit, besessen und engagiert.

Als er im Suhrkamp Verlag nicht mehr nach seinen Vorstellungen Bücher machen konnte, ist Carlos ausgeschieden und hat zusammen mit Axel Rütters versucht, einen Traum zu verwirklichen: einen Verlag, in dem nur gute Bücher in der schönsten Aufmachung erscheinen – den Syndikat Verlag. Dass das auf Dauer nicht gut gehen konnte, hat Carlos eigentlich immer gewusst.

Hans Magnus hat Carlos dann nach München gelockt, weil auch er einen Traum verwirklichen wollte, eine Art deutschen New Yorker, *TransAtlantik,* und dazu brauchte er seine Mitarbeit. In München hat sich Carlos nie zu Hause gefühlt, hatte aber Freude an der anderen Art von Texten. – Aber bei *TransAtlantik* hast du Carlos ja kennengelernt und brauchst mich deshalb nicht mehr als Chronistin für die dann folgenden Jahre.

Bleibt mir nur die traurige Geschichte von Krankheit und Tod:

Am 23.6. hat Carlos sein letztes Frühstück gegeben – noch einmal Suppe, Avocados, Krabben, Kaviar und Kartoffeln, Fondue mit Rind-, Straußen- und Kaninchenfleisch, Erdbeeren in Sherry, Espresso und natürlich Wein und Schnaps für Freunde.

Am 7. Juli ist er zu seinem Hausarzt gegangen wegen Schwäche und Schmerzen und kam am selben Tag ins Krankenhaus: ein Tumor in der Lunge, Metastasen in der Leber.

Drei Monate hat Carlos gegen das scheußliche Tier in sich gekämpft. Das Wort »krank« hat er nicht benützt, er wollte das Tier besiegen oder zumindest in Ketten legen.

Am 14. November hat mich sein Professor aus dem Krankenhaus angerufen – ich solle gleich kommen, Carlos habe nur noch wenige Stunden zu leben. An diesem Nachmittag haben wir noch die Themen für die beiden offenen *Kursbücher* 2001 besprochen.

Am 15. November, morgens gegen halb sieben, ist Carlos im Schlaf an Herzversagen gestorben. Ich kam um halb neun mit meinen englischen Rosen zu spät.

Lieber Christoph, es war schön, über Carlos zu erzählen. Ich vermisse ihn so sehr.

Sei herzlich gegrüßt,
ingrid

Vor-Bilder
Zusammengestellt von Martin Warnke

Christus als Vorbild

VIELE WOLLEN IHN NACHAHMEN UND MALEN ETWAS GANZ ANDERES; NUR EINEM GELINGT EINE WAHRE ABBILDUNG

Theodor Galle: »Der kreuztragende Christus als Modell der Maler«, in: Johannes David: *Christelijcke Waerseggher*, Antwerpen 1602/03

Vorbild Homer

Er pisst in das Becken, aus dem die Nachahmer trinken

Guillaume de la Perrière: »Karikatur auf die eifrigen Homer-Nachahmer«, in: *Morosophie*, Lyon 1553

Natur als Vorbild

DIE BÄRIN LECKT IHR NEUGEBORENES SO LANGE, BIS ES EINE BÄRENGESTALT HAT

Dionysius Lebeus Batilius: »Ingenias Doctrina et Literis Formandum«, in: *Emblemata*, 1596

Das Vorbild Antike

FORTSCHRITT DURCH RÜCKBLICK

D. Chodowiecki: »Progrès des Arts«, 1784, Radierung

Das Vorbild übertreffen

LXXVIII LIB. II.

ARS DOCTA NATVRAM ÆMVLATVR
VT POTEST
QVIN VINCIT: VSVS DVM ADSIT
ET DVRVS LABOR.

Symb. XXXVI.

MIT FLEISS UND ÜBUNG KANN EIN BILDHAUER DIE WIRKLICHKEIT ZUM GUTEN HIN VERBESSERN

Achile Bocchi: *Symbolicarum Quaestionum de Universo Genere*, Bologna 1574, Lib. II, Symb. XXXVI

Kunst als Vorbild

DER MALER JOSHUA REINOLDS, DER NUR BILDER AUS DER KUNSTGESCHICHTE PLAGIIERT

N. Hone: »The Pictorial Conjuror«, 1775, Dublin, National Gallery

Nachahmung der Vorbilder

WIE DER ZEICHNER DAS MODELL, WIE DER SCHAUSPIELER, DER DIE ROLLE, UND DER AFFE, DER DEN MENSCHEN NACHAHMT

Des Berühmten Italienischen Ritters Caesaris Ripae ... *Sinnbilder und Gedanken*, verlegt bei G. Hertel, Augsburg, um 1755

Zurück zur Natur

DIE VIELBRÜSTIGE NATURA WIRD DEN ELÈVEN ALS VORBILD EMPFOHLEN

Titelbild des Traktats *Inlyding tot de Praktijk der algemeene Schilderkonst* von W. Goeree, 1697 (3. Auflage)

»Der Maler malt immer nur sich selbst«
(Leonardo da Vinci)

DER AFFE WILL DEN ANTIKEN PUTTO MALEN –
UND MALT EINEN AFFEN

J. S. Chardin: »Der Maler als Affe«, um 1740, Paris, Louvre

Das Vorbild, des -es, plur. die -er

1. Ein einem andern zur Nachahmung vorgestelltes Bild, so wohl im eigentlichen Verstande. Gott zeigte dem Moses ein Vorbild von der Hüfte. Das Bild, welches der Mahler seinem Lehrlinge zur Nachahmung vormahlet, ist ein eigentliches Vorbild. In weiterer und figürlicher Bedeutung, eine jede einem andern zur Nachahmung vorgestellte Sache. Sehet auf die, die also wandeln, wie ihr uns habt zum Vorbilde, Phil. 3,17. Sey ein Vorbild den Gläubigen im Wort, im Wandel u. s. f. Tim. 4,12. Christus hat uns ein Vorbild gelassen, 1 Petr. 2, 21. Es ist in dieser Bedeutung im gemeinen Sprachgebrauche veraltet, oder vielleicht in demselben nie üblich gewesen, indem es nur noch zuweilen in der Büchersprache und der edlern Schreibart vorkommt. Muster, in einigen Fällen, Modell, und in der weitern Bedeutung oft auch Beyspiel sind dafür gangbarer. Der Gegensatz des Vorbildes ist in der eigentlichen Bedeutung Nachbild, welches aber im gemeinen Leben eben so ungewöhnlich ist. Der Mensch das Ebenbild und Nachbild Gottes, wie Gott sein Vorbild. In der Deutschen Bibel kommt dieses Wort in einigen noch ungewöhnlichern figürlichen Bedeutungen vor. Es bedeutet daselbst so wohl eine Vorschrift. Dass ihr nun gehorsam worden dem Vorbilde der Lehre, Röm. 6,17. Halt an dem Vorbilde der heilsamen Worte, die du von mir gehöret hast, 2 Tim. 1,13. Als auch ein zur Warnung vorgestelltes Bild, ein Exempel. Das ist aber uns zum Vorbilde geschehen, dass wir uns nicht gelüsten lassen des Bösen, 1. Cor. 10,6. 2. In einer etwas andern, doch nur in der Theologie üblichen Bedeutung, werden die Begebenheiten und Einrichtungen bey dem Israelitischen Volke, so fern sie darauf abzielten, die Verheißungen von dem Messias zu bestätigen, oder denselben gewisser Maßen abzubilden, Vorbilder genannt, in welchem Falle das Wort dem Gegenbilde oder der dadurch bezeichneten Sache entgegen stehet. So wird die eherne Schlange in der Wüste für ein Vorbild des Kreuzestodes Christi gehalten, welcher alsdann das Gegenbild derselben ist. Vorbild ist in diesem Verstande eine figürliche Vorstellung oder Abbildung einer nachfolgenden oder künftigen Sache, so wie in der ersten ein zur Nachahmung vorgestelltes Bild; so dass in der ersten Bedeutung der Begriff des Ortes vor Augen bilden, in der zweyten aber der Begriff der Zeit, vorher abbilden, der herrschende ist.

Johann Christoph Adelung: Grammatisch-kritisches Wörterbuch der Hochdeutschen Mundart (1807)

Norbert Miller
Keine Vorbilder

Roderich Fuëss erinnert sich widerwillig

> Mein Gedrucktes besteht aus bloßem Text, zu dessen Verstande die Noten fehlen, die aus zufälligen *auditis, visis, lectis et oblitis* bestehen; und eine stumme Mimik war das ganze Spiel meiner Autorschaft.
>
> Johann Georg Hamann an Franz Bucholtz, 6. Sept. 1786

»An Vorbilder glaube ich nicht. An Einflüsse, vielleicht. An Erinnerungen, die in Tagträumen fortleben oder die scheinbar ganz freie Entscheidungen mitbestimmen. Kein Geheimnis der Reminiszenz, kein Prinzip der unwillkürlichen Wiederherstellung der verlorenen Zeit, aber doch ein unvermeidliches, nicht immer bewusstes Summieren der zurückgelegten Lebensstrecken, das die Herrschaft über die Gedanken sich selber einräumt. An Vorbilder, das kann ich aus weit zurückreichenden Selbstzweifeln sagen, glaube ich nicht. Ich habe mich nie in anderen wiedererkennen können, nie in schwärmerischer oder hasserfüllter Bewunderung ein anderes Dasein meinem eigenen anzugleichen versucht. Kein Held, keine Heldenverehrung. Soweit ich zurückdenken kann, standen die Anderen, scharf abgetrennt, neben mir, die älteren Vettern und Schulfreunde, mit denen man sich aus Sympathie und Verehrung prügelte, die zarte Gegenwelt der Zöpfe und der plissierten Röcke, die Unendlichkeit der Abenteuer und der Leiden in den Büchern. Ich habe Jahre mit Robinson auf der Insel geschmachtet, bin beim Lesen jedesmal neu vor dem feindlichen Fußabdruck im Sand zurückgeschreckt und habe Freitag gerettet. Wieder und wieder. Ich bin hinter Kara Ben Nemsi durch den Orient geritten und habe mit Old Shatterhand, dem Reiseschriftsteller, und Winnetou die *dark and bloody grounds*, Spuren lesend, durchmessen, und ich habe die Kunst des Anschleichens bei unseren Bandenkriegen im Markgräfler Land mit mäßigem Erfolg angewendet. Ich wollte durchaus der Prinz sein, der die schlafende Schöne im Wald wachküsst, oder der Räuber Orbasan, der heimlich die Karawane vor dem Unheil bewahrt. Es war jedoch immer die heroische Situation, die herausforderte, nicht der vorbildliche Held. Ich schrieb ein Dornröschenstück, um das schönste Mädchen im Dorf zu küssen, und durfte dann nur den Küchenjungen spielen, der die Maulschelle bekommt. Ich war Orbasan der Karawanenwürger, nicht aus Bewunderung für den edlen Räuber, sondern weil ich den Augenblick liebte, in dem ich, der Weitberühmte und Einzigartige, das Inkognito preisgebe.

Und dafür habe ich mich mit meinem Freund H., dem mit der Rotzglocke und der besser tauchen konnte als wir alle, auf dem Dachboden vor allen Mitspielern verhauen. Nicht einmal Jack Hawkins wollte ich sein auf der Fahrt zu der Schatzinsel, obwohl sicher niemand mit gleichem, Jahre nachwirkenden Entsetzen das Auftauchen des Einbeins erwartet, das Pochen des blinden Stocks durch die Frostnacht von fern her vernommen und die Leere der Wirtshausstube als Ausdruck einer ganz und gar von Hoffnung verlassenen Wirklichkeit erfahren hat wie ich. Aber ich blieb neben Jack Hawkins stehen, in seinem tapferen, mir verwehrten Ausharren wie in seinem schließlichen, mir ganz unverständlichen Triumph. Ich konnte und mochte mich mit den Helden meiner Bücher, in deren Leben ich gern und immer wieder eindrang, nicht identifizieren. Zum Wunder dieser erfundenen Wirklichkeiten gehörte es, dass man in ihnen lebte, jedoch nicht zu ihnen gehörte. Robert Louis Stevensons Bücher waren für Kinder seit jeher anziehend, weil er in den unterirdischen Verliesen, in den unheimlichen Märchenlandschaften aus London und 1001 Nacht, in den Südseeträumen seiner Geschichten nie aus der Sphäre des Staunens heraustrat, weil auch die kühnsten Erfindungen dieses Entdeckungsreisenden in der menschlichen Seele nur die grotesken Figuren und Begebenheiten von Bell's Papiertheater farbig ausmalten, *a penny plain, twopence coloured*, wie es in einem seiner schönsten Aufsätze aus *Memories and Portraits* heißt. Stevenson blieb zeitlebens so sehr jener ›kleine, wunderbare Bruder, den wir alle einmal hatten und den wir seitdem so unwiderruflich beklagen, der Traum und die Hoffnung unseres späten Lebens‹, dass er jeden Moment mit dessen Augen in die Zukunft blicken konnte. Jack Hawkins und David Balfour waren mir nahe, weil sie sich nur im Alter von den anderen heroischen, verbrecherischen oder komischen Figuren seiner nie zu erschöpfenden Erzählphantasie unterschieden. Wie sehr habe ich dagegen alle Bücher gehasst, in denen Kapitäne von fünfzehn Jahren und Söhne von Bärenjägern auftraten! Jules Vernes lange Reihe für ein Schülerpublikum geschriebener *voyages imaginaires*, alle Jugenderzählungen von Friedrich Gerstäcker bis zu S. Wörreshöfer und Hanns von Zobeltitz' vaterländischen Nichtangedenkens, von den roten Union-Bänden zu den Jugendschriften bei Velhagen & Klasing, erst recht die ermüdende Vielfalt der zum Kolonialdienst ertüchtigenden Gorillajagden und Robinsonaden von Captain Marryat und R. M. Ballantyne bis herauf zu Henry Rider Haggard, Conan Doyle und Rudyard Kipling etc. etc.!

Meine durch die Nachkriegszeit beschränkte und in der Rückschau ungewöhnlich altfränkische Leseauswahl hat immerhin meinen Umgang mit Büchern so nachhaltig beeinflusst, dass ich auch in der leidenschaftlichen Annäherung an die große Dichtung und an die Romanliteratur mir bis heute die vielleicht halb künstliche, von mir jedoch als natürlich empfundene Haltung leidenschaftlicher Neugier auf die jeweils nächste Seite und das jeweils nächste Kapitel, bei gleichzeitiger Distanz zu den handelnden Personen, erhalten habe. Ich lese nicht analytisch, ich kann wahrscheinlich gar nicht analytisch lesen, obwohl ich mir in jedem Satz meines Abstands zum Erzählten bewusst bin. Und ich lese nicht wie ein Kind, obwohl ich beim Gang durch die epischen Kontinente immer nur auf das Nächste gespannt bin. Bei der ersten Begegnung mit Charles Dickens musste ich meinen Widerstand gegen Oliver Twist als Träger der Handlung erst überwinden – bei Little Nell im *Old Curiosity Shop* ist es mir nie gelungen –, ehe ich in die Geheimnisse von London eingeweiht wurde, die sich da überall nach Unendlich in der Ferne erstrecken. Dass jeder Lebenslauf hundert andere an sich zieht, dass von jedem Ereignis sich Fäden zu anderen Begebenheiten spannen, dass jede Marotte und jedes Verbrechen in einem seit Ewigkeiten gewebten Zusammenhang stehen, den der göttliche Magier am Romanschluss, aus menschenfreundlicher Laune, zu unserer Erleichterung in ein *lieto fine* wie in der Komödie verkürzt, das machte für mich das einzigartige Glück im Umgang mit Charles Dickens aus. Wollte ich darum David Copperfield sein, Arthur Clannam oder John Harmon? Sie luden zur Identifikation so wenig ein, wie ich mich je in Agnes oder Little Dorrit oder in Bella Wilfer verliebt hätte. Nein, ich glaube nicht an Vorbilder. Nicht einmal an die aus der Fiktion, die man doch allemal denen aus der Geschichte oder der Gegenwart vorziehen würde. Nicht einmal Pierre Besuchow, den ich wie einen verlorenen Bruder liebe, hat meine Sympathie so in Bann geschlagen, dass ich ihm als ein Ritter von der traurigen Gestalt in der Banalität des Alltags hätte nachstreben mögen. Ich kann noch immer sein Geständnis an Natascha, als er sie vor der Katastrophe einer Flucht mit Anatol Kuragin rettet, auswendig hersagen. Ich stehe mit ihm am Sterbebett seines Vaters und vor der Geschützbatterie in der Schlacht von Borodino. Aber es ist *seine* Geschichte, die mich noch heute wie beim ersten Mal berührt, es ist *seine* Liebe zur Tochter des armen und törichten Grafen Rostow, es ist der Geschützdonner um *ihn*, der mich aufregt. Die Geschichte greift auf mich nicht über, Tolstois Räsonieren über den Einfluss des Einzelnen auf den Gang der Dinge zerstört für mich darum auch den Eindruck der Kunstvollkommenheit nicht in dem Maß, wie dieser Bruch in der Fiktion viele andere Leser und Kritiker irritiert.

Vielleicht habe ich mich früh der Romania zugewandt, weil dort das Theater und der Roman gleichermaßen den Zuschauer und den Leser auf Gesprächsdistanz halten. Ariosts im Irrgarten der Liebe herumtaumelnde

Kavaliere und Rabelais' Riesen, die mit ihrem närrischen Gefolge zum Flaschenorakel nach Indien aufbrechen, der alternde Picaro, der sich mit seinem jugendlichen Spiegelbild über dessen Abenteuer unterhält, und der Misanthrop, der sich in Verzweiflung und aus der Gesellschaft hinaus redet, alle die sympathischen Spielfiguren und Stichwortgeber in den aufgeklärten *Contes* von Mikromegas bis zu Jakob dem Fatalisten – diese Literatur gehorcht dem Gesetz des Dialogs, des korrigierten Irrtums, der Annäherung der Gegensätze und – in ironischer Brechung – der Verständigung. Sogar in der blasphemischen Verstiegenheit seiner Ich-Ansichten bleibt der Essayist Montaigne (wie sein spanisches Gegenüber Lazarillo von Tormes) in der Konversation mit seinem Leser, auch wenn er sich selbst als diesen Leser fingiert. Und in den einsamsten Monologen der Berenice oder der Phädra ist jedes Wort von Nähe und Abstand zur Gesellschaft bestimmt und fordert vom Zuschauer nicht, in den aufgerissenen Abgrund des Ich hineinzustürzen. Wer wollte sich mit Julien Sorel, mit Lucien de Rubempré, mit Frédéric Moreau identifizieren! Die analytische Schärfe, die alles überwältigende Beredsamkeit und der selbstkritische Kunstverstand der drei Romanciers schließt jedes Werther-Fieber aus. Es hätte André Gides Persiflage in den *Verließen des Vatikan* gar nicht bedurft, um sich am Vorabend des Ersten Weltkriegs vor jeder, auch der gesellschaftlichen Heldenverehrung zu wahren! Die latente Gegenströmung in der französischen Literatur, der heimliche, an die Pubertät rührende Rousseauismus, hat mich immer verdrossen, mehr als ich zugeben mag. Alain Fourniers *Grand Meaulnes* war mir, als ich ihn zuerst als *Der große Kamerad* las, auf beinahe ängstliche Weise widerwärtig. Das mystifizierte Staunen vor dem Fremden, die schwüle Sehnsucht nach dem verlorenen Paradies, das Werben um Einverständnis und um das Wiedererkennen unter Zugehörigen – alle diese Freimaurer-Rituale schrecken mich, sobald ich sie nur wittere, vom Weiterlesen ab: Ich habe *Lord Jim* für immer weggelegt, als der Erzähler Joseph Conrad auf dem Kai einer östlichen Hafenstadt im Zwielicht dem Titelhelden begegnet, einer einnehmend-schäbigen Erscheinung: ›Meine Sache war es, mit aller Sympathie, deren ich fähig war, die rechten Worte für das zu finden, was er bedeutete. Er war *einer von uns*.‹ Sekten-Zuversicht: Natürlich weiß ich heute, wie sehr das Entsetzen über die am Kongo erfahrenen Greuel des Kolonialismus zeitlebens in Conrad weiterschwärte und wie sehr er in der Apokalypse nach den paar Gefährten Ausschau hielt, auf die Verlass war. Nur kann ich an das rechte Wort so wenig glauben wie an die Zuversicht, im fremden Gesicht das Zeichen und die persönliche Bedeutung zu erkennen. Die Schar von Conrads unerschrockenen Abenteurern blieb mir so fremd wie die diversen Häuflein der sieben Aufrechten, die in Hermann

Hesses vielbändiger Sinnsuche einander, inmitten aller dunklen und hellen Seiten des Lebens in mystischer Bruderschaft am Auge erkennen. Nein, selbst wenn die verschworenen Freunde in humoristischem Übermut durch eine Welt munter überwundener Fährlichkeiten jagen, *Einer für alle, alle für einen*, kann mir die Devise den Spaß an d'Artagnan und den Musketieren vergällen, den Stevenson und Chesterton, gerade um dieses einigenden Spruchbands willen, an Alexandre Dumas' Saga hatten. Drei sind vier Musketiere, Sechse kommen durch die ganze Welt, Glorreich werden erst sieben, seien es Samurai oder Revolverhelden – der fidele Verzicht auf einen Magister Ludi, auf den Mystagogen und Meister vom Stuhl entlässt keinen aus dem dogmatisch vorbestimmten Glasperlenspiel.

Gibt es nicht andere Vorbilder? Wenn nicht aus der Geschichte, dann doch aus der eigenen, kleinen Biographie? Rollen erinnere ich, die ich übernehmen wollte wie alle Kinder im Versgarten: Straßenbahnschaffner, der im Anfahren noch aufspringen darf, Raubtierwärter und Rettungsschwimmer – zeitüblich kam in meinen Wachträumen der tapfere Zinnsoldat so wenig vor wie der große Entdeckungsreisende –, später dann die eingeschränkteren Visionen vom Nationalspieler, vom Dichter, vom Architekten, und vom Tenor, der das Gold seiner vom Stimmbruch bedrohten Kehle Abend für Abend in leuchtenden Barren vor dem Auditorium ausbreitet. Wieder waren es nicht bewunderte Vorbilder, denen ich nacheifern, die ich übertreffen wollte. Ich wollte nur an die gleiche Stelle treten, unterschiedslos bewunderte ich Peter Anders und Wolfgang Windgassen, Carlo Bergonzi und Franco Corelli. Doch nicht einmal die Rührung über Benjamino Giglis Abgesang, bei dem ich im Konzertsaal sitzen durfte, ließ mich von seiner statt von meiner Stimme träumen. Und alle mit mir heranwachsende Verehrung für Bernini und Boromini auf der einen, für Mies van der Rohe und Walter Gropius auf der anderen Seite ließen in mir allenfalls den Traum einer Aufhebung der Bauhaus-Prinzipien in einem megalomanen Neubarock entstehen. Seit ich als Kind vergeblich probiert hatte, wie Caius Cethegus bei der Belagerung Roms durch die Goten, sechs Tage und Nächte nicht zu schlafen, habe ich mit Bewusstsein nie jemand anderes sein wollen. Nein, da gibt es *eine* Ausnahme: Zu gern wäre ich Gérard Philippe gewesen! Auf dem Theater hatte ich ihn zuerst gesehen, bei einem Gastspiel des Théâtre des Nations. Er spielte, er war der Cid und der Prinz von Homburg. Es war meine erste Begegnung mit dem französischen Theater, mit dem französischen Vers, Kleists Preußen-Tragödie war in ein zeitloses Werk der höchsten Bühnenkunst verwandelt, und ich hatte nur Augen und Ohren für diesen jugendlichen Heros. Ich sah jeden seiner Filme, ich suchte in der gleichen melancholischen Eleganz an der Wand zu lehnen, in gleicher Unbefangenheit mich ins Gespräch zu mischen oder meiner hageren Unbehilflichkeit die Grazie abzufordern, mit der sich Fanfan der Husar in Gina Lollobrigidas Herz einzuschmeicheln weiß. Irgendwie hängt das Lächerliche dieser versuchten Identifikation mir noch heute an, ich gestehe es nur ungern. Immerhin bereitete dieses Abenteuer abseits des Wegs meiner Leidenschaft für Frankreich und für das Theater den Weg.

Als ich, um im Bekenntniston weiterzufahren, in der Banken- und Handelsstadt, die damals erst im Aufstieg zu ihrer heutigen Größe war, mich dem Studium der Literatur zuwandte, teilte ich meine begeisterte Aufmerksamkeit zwischen der Universität und dem Lektorat eines Verlagshauses, in dem ich wie ein zugelaufener Kater geduldet wurde. Gleiches Staunen, gleiche Bewunderung galt der unaufdringlichen Weltläufigkeit des Historikers, der in wohlgeordneten Gedanken und Worten die unbegreiflichen Zusammenhänge der Geschichte des Reformationszeitalters und des amerikanischen Unabhängigkeitskriegs von Station zu Station verfolgte, und dem ruppigen Überschwang des Kunsthistorikers, der zwischen aufblitzender Genialität und trockener Handwerksregel auch den Widerstrebenden rasch in seinen Bann zog. Nur mit befremdeter Ehrfurcht näherte sich der Adept den beiden Geharnischten im Tempel der Philosophie. Wie anders hätte man sich in den Vorhof der Wahrheit wagen können? Nie werde ich die Erleichterung vergessen, als der *eine* Sarastro in seiner Vorlesung mit väterlichem Wohlwollen seinen Zuhörern die schwierigsten Materien leicht und beinahe verständlich machte, nie die Faszination durch die Himmel und Hölle, Antike und Gegenwart in das gleiche Spiel der Gedanken zwingende Eloquenz des *anderen* Sarastro. Die bitteren Erfahrungen waren den Worten abzumerken, vielleicht nicht gleich, vielleicht nicht ohne Winke von draußen, der Zweifel an der Macht des Denkens, an dem in Trümmern überkommenen Besitz der Tradition, aber zugleich das bei aller Skepsis leuchtende Vertrauen in das Denken selbst. Ich fühlte mich, trotz meiner Unsicherheit und Hilflosigkeit, in dieser Doppelgegenwart wohl. Anders als die meisten meiner Freunde hatte ich kein Bedürfnis, in die Denkweise und in die Rhetorik dieser philosophischen Schule einzudringen. Umgeben von Aposteln und Jüngern, die den Manierismus des nachgestellten ›sich‹ noch der mechanisch-virtuosen Handhabung des Denkverfahrens vorzogen, hielt ich mich an die genuinen, einem Gedicht, dem harmonischen Übergang in einer Beethoven-Komposition oder einem erschreckenden Alltagserlebnis abgewonnenen Beobachtungen, die allem Kalkül und aller zwingenden Prognostikation vorausgingen. Ich mag bis heute viele der kleinen moralischen Skizzen und den Aufsatz über Eichendorff, weil keine Virtuosität die ursprüngliche Sympathie zu dieser Dichtung oder zu jener Erfahrung verstellt. Über mein Fach, die Romanistik, konnte ich vorerst – wie über die Gegenwartsliteratur ohnehin – nur bei den Autoren und Lektoren, die ich aus meiner Ecke heraus für meine Freunde hielt, aus erster Hand etwas erfahren. Bausteine zu einer Poetik der Moderne zu liefern, versprach uns einer, der im Verlag und an der Universität eine schlanke, nirgends recht eingebundene Rolle spielte. Er habilitierte sich eben gegen heftige Widerstände aus der Fakultät. Dass er einen Gedichtband veröffentlicht hatte und seit zwei Jahren eine Literaturzeitschrift herausgab, machte ihn damals unter Gelehrten so verdächtig, wie es heute, unter intertextuellen Teilnehmern am Diskurs, vielleicht seine Laufbahn beflügeln würde. In seinen Vorlesungen sprach er mit gleicher, im Tonfall aber immer ins Leichte zurückgenommener Eindringlichkeit über Eduard Mörikes ›Erinna an Sappho‹ und über die zur selben Zeit entstandenen Gedichte Rimbauds und Verlaines, über die Epiphanie als Held des modernen Romans und über die jüngste amerikanische Lyrik. Er schrieb selbst an einem Roman, und manchmal erzählte er von der Welt aus Sprache, von dem verborgenen System der Zeichen und Rufe, das er durch sein Buch sichtbar machen wolle. Und er sammelte und kommentierte Gedichte für eine Anthologie, die er als einen Querschnitt durch die deutsche Literatur der Jahrhundertmitte legen wollte, so wie man einen Kamm für einen Augenblick in einen Bach hält. Um ihn drängte sich, wie konnte es anders sein, ein kleiner Kreis von angehenden Literaten, verehrenden Buchhändlerinnen und dem Seminarzwang entlaufenen Studenten. Wenn er über Jean Pauls höllisches Totengebein oder über Grabbes Dichter Rattengift redete und mit Mienen und Gebärden vorspielte, wie Calderon da in der Unterwelt Romantiker-Gedichte liest und wie der Teufel frierend in der Augustsonne sitzt, dann bekam sein Gesicht einen dämonischen Zug wie eine Figur aus E. T. A. Hoffmanns Nachtstücken. Er war für Jünger wie geschaffen, aber er hatte keine Jünger um sich, lachend verweigerte er die Botschaft, lachend verwies er nicht die Verehrung – die war ihm von weiblicher Seite aus immer willkommen –, aber die Anhängerschaft in die Schranken. Jeder sollte sich auf die Literatur und die Gegenwart nach *seiner* Façon einlassen. Einem Marionettenspiel von Lorca, einem Gedicht von W. H. Auden oder einer Kurzgeschichte das Eigentümliche abzugewinnen, auf die versteckten Signale zu achten und bei einem Text oder einem Bild nicht in die aufgestellten Sinnfallen zu gehen – das machte er uns vor. Wir konnten es auf unsere Weise versuchen, je nachdem Talent und Temperament es uns nahelegten. Er redete keinem drein, er ließ auch das ihm fremdeste Naturell gelten. Und damit sicherte er uns gegen den Flächenbrand der Ideologien und gegen die rasch wechselnden Moden einer in sich wankenden, auf schlimmen Fundamenten errichteten Zunft viel wirksamer, als wenn er uns ausdrücklich auf die Negativ-Nomenklatur in dem damals berühmtesten Buch über die moderne Lyrik hingewiesen hätte. Er war und bleibt mein Lehrer, weil er es nicht sein wollte. Fast gleichzeitig wie ich verließ H. die Banken- und Handelsstadt, ging zu aller Überraschung an einen Ort weltöffentlicher Isolation und wurde dort berühmt. Wir haben uns kaum wiedergesehen. Sein skeptischer Blick aber, sein freundlicher Zweifel an meiner Begabung und sein Vertrauen in die Zukunft der Kunst sind mir geblieben. Hätte ich Vorbilder, dann müsste ich ihn als das wichtigste nennen.

Das andere könnte der Buchhändler R. sein, ein älterer Mann mit schütterem Haar und einem undeutlichen Gesicht, aus dem ich nur den prüfenden Blick seiner Augen in Erinnerung behalten habe. Er hatte in dem angesehenen Geschäft, dem ältesten in der reichen Stadt, die Unterwelt des Antiquariats in seiner Obhut, damals noch mit einem Überfluss an seltenen Frühdrucken von Kirchenvätern und Humanisten, an herrlich illustrierten und gebundenen Ausgaben der französischen Literatur in ihrer klassischen Zeit, an englischen und deutschen Erstausgaben, an inzwischen lange verschollenen Gesamtausgaben des 19. und an bibliophilen Kostbarkeiten des 20. Jahrhunderts. Lafontaines Fabeln mit den Stichen nach Oudry standen im Regal neben Rousseaus berühmtem Liebesroman in den beiden bildnerischen Ausdeutungen durch Gravelot und Moreau le jeune, Winckelmanns *Geschichte der Kunst des Altertums* von 1763 neben Herders *Zerstreuten Blättern*, alle sechs Sammlungen bis auf eine in Erstdrucken, Friedrich Maximilian Klingers Werke (bei Nicolovius in Königsberg gedruckt, aber ohne die Sturm-und-Drang-Dramen!) neben den zwanzig Bänden der Brüder Stolberg, hinter denen ich damals die wahren literarischen Entdeckungen vermutete. Hin und wieder kam eine neue Adels- oder Klosterbibliothek dazu und vermehrte entsprechend den aufgehäuften Bestand an Folianten oder an besonders schön gebundenen Autoren des aufgeklärten Säkulums. Säkulum? Das damals besonders altfränkisch klingende Wort verwendete mein Buchhändler mit Vorliebe, vielleicht weil es ihn an das Zeitalter verklärend erinnerte, an dem das *Tintenklecksen* der schlimmste Einwand gegen das *Säkulum* gewesen war. Ich habe damals, als der Büchersegen reich und das Geld knapp war, den Grundstock meiner Büchersammlung nicht erworben, der mich zu einem, wie ich damals fand, über Polykrates hinaus glücklichen Menschen gemacht hätte, und die paar Bücher, die ich mir leisten konnte, eine unwichtige, in Zweibrücken gedruckte Ausgabe des Racine in hübschen Lederbänden, zwei ein wenig zerfledderte Sammlungen der Werke von Lesage und – bis heute beinahe mein liebstes Buch – von Jacques Cazotte, diesem geistreichsten, zärtlichsten und traurigsten Dichters der *douce époque*,

Jean Paul Friedrich Richters große Romane in den Erstausgaben, die ich damals noch für Übersetzungen aus dem Französischen hielt – ja, diese paar Bücher rufen mir immer wieder den kleinen schmächtigen Mann vor Augen, wie er auf unsicheren Beinen aus dem Parterre der Buchhandlung in seinen Keller eilte, sobald er einen der bekannteren Publizisten der ortsansässigen Zeitung oder gar meinen umtriebigen Dozenten kommen sah. Denn außer einer literarischen und bibliographischen Kenntnis, die mir damals ohne jede Grenze zu sein schien, war R. als Leser wie als Sammler von einer ihn verzehrenden Leidenschaft für die Welt des Expressionismus gepackt. Er hatte seine große, nur zum Teil katalogisierte Sammlung der Zeitschriften, Anthologien, Manifeste und Flugblätter, der frühen Ausgaben von Rowohlt und Kurt Wolff, aber auch der in abseitigen Pressen hergestellten Mappen von Druckgraphik über die finsteren Zeiten des Tausendjährigen Reichs gerettet, dessen Spitzeln er selbst, in all seiner äußeren Unscheinbarkeit, verdächtig war. Er sprach nie über diese Zeit, nicht einmal in Andeutungen. Nur von anderen erfuhr man, dass er dem Albtraum nur mit Glück, aber nicht ohne Beschädigung entronnen war. Wer regelmäßig in der Bücherstube verkehrte, wusste von dieser Sammlung und von ihrer Vorgeschichte. Und da niemand in den frühen fünfziger Jahren so sicher und so begeistert über die Lyriker, die Essayisten und Zeichner des Expressionismus Auskunft geben, da niemand wie er den Neugierigen auf unbekannte Phänomene wie den Dadaismus aufmerksam machen konnte, bedrängten ihn Zeitungen, Zeitschriften, allen voran aber mein avantgardistischer Dozent mit Bitten um Aufsätze oder doch wenigstens Stichworte für einen Aufsatz. In seiner Not hatte R. allen solche Beiträge versprochen und musste nun immer fliehen, um nicht an seine Schulden gemahnt zu werden. Er hätte nicht schreiben können, er hätte vielleicht auch gar nicht schreiben dürfen, ohne seine Unvergleichlichkeit zu verlieren. Eine Nebenbemerkung, ein Fingerzeig auf ein Buch, das man schon zum dritten Mal achtlos im Regal hatte stehenlassen, die freundliche Auskunft auf eine unwirsche oder hilflose Frage, machten ihn für mich wie für viele andere, die ihn bewunderten und von ihm lernten, zu einem Orakel für den Umgang mit Literatur und Kunst. Zu einem Orakel: denn er äußerte sich ungern in längerer, lehrhaft zusammenhängender Rede. Eine abschätzige Handbewegung aber, ein zu rasch an seinen Ort wieder zurückgestelltes Buch konnten sein meist als Frage verkleidetes Urteil herausfordern: Hatte ich nicht, ein angehender Romanist, zu gleichgültig auf diese schöne Ausgabe von Paul Claudels *Soulier de satin* geblickt, bei aller Glaubensversessenheit in den nicht endenden Dialogen doch eines der sprachvollkommensten Bücher der französischen Dichtung? Nur der Gegensatz zwischen *Glaubensversessenheit* und *Sprachvollkommenheit* haftete, auf Vorrat gewissermaßen, im Gedächtnis. Warum hatte ich Knut Hamsuns *Stadt Segelfoß* mit Widerwillen im Regal geradegerückt? Nur weil die Bücher des Norwegers in jedem bürgerlichen Bücherschrank standen? Oder weil mir Hamsuns Hinwendung zum Nationalsozialismus widerwärtig sei? Die Haltung sei unverzeihlich, erst recht das verstockte Beharren auf seinen Überzeugungen. Gewiss, und auch dass dieser Abfall von aller Gesittung im Amerika- und im Zivilisationshass seiner frühen Bücher bereits angelegt war. Aber die Weite und Kraft der epischen Weltbeschwörung, sogar eine Art gütig-grimmiger Humor, mit denen er seinen vom Leben gebeutelten Sonderlingen nachfolgt, ja, das habe nur bei wenigen Autoren der Gegenwart ein Pendant. Nicht bei Thomas Mann, nicht bei den französischen Erzählern, am ehesten bei William Faulkner oder Thomas Wolfe. Ich habe den Ratschlag nicht befolgt. Nur das jede Einsicht abweisende Tagebuch über seine Verhöre nach Kriegsende, in dem sich der Greis ganz auf den täglichen Kampf mit der neuen Situation und mit den körperlichen Schwächen konzentriert, hat mir Eindruck gemacht. Sonst ist Knut Hamsun mir fremd, ja unangenehm geblieben. Aber ich stieß auf Yoknapatawpha County in Mississippi und verschwand für Monate – so war die Orakel-Wirkung immer – in Faulkners Romanen, die so weit von dem Feld meiner auf Frankreich und Italien gerichteten Studien ablagen. Solcher Art war der Einfluss, der von diesem stillen und sicheren Mann ausging, den ich als meinen Lehrer und als meinen Leser gern mir gegenübersetze, wenn ich schreibe und wenn ich im Unmut das Geschriebene wieder ausstreiche.

Einem Vorbild am nächsten kam ein Dichter, Essayist und Kritiker, mit dem ich auch noch in den Anfängen meines Studiums und meiner *éducation sentimentale* zusammentraf und dem ich bis heute, aus vergrabener Ferne in Freundschaft verbunden bin. Ein schüchtern-unsicherer, aber, wie mein Lehrer R. gesagt hätte, thesenfreudiger Aufsatz über die Freundschaft von Gautier und Nerval brachte uns zusammen. Einer meiner älteren Verlagsfreunde hatte ihm die Etude zugeschickt, und er ließ mir ausrichten, wenn ich in seine schön am Fluss gelegene Stadt käme, sollte ich ihm schreiben oder ihn anrufen. Begeistert schrieb ich eine Karte, rannte in Paris an den Bahnhof und rief ihn, kaum in Deutschlands Süden angelangt, aus der Stadtmitte an. Von der freundlichen Erkundigung nach meiner Reise kam er zwanglos zu den Fußwanderungen der Romantiker in die Pariser Umgebung, auf das Verhältnis des Umkreises von Victor Hugo zu E. T. A. Hoffmann und Jean Paul. Die Wiederentdeckung der barocken Lyrik löste eine Frage nach deren italienischen und spanischen Quellen aus – kein nachprüfendes Gespräch mit einem wissenschaftlichen Adepten, kein Ringtausch des Gewussten und des Wissenswerten, nein, es war, als ob ich in einen langewährenden, freundschaftlichen Austausch über die Dinge zurückkehrte, die uns im Leben am meisten beschäftigten. Draußen sammelten sich erst ein paar, dann immer mehr Menschen vor dem Telefonhäuschen, die mich immer heftiger bedrohten. Als ich meine Lage zögernd eingestand, lud er mich in seine von Bücherherrlichkeiten überfüllte Wohnung ein, und da blieben wir, mit immer heißerem Kopf ich, mit immer gleich temperiertem Enthusiasmus er, bis in die frühen Morgenstunden sitzen. Nie hat sich an dieser Situation etwas geändert, nicht in all den Jahrzehnten, in denen wir zusammen Bücher machten, Ausgaben und Übersetzungen miteinander durchsprachen, uns wechselseitig die Projekte erklärten und korrigierten, meine immer maßlosen und nie fertig werdenden, seine immer vollendet und vollkommen ans Licht tretenden. Wann immer ich ihn besuchte, wann immer wir uns in Paris oder Mailand trafen, war ich jedesmal von der alles einschließenden Liebe zur Dichtung entzückt, die ihn vom Aufwachen bis in die sinkende Nacht, wie ich es gleich beim ersten Mal erfahren hatte, nie verließ. Er ist alles andere als ein schwärmerischer Polyhistor oder ein zur Askese neigender Priester im Tempel der Kunst. Sein lebendiger Umgang mit Büchern ist zuallererst ein Umgang mit lebendiger Literatur. Nach dem Krieg war er der Übersetzer, der Interpret und der Freund von Saint-John Perse, von Marcel Jouhandeau und Jean Paulhan. In jedem Jahrzehnt traten neue Dichter in seinen Kreis: Joseph Breitbach, der andere große Mittler zwischen Frankreich und Deutschland, Yves Bonnefoy, Philippe Jaccottet, Jacques Réda. Das Reisen in Italien, Frankreich und England, dem und dessen Dichtung die heimliche Liebe des bedeutendsten Übersetzers aus dem Französischen gilt, und längere Aufenthalte in Paris gehören zu diesem wachen und neugierigen Leben mit Dichtern und Büchern. Dabei hat ihm ein gütiges Geschick noch das Ohr für die Musik und das Auge für die Landschaft und die Kunst mitgegeben, jene sinnliche Gewissheit, um die ich ihn, viel enger in das Bücherwesen eingesperrt, stets beneidet habe. Es ist wunderbar, mit ihm durch ein Museum oder durch einen Park zu gehen und zu beobachten, wie jede Einzelheit in ihm ihren Respons findet und wie das Wort dieses Causeurs sich der Wahrnehmung anschmiegt. Wenn jemand auf mein Lesen, auf mein Urteil und damit auf mein Leben Einfluss hatte, ist es es K. gewesen. Meine französische Umwelt wäre ohne ihn und seine Hilfe nicht entstanden. Manche meiner Freunde habe ich nur durch ihn kennengelernt. Und doch ist auch er kein Vorbild in irgend strengerem Sinn. Sagen wir: Er ist ein Vorbild nur, insofern der Enthusiasmus ansteckend ist. Aber der Enthusiasmus kennt keine Nachahmung. Er lockt ins Gespräch, er überträgt sich als Neugier, er ruft eine ähnliche Haltung hervor. Nie hat K. mich zu einem Autor bekehrt, so wie er nie seine Leser oder seine Hörer zu einem ästhetischen Glaubenssatz, zu einer literarischen Richtung oder zu einem von ihm bewunderten Dichter hat bekehren wollen. Er setzt stets sein ganzes Können und den Reichtum seiner Sprache ein, um die Schönheit eines Werks sichtbar werden zu lassen. Er benennt jedoch, auch das stets, die Distanz zu seinem Gegenstand, als Übersetzer wie als Interpret, als Essayist wie als Autor. Ich mochte und mag manche seiner Vorlieben nicht, den klugen, in die Falten des Gewissens spähenden Neukatholizismus von Pierre Jean Jouve so wenig wie manche der lyrisch aufgeweichten Erzählungen und Prosatexte, die ich bis heute zu den Altlasten des französischen Symbolismus rechne. Und umgekehrt habe ich K. nie von meinen roheren Neigungen zum weitausladenden, die Fiktion in Geröllhalden übereinanderschüttenden Roman des 19. Jahrhunderts, von der phantastischen Gegenliteratur zwischen Charles Maturin bis zu Ambrose Bierce und von dem Urvergnügen des Volkstheaters überzeugen können. Er mag den Roman als Gattung nur, wenn er die dem Roman abträgliche Kunstvollkommenheit Flauberts oder Prousts erreicht, den Exotismus nur in der zum Parfum verknappten Form von Jorge Luis Borges' Erzählungen und den derben Schwank überhaupt nicht. Selbst ein geistreicher Puppenspieler, kann er das Vorstadttheater nie richtig goutieren. Kein Vorbild also, aber ein über jedes Vorbild hinausgehender Einfluss in meinem Leben. K. hat mich früh vor dem Hochmut der Bescheidenheit gewarnt. Jetzt, da ich immer weniger frei mich fühle, da das Schreiben immer schwieriger sich gestaltet, da alles den modrigen Pilzgeschmack annimmt, den Hofmannsthal einmal fälschlich auf den Übergang von einer zur anderen Daseinsform beziehen zu können glaubte, jetzt weiß ich, wie sehr ein Leben unter Büchern ein Sprechen aus der eigenen Verantwortung unmöglich macht. Keine Vorbilder, aber jeder Satz aus Vorbildern gewonnen ...«

So weit reicht das Fragment meines armen Freundes Fueß. Die Gründe liegen offen: Zeitlebens beharrte er eigensinnig auf der Forderung, nur das selbst Entdeckte, selbst Empfundene und selbst in Sprache Verwandelte habe, in der Dichtung wie im Essay, ein Anrecht auf Dauer, eine Existenzberechtigung. Das beinahe verzweifelte Streben des jungen Autors und Wissenschaftlers, der so ausschließlich wie kaum ein anderer in der Welt der Literatur lebte und die Außenwelt als Korrektiv kaum wahrnahm, nach ursprünglichem Staunen, nach dem noch unverbrauchten Wort machte ihn vor anderen und vor sich selbst zu einem Don Quichote im aussichtslosen Kampf mit den Windmühlenflügeln einer Spätkultur. Als ihn während der Pariser Unruhen ein Freund aufsuchte und ihm vorschwärmte, er habe jetzt Delacroix' Muse der Revolution als junges

Mädchen auf den Barrikaden gesehen, lief er geduldig hinter ihm her durch die aufgewühlte Leidenschaft fahrlässiger Hoffnungen, doch lösten sich noch im durchaus aufmerksamen Herumblicken alle Einzelheiten in bestätigende Reminiszenzen an Gustav Flauberts grämliche Bilder von der Revolution auf. Nein, er war kein Mann des Tages und des aktiven Lebens. Er wusste das. Er zog sich darum früh von allen dichterischen Entwürfen zurück. Seinen ersten Lyrikband verbrannte er, den gleichzeitig begonnenen Roman ließ er achtlos liegen. In seinen Aufsätzen suchte er, der über einen nicht auszuschöpfenden Vorrat von Kenntnissen verfügte, sich immer tiefer, immer differenzierter in Werke und in andere Individualitäten einzugraben. Er wollte seine Individualität wahren, indem er die des anderen weit über dessen Einsicht hinaus zur Kunstfigur formte. So entstanden viele, oft lang ausgesponnene Essays zur Dichtung nach Baudelaire, zu spanischen Lyrikern, zu Ungaretti, zu Ezra Pounds *Pisan Cantos*, zuletzt ein paar Aufsätze zu den späten Texten von Samuel Beckett. Die kaligraphisch geschriebenen Blätter häuften sich nicht einfach auf seinem Schreibtisch. Sie wurden sorgfältig in Mappen gepackt und in Aktenschränken abgelegt. Nur die unfertigen, früh begonnenen Vorhaben einer Geschichte des Wirklichkeitsverlusts im Roman, die er in das Sternzeichen des Steckenpferds stellen wollte, und eine Sammlung phantastischer Komödien von der »Celestina« bis zu den Theaterstücken des Rosso di San Secondo, für die er eine schwer begreifliche Vorliebe hatte, blieben ihm gegenüber auf der Tischplatte und sahen ihn von Jahr zu Jahr mit heftiger fordernden Augen an. Über sich sprach er nie. Die paar Seiten kommen einem Bekenntnis am nächsten. Sie enthalten aber nur die Gründe für diese Zurückhaltung und für sein Verstummen: Er verwarf alle Vorbilder, und doch war sein Denken und sein Schreiben bis in jede zufällige Wendung von Vorbildern abhängig, bloßes Zitat. Das Hamann-Motto fand sich auf einem Zettel, als er seine Mailänder Wohnung aufgab.

Der fette Glanz der Lieblinge

Wenn ein Roman gelesen war, so empfing ich ihn, las ihn auch, trug ihn dann wieder in die Leihbibliothek, und suchte dort immer die Bücher heraus, welche entweder keinen Rücken mehr hatten, oder vom Lesen so fett geworden waren, dass sie mich ordentlich *anglänzten.* Das sind so die echten nach unserem Geschmack, dachte ich, und sicher war es ein *Rinaldo Rinaldini* ein *Domschütz* ein alter *Überall und Nirgends,* oder sonst einer unserer Lieblinge.
Zu Hause band ich ihn dann in alte lateinische Schriften ein, denn Amalie war sehr reinlich erzogen, und hätte, wenn auch das Innere des Romans nicht immer sehr *rein* war, doch nie mit bloßen Fingern den fetten Glanz ihrer Lieblinge betastet. Ehrerbietig trug ich ihn dann in den Garten hinüber, und überreichte ihn; und nie empfing ich ihn zurück, ohne dass mir Amalie die schönsten Stellen mit Strickgarn oder einer Stecknadel bezeichnet hätte. So lasen und liebten wir; unsere Liebe richtete sich nach dem Vorbild, das wir gerade lasen; bald war sie zärtlich und verschämt, bald feurig und stürmisch, ja wenn Eifersuchten vorkamen, so gaben wir uns alle mögliche Mühe, einen Gegenstand, eine Ursache für unser namenloses Unglück zu ersinnen.

Wilhelm Hauff: Mitteilungen aus den Memoiren des Satan (18..)

Silvia Bovenschen
Reparaturbetrieb

Der Held der frühen Jahre

Im Andenken an Karl Markus Michel, der in seinem Essay »Heldendämmerung« schon alles über die kulturgeschichtlichen Auf- und Abschwünge des Heroischen gesagt hat. (*Kursbuch 108,* 1992)

Unsere Zeit ist dem Helden nicht günstig. Das weiß jeder. Ein schwerer Schatten lastet auf dem Heldentum. Er reicht herüber noch aus der Mitte des gerade vergangenen Jahrhunderts. Die Redlichen verdächtigen das Heroische. Zu recht. Und es gibt auch – wie bei allen schweren Lasten – flugs eine Sprachregelung. Befragt nach dem Heldischen ist korrekterweise zu antworten: Die wahren heroischen Vorbilder unserer Zeit, das seien nicht die Helden alter Façon, sondern die schlecht bezahlten Krankenschwestern und die ledigen Mütter (wahlweise: Feuerwehrmänner und Entwicklungshelfer). Das ist gut gesprochen; etwas zu gut vielleicht. Geschieht nicht die Aufwertung des einen (Mütter) allein im Interesse der Abwertung des anderen (Helden)? Aber mit solch simplen Verabredungen ist dem Heldischen nicht beizukommen und auch mit besseren nicht. Das weiß insgeheim auch jeder. Das Heldentum überlebt alles: die guten Argumente und die desaströsen Fakten. Mag man auch in schuldschwerer Zeit von seiner öffentlichen Proklamation Abstand genommen haben, der Held kriecht aus jeder Ruine, aus jeder Absage wieder hervor. Das muss nicht wundern: liegt sein zähes Überleben doch darin begründet, dass es sich beim Heldentum keinesfalls um eine Realität, nur zu Teilen um eine Idee, im wesentlichen aber um einen Gemütszustand handelt. Schopenhauer notiert die Überlieferung, dass man nicht das Hirn, sondern immer das Herz der Helden einbalsamiert habe.[1] Früh schon, jedem Begriff, jeder Lektüre, jedem Bild vorgängig nistet das Heldengespenst in uns, schleicht in unsere Tag- und Nachtträume. Es erwacht zum vollen Leben, erhält Kontur und Kraft mit der ersten Kränkung. (Vielleicht ist ja unsere eigene Geburt schon eine Kränkung, das nicht erfüllte Säuglingssehnen – aber davon können wir nicht berichten, daran können wir uns nicht erinnern.) Die erste als solche erfahrene Kränkung, die erste Demütigung, die erste als Schmach erlebte Niederlage zeugt kompensatorische Phantasieaktionen. Sie schreit nach szenischen Imaginationen eigener stolzer Siege. Triumphe werden erträumt und in einem weiteren Schritt

Heimzahlungen, Rachen werden phantastisch bebildert. Die Demütigung des Demütigers. Die Phantasien Gedemütigter sind immer furchtbar. Im Dreck soll der andere liegen, sein Dreirad, sein Roller sollen mit ihm zerschellen, verbiegen, verrotten; seine Sandburg wird geschliffen. Wir aber lachen oder schauen über ihn hinweg in die Ferne. Das ist das mindeste. Noch keine schimmernde Rüstung. Noch keine Accessoires. Noch kein Begriff. Noch keine Heldenidee. Noch kein kulturelles Vor-Bild. Wir sind noch allein, ohne Kostüm, ohne Kulisse. Wenn sich diese Rache tatsächlich tun lässt, wird sie getan werden; wenn es an Kraft, Mut und Möglichkeit mangelt, muss sie in die Phantasie. Immerhin geht es um Heilung, um die Wiederherstellung des kleinen Ichs, das wir uns gerade erst spiegelbildlich gebastelt haben (wie illusionär auch immer). Da wird es dann in unserem Traum wieder ganz und etwas größer noch als zuvor; das Ich, von dem Freud (oder war es Lacan?) behauptete, dass es aus einer Wunde entstünde. Der innere Held ist ein seelischer Schadenschnelldienst. Nur Fron und Hohn – ich komme schon. Wenn uns im Leben wenig mehr bleibt als solche Phantasien, wenn sie schließlich alles überwölben, uns ganz beherrschen, werden wir wirklich zu furchtbaren Leuten. In diesem Fall tut sich eine ungute Alternative auf: Entweder wir »werfen den Helden in unserer Seele«[2] weg und werden zu schlaffen Kriechern und erbärmlichen »Lüstlingen« (wie Nietzsche es beschreibt), oder der Rachestau in der Realität und mit ihm der Überhang der zur Verwirklichung drängenden Schreckensphantasien wird so groß (irgendwann ersticke ich an den nicht gegebenen Antworten, sagte einmal eine Freundin), dass sich die Wut vom demütigenden Anlass abkoppelt und der Gedemütigte sich an der Demütigung Schwächerer schadlos hält. Das sind dann die, die auf Asylanten, Schwarze, Schwule, Alte einprügeln. Aber das sind die unguten Resultate des inneren Heldentums. Zumeist verläuft die Sache ja glimpflicher. Im besseren Fall sorgt der innere Held für Balance und Linderung.

Er bleibt nicht lange so schemenhaft, wie er es im Dreiradalter noch ist. Bald schon wird er ausgestattet. Mit den ersten Lektüren, mit den ersten Filmen, all den Bildern und Begriffen, die wir im Laufe des Kinderlebens und der Jugendzeit zur Kenntnis nehmen, reichert er sich an, wird vielgestaltig.[3] Bald hat er Helm und Schwert, bald Feder und Pfeil, bald Rennwagen und Raumschiff; Kraft und Mut und Treue hat er allemal. Wir sind nicht mehr allein. Wir sind viele. Unser kleines Ich kann sich jetzt multiplen Vorbildern anverwandeln: ein ganzes Heldenpanorama öffnet sich. Diese innere Heldenschar ist allerdings zeit- und altersgebunden. Bekanntlich schafft sich jede Generation neue Helden, jedes lebensgeschichtliche Stadium hat seine Heldenfavoriten. Wir müssen von uns selbst sprechen. Von unseren Helden.

Exkurs: Hansi Schmitz

Wir sind eine kleine Kindergruppe. Die meisten von uns sind neun Jahre alt, wenige sogar schon zehn. Zehn Jahre sind auch vergangen seit dem Ende des letzten großen Kriegs, von dem wir fast nichts wissen. Wir wurden knapp in den Frieden hineingeboren. Aber auch von dieser Gnade wissen wir nichts. Wir nennen uns Bande. Wir haben schon ein bisschen Karl May gelesen und sahen auch schon einige Filme, in denen Römer, Indianer und Ritter vorkamen. Wir spielen in den immer noch vorhandenen halb abgetragenen Kriegsruinen und auf den Baustellen der neu entstehenden Häuser. Beides ist uns streng verboten. Unser Anführer heißt Hansi Schmitz. Er kennt das Leben, er ist stark und mutig, er ist unser Held, fast ein Gott. (Seine exponierte Stellung beruhte auf dem, was ihn massiv von uns Bürgerkindern unterschied. Er war der Sohn eines Hausmeisters. Das Leben seiner Familie spielte sich in der überheizten Küche ab. Es gab Dampfnudeln und Schlagermusik aus dem Radio. Das kannten wir nicht, das gefiel uns. Entscheidender aber war, dass Hansi Schmitz uns im Alter mindestens drei Jahre voraus war. Drei Jahre älter! Das gab ihm eine ungesunde Macht über uns. Man sollte Kinder, die bevorzugt mit Jüngeren spielen, scharf im Auge behalten.) *Eines Tages versammeln wir uns wieder auf einer Baustelle. In einer plötzlichen hybriden Anwandlung steige ich auf einen Sandhaufen, um zu verkünden, dass ich selbst in Zukunft Anführerin der Bande sein wolle.* (Es sprach wirklich alles dagegen: mein Alter, meine eher mickrige körperliche Konstitution, mein Geschlecht.) *Hansi Schmitz lacht, dann spitzt er die Lippen und pfeift in den Himmel und in meine Rede hinein. Die anderen Kinder lachen jetzt auch. Mich überfällt eine maßlose Wut. Irgendwie schaffe ich es, ein herumliegendes schweres Brett aufzunehmen und es mit Schwung Hansi Schmitz in den Rücken zu hebeln. Hansi Schmitz fällt um und bleibt liegen. Ich bin eine Heldin. In bin keine Heldin. Kein Jubel. Die anderen Kinder sagen sehr sachlich: »Jetzt ist Hansi Schmitz tot.« Ich bin eine Mörderin. Ich gehe nach Hause. Ich versuche, die Tragweite des Geschehenen in meinen Kopf zu kriegen. Es gelingt mir nicht. Lange Zeit sitze ich apathisch in meinem Zimmer.* (Wahrscheinlich vergingen nur wenige Minuten.) *Vom Fenster meines Zimmers aus sehe ich, wie die Bande* (ohne Hansi Schmitz) *auf unser Haus zugeht. Es klingelt an der Türe, und ich höre die Kinder mit meiner Mutter reden, ohne die Worte zu verstehen. Mir ist schon alles egal. Dann betritt meine Mutter mein Zimmer mit den erlösenden Worten: »Das hättest du nicht tun dürfen.«* (Diese Worte, das begriff ich sofort, waren von erleichternder Unangemessenheit. Das sagt keine Mutter zu einem Mörderkind. Das sagt man allerdings auch nicht zu einem Helden.)

Kurzum: Hansi Schmitz tat der Rücken ein wenig weh, und meine Mutter zwang mich zu einer Entschuldigung bei dem, der mein Held nicht mehr war.

Diese Geschichte ist wahr, in dem Maße, in dem Erinnerungen eben wahr sein können. Sie gefällt mir aber nicht besonders gut. Sie ist zu moralisch. (Meine Mutter sagte einmal, ich sei nach diesem Vorfall nicht mehr so jähzornig gewesen.) Wie auch immer. Die Sache hat mich doch ein wenig beeindruckt. Hätte ich damals schon Hegel lesen und verstehen können, hätte ich eine große weltgeschichtliche Erklärung für mein kleines Kinderdilemma, eine geschichtsphilosophische Kanone für meinen Episodenspatz konstruieren können. Nach dieser Konstruktion wäre ich jäh aus der »Heroenzeit« in die zivilisierte Welt, vom Sandhügel meiner angemaßten heldischen Selbstständigkeit in die Abhängigkeit der Tugend- und Regelwirklichkeit meines bürgerlichen Elternhauses gefallen:

»Heroen dagegen sind Individuen, welche aus der Selbständigkeit ihres Charakters und ihrer Willkür heraus das Ganze einer Handlung auf sich nehmen und vollbringen (...) Diese unmittelbare Einheit von Substanziellem und Individualität der Neigung, der Triebe, des Wollens liegt in der Griechischen Tugend, so dass die Individualität sich selbst das Gesetz ist, ohne einem für sich bestehenden Gesetz, Urteil und Gericht unterworfen zu sein.«[4]

Diese heroische Individualität gehört – wenn es sie realiter je gab – einer lange versunkenen Zeit an. Es hat mir aber gut gefallen – und darin liegt auch der Grund, warum ich die Hansi-Schmitz-Geschichte doch erzählt habe –, dass auch für Hegel das Heroische durch den Fortgang der Weltgeschichte keineswegs ganz erledigt ist. Das Interesse daran – psychologisch wäre es wohl eher eine Sehnsucht danach – bleibt untergründig bestehen:

»Das Interesse nun aber und Bedürfnis solch einer wirklichen, individuellen Totalität und lebendigen Selbständigkeit wird und kann uns nie verlassen, wir mögen die Wesentlichkeit und Entwicklung der Zustände in dem ausgebildeten bürgerlichen und politischen Leben als noch so ersprießlich und vernünftig anerkennen.«[5]

Auch für mein inneres Heldentum war – wenn wir noch für einen Moment in dieser etwas prekären Analogie phylo- und ontologischer Abläufe bleiben – das Heldische durch den Hansi-Schmitz-Vorfall keineswegs erledigt. Im Gegenteil: Jetzt im anschließenden Leselebensalter kam die Sache erst richtig in Schwung.

Über die elterlich stark befürwortete Lektüre von Gustav Schwabs *schönsten Sagen des klassischen Altertums* trat die griechische Götter-

und Heldenwelt auf meine innere Bühne. (Etwas ähnliches besaß ich auch noch für die germanische Sagenwelt – Titel und Autor sind mir entfallen –, ich weiß nur noch, dass mir die Auftritte des düsteren Odins mit den Raben Hugin und Mumin auf seinen Schultern und den Wölfen Geri und Freki im Gefolge Eindruck machte.) Auch die Lektüre von James Fenimore Coopers *Lederstrumpf-Geschichten* war noch vom Wohlwollen meiner Erzieher begleitet. Das Lesen ungezählter Karl-May-Romane wurde ironisiert, aber durch weihnachtliche Büchergeschenke letztlich doch ermöglicht. Etwas schwieriger war es mit der Erreichbarkeit väterlich stark beargwöhnter einschlägiger Comics. (Ein reiches Heldenfeld, ich erinnere mich an: Tarzan, Akim, Sigurd, Prinz Eisenherz, hieß er Tom Mix – oder hieß er Tom Prox – oder gab es beide – oder beide nicht – aber dafür viele andere mehr?). An der Comic-Front war keine Unterstützung zu erwarten. Es gab ernste Beschaffungsprobleme. Diese Helden-Dröhnung musste durch einen schrägen Tauschhandel (in einigen Fällen war auch Erpressung im Spiel) ermöglicht werden. Die moralische Seite solcher Beschaffungen machte keine besonderen Probleme, denn längst schon hatte der negative Held die Szene betreten und die eherne Karl-May-Ethik etwas aufgeweicht. In irgendeinem Bücherschrank war ich auf Felix Dahns *Ein Kampf um Rom* gestoßen, eine dicke Schwarte aus dem 19. Jahrhundert, in der der Kampf der Ostgoten gegen Rom und Byzanz breit und reißerisch ausgemalt wird. Ein Buch von sehr zweifelhafter literarischer Qualität und überdies wegen seiner nationalistischen Tendenzen ein gefundenes Fressen für jeden Ideologiekritiker. Dessen Einwände hätten mich damals allein schon deshalb kalt gelassen, weil ich es ganz gegen das unverkennbare Wollen des Autors nicht mit den edlen Gotenkönigen hielt, sondern begeistert war von der Verschlagenheit des römischen Intriganten Cethegus und vor allem von der Schläue des byzantinischen Heerführers Narses. Man möge mir glauben, dass ich seit dieser Zeit bessere Bücher gelesen habe, aber vermutlich wird mir eine Szene aus gerade diesem bis in meine letzten Tage vor Augen stehen. Die nämlich, in der Gothlindis genüsslich über viele Seiten die Gotenkönigin Amalaswintha in einem römischen Dampfbad ersäuft (oder war es umgekehrt?). Endlich einmal unzimperliche Frauen, das hatte es in meinen bisherigen Lektüren nicht gegeben. Und auch der gebrochene Held, der liebenswerte Verlierer war zu dieser Zeit schon in meinem Blickfeld. Mit dem Helden-Quartett Donald Duck, Tick, Trick und Track (und Erika Fuchs) kam der Witz in meine literarische Welt. Man konnte also ohnmächtig gegen Stärkere (Onkel Dagobert, die Panzer-Knacker-Bande u. v. m.) aufbegehren, dabei lächerlich von Sandhaufenhöhen fallen und schließlich doch irgendwie obsiegen. Eine meiner Lieblingsgestalten (nach

Donald, versteht sich) war der Glückspilz Franz Gans: »Holla, ein Taler!«; und mein Lieblingsspruch war: »Dem Ingenieur ist nichts zu schwör«, weil ich meinem Vater, der diesem Berufsstand angehörte, damit gründlich auf die Nerven gehen konnte. Das pomadisierte Haupt von Franz Gans erinnerte mich verschwommen an das des Heldenschönlings Paris (s. o. Schwabs griechische Sagen). Noch heute heitert sich mein Gemüt um mehrere Grade auf, wenn ich eine dieser Bildgeschichten in die Finger bekomme.

Meine Eltern versuchten, die Comic-Flut durch das Angebot sogenannter wertvoller Kinder- und Jugendbuchliteratur einzudämmen. Damit waren sie in den fünfziger Jahren zum Scheitern verurteilt. Sie mussten einräumen, dass die betulichen, speziell für Mädchen vorgesehenen Bücher in der *Nesthäkchen-* und *Heidi-*Tradition für jedes Kind, das seine Sinne halbwegs beisammen hatte, indiskutabel waren. Für einen Lesestoff indes, den sie mir im Rückgriff auf die Vorkriegszeit beschafften, war ich ihnen doch sehr dankbar. *Der Kampf der Tertia* (wie sich die Lieblingstitel doch glichen) von Wilhelm Speyer. Eine Erzählung aus der Jugendbewegung der zwanziger Jahre. Hier geht es um eine kleine Bande von Schülern der Tertia eines Reformgymnasiums, die gegen die üblen Machenschaften eines geldgierigen Fellhändlers kämpfen. Der hat der Bevölkerung eines nahegelegenen Städtchens fälschlich eingeredet, dass wegen Tollwutgefahr alle Katzen der Umgebung getötet werden müssten. Der einzigen Schülerin namens Daniela (!) hatten die anderen Tertianer, weil sie ein Mädchen ist, die Anführerschaft streitig gemacht – so sagt jedenfalls meine Erinnerung. Als es zur entscheidenden Schlacht zwischen den Kindern des Ortes und der Tertia kommt – eine Schlacht, die der Autor dem Erzählablauf der großen Ilias-Schlacht nachbildete (s. Schwab), greift Daniela, die sich schmollend von der Gruppe entfernt hatte, doch wieder ins Geschehen ein. Durch ihren Mut und den Einsatz ihrer ebenfalls mutigen Hunde (s. Odin) kann der endgültige Sieg errungen werden. Es ist leicht zu sehen, dass in dieser Lektüre für mich eine späte Genugtuung für die Hansi-Schmitz-Schmach lag.

Von den Jugendbüchern, die mir von Onkeln und Tanten zuweilen geschenkt wurden, ließ ich nur Enid Blytons *Fünf-Freunde-Geschichten* gelten. Hier war die Hauptfigur immerhin ein beherztes Mädchen, Georgina, das aber kein Mädchen sein wollte und das einen großen Hund besaß. Es reichte jedoch an Daniela nicht heran.

An dieser Stelle muss von einem entscheidenden Problem in meinem damaligen Lektüreverständnis berichtet werden. Ein Übersetzungsproblem tat sich auf, das ich mit vielen Mädchen meiner Generation teilte. Um das identifikatorische Lesen, das altersangemessen die innere Heldenausstattung ermöglichte, zu gewährleisten, mussten wir uns von unserer Geschlechtszugehörigkeit distanzieren. Das Heroische wurde in aller Regel männlich imaginiert. Es waren Knaben und Männer, die in die Welt, in die Ferne ausgriffen, sie eroberten. Diese Männer-Helden segelten auf Piratenschiffen, gewannen Kämpfe bei Turnieren, ritten auf feurigen Pferden durch den Wilden Westen und besiegten allüberall das Böse. Oder sie waren das Böse selbst. Wo aber waren die Heldinnen? Mädchen und Frauen vegetierten in meinem damaligen Literaturkosmos (von den erwähnten Beispielen einmal abgesehen) als jämmerliche, ängstliche, hilflose, häusliche Geschöpfe, die allenfalls einmal verbotenerweise aus dem Marmeladetopf schleckten; erzähltechnisch gesehen waren sie handlungsirrelevante Randfiguren. Und sie waren nicht einmal komisch. (Bis auf Daisy Duck, die aber im Avunkulat von Entenhausen keine sehr große Rolle spielt; Gundel Gaukelei war nach meiner Zeit.) Um die ganze Trostlosigkeit zu erfassen, denke man nur an die Schwester Winnetous, an ihre armselige Blässe und Bedeutungslosigkeit. Wer wollte so etwas schon sein? Eine Heldin war das jedenfalls nicht. Heldinnen werden literarische Frauenfiguren erst als große Liebende (Madame Bovary und Anna Karenina sind hier immer zu nennen). Das aber ist eine andere Geschichte. Diese Form des Heldischen, wenn es denn eine ist, war in der Lebensspanne, von der ich hier rede, noch nicht so relevant. Da wir als Kinder die Szenen aus den Büchern, die wir gerade lasen, nachspielten: »Also, ich wäre jetzt einmal Winnetou und du Old Shatterhand« (sehr wichtig für die Einübung des Konjunktivs!) und die Jungens uns gelegentlich diese männlichen Heldenrollen streitig machen wollten, hatten wir durchaus ein Bewusstsein für die Artistik von gleichzeitiger Identifikation und Distanzierung. Ich erinnere mich daran, dass mich die Comic-Figur »Prinz Eisenherz« etwas irritierte, weil dieser ansonsten markige Held mit einer in meinen Augen lächerlichen Pagenfrisur ausgestattet war, die man zu dieser Zeit uns Mädchen so gerne verpassen wollte (frühe gendertroubles!).

Seit dem 18. Jahrhundert lesen, das sagen einschlägige Statistiken, die Frauen die Romane. Die Anzahl der männlichen Leser fiktionaler Literatur ist gering. Vielleicht lag einer der Gründe für diese Asymmetrie darin, dass die Frauen am Beginn ihrer Laufbahn als Romanleserinnen, noch bevor sie sich auf die Liebesromane stürzten, spezielle Leseartistiken ausbilden mussten, dass sie auf die unterschiedlichen Spielarten des Fiktionalen besser vorbereitet waren.

Das ist aber nur eine Vermutung. Sie ist auch nicht besonders wichtig, weil die Sache sich erledigt hat. Die Lesetravestie ist nicht mehr vonnöten.

Das Lektüreangebot für junge Mädchen hat sich in den letzten drei Jahrzehnten einschlägig erweitert. (Wenn allerdings an dieser Vermutung auch nur irgendetwas dran wäre, kämen in Zukunft harte Zeiten auf unsere Romanciers zu.) Längst hat sich Superwoman zu Superman gesellt. Für die Vorbildsehnsüchte junger Mädchen nach starken Frauen in Schrift und Bild herrscht kein Mangel mehr. Gerade dieser Tage hat sogar eine virtuelle Frau vom Computerspiel auf die Kinoleinwand wechselnd in einem ziemlich schwachsinnigen Spielfilm die Welt vor dem Bösen gerettet. Na also, es geht doch.

Habe ich noch etwas vergessen? Ach ja, die Schullektüren. Völlig unerheblich. Bis zur Mittelstufe des Gymnasiums lasen uns Referendare in Schulstunden, die zu füllen sie gezwungen waren, Geschichten von Hans Carossa oder Werner Bergengruen vor. Nun ja. (Erst in der Quarta – oder war es die Untertertia? – bekamen wir eine gute Deutschlehrerin, und alles wurde anders.)

Der Beginn der Pubertät leitete ein neues Leseverhalten ein und veränderte die innere Heldenannektion erheblich. Meinungen, Launen, Sehnsüchte, Selbstdarstellungswünsche ganz anderer Art komplizierten die Dinge. Das Heroische kam mit dem Erotischen in eine undurchsichtige Gemengelage. Der Vorbildcharakter dessen, was wir zu dieser Zeit lasen, blieb jedoch erhalten. Wir hatten Romane gelesen, wir wussten, was Liebe ist. Über solche Codierungen des Erotischen hat Niklas Luhmann ein wichtiges Buch geschrieben. (»Die Dame hat Romane gelesen und kennt den Code«.)[6] Die Geschichte der inneren Helden der mittleren Jahre wäre ein eigenes Kapitel. Nur so viel dazu: Noch funktionierte der Reparaturbetrieb. Auch Niederlagen der Liebe können tagträumerisch bis zu einem gewissen Grad kompensiert werden.

Und zum Schluss noch ein Wort zum inneren Helden der späten Jahre. Auch wenn wir den Helden in uns auf Nietzsches Geheiß nicht weggeworfen haben, er siecht mit uns, zuweilen auch vor uns. In der Literatur stirbt der Held jäh. Er fällt wie eine Eiche. In der Schlacht zum Beispiel. Dann steht er wieder auf und beginnt einen neuen Kampf.

Das unterscheidet das Spiel vom Leben, dass es eben immer wieder aufs Neue beginnt. Und so elastisch waren auch die inneren Helden unserer frühen Jahre. Dann aber werden sie immer spröder und anfälliger. Der innere Held stirbt langsam, schleichend. Die Imagination unseres heldischen Selbstes ist, je älter wir werden, an Wahrscheinlichkeitsgrade gebunden. Im Alter von 60 Jahren erträumt man sich nicht mehr in Gestalt einer Olympiasiegerin im Kugelstoßen. Wenn wir Kinder sind, ist immer noch alles möglich. Die Welt ist noch so neu und phantastisch, dass uns der Wechsel in andere Jahrhunderte, andere Weltteile, andere Identitäten keine

Mühe macht. Ein strahlender Ritter zu werden, ist nicht unwahrscheinlicher, als einmal 20 Jahre alt zu werden. Alles steht noch in der Möglichkeitsform. Mit der Einsicht in die abnehmenden Möglichkeiten aber beschleicht die meisten von uns eine lächerliche Angst, vor sich selbst lächerlich zu werden. Ich kenne nur einen einzigen Menschen, dem es auch in fortgeschrittenem Alter noch gelingt, sich bei einer aufziehenden Niedergeschlagenheit tagträumerisch als brillanten Konzertpianisten oder umjubelten Wimbledon-Sieger zu phantasieren und auf diese autodynamische Art die eigene Laune wieder aufzuhellen. Den meisten aber verdirbt die Wiederbegegnung mit der schlecht bezahlten Krankenschwester die heroischen Träume. Helden sterben nicht auf Intensivstationen. Der Heldentod ist sauber. Ein wenig Blut vielleicht, aber keine Schläuche, keine Kanülen, keine Drainagen, kein Schleim, kein Dreck, keine Fäulnis bei lebendigem Leibe.

Für das Älter- und Schwächerwerden gibt es keine Rachemöglichkeit. Der Reparaturbetrieb kann nicht mehr aufgenommen werden. Es gibt nichts mehr zu reparieren, es gibt keine wirklichen oder imaginären Schuldigen. Das Leben selbst, das Altwerden ist die Kränkung, und daran ist vorläufig trotz Gentechnologie nicht zu rütteln. Diesen Kampf haben bislang alle, Helden und Feiglinge, verloren.

Anmerkungen

1 Arthur Schopenhauer, *Die Manuskriptbücher,* 1. Teil, »Reisebuch«, in: Arthur Schopenhauer, *Der handschriftliche Nachlass* Bd. 3, München 1985, S. 42.

2 Den letzten Teil dieses Zitats stellte Karl Markus Michel seinem Aufsatz als Motto voran. Vollständig lautet es:
»Einst dachten sie Helden zu werden: Lüstlinge sind es jetzt. Ein Gram und ein Grauen ist ihnen der Held.
Aber bei meiner Liebe und Hoffnung beschwöre ich dich: wirf den Helden in deiner Seele nicht weg! Halte heilig deine höchste Hoffnung.«
Friedrich Nietzsche, »Also sprach Zarathustra«, in: Friedrich Nietzsche *Werke II,* München 1955, S. 309.

3 Vgl. Karl Markus Michel, »Heldendämmerung«.

4 Georg Wilhelm Friedrich Hegel, »Vorlesungen über die Ästhetik«, in: G. W. F. Hegel, *Werke Bd. 13,* Redaktion Eva Moldenhauer und Karl Markus Michel, Frankfurt 1970, S. 243 f.

5 Ebd., S. 255.

6 Niklas Luhmann, *Liebe als Passion,* Frankfurt 1982, S. 37.

Gennaro Ghirardelli
Die Vorbilder der hässlichen Welt

Peter leg die Latte höher, war der Titel eines katholischen Erbauungsbuches in den fünfziger Jahren, das man uns Zöglingen eines Jesuiteninternats zur Lektüre, als Vorbild und zur Nachahmung empfahl. Das dreckige Grinsen von uns Schülern, die wir gerade in der Phase des Frühlingserwachens steckten, quittierten die älteren Patres mit verständnislosen Mienen, die jüngeren mit kurzen, harten Ohrfeigen. Die Gesten- und Zeichensprache an diesem Ort war in der Regel unmissverständlich, wenig prätentiös und sehr einfach zu dechiffrieren.

Ans Herz gelegt wurde uns das Machwerk für die Exerzitien, jene stumme, schulfreie Woche, die religiösen Übungen und frommer Einkehr gewidmet sein sollte. Zur Stützung der wankelmütigen jugendlichen Geister und Seelen ließ man einen portugiesischen Jesuiten kommen, ein reisender Profi in Sachen »Hinführung der Heranwachsenden zu einem modernen, aufgeschlossenen Glauben«. Diesem lange vorher angekündigten geistlichen Wanderpädagogen ging ein unwahrscheinlicher Ruf als hervorragender, kühner, lebendiger und unvoreingenommener Priester, Redner und Mensch voraus, uns ein Vorbild. Er entpuppte sich als schaler, nichtssagender Schwätzer, so dass die von der Internatsleitung kraft Vorbild insgeheim erwartete Eintrittsrate von Schülern in die »Marianische Kongregation« von mindestens 90 Prozent am Ende der Woche auf unter 20 Prozent herunterkorrigiert werden musste.

Von Geburt, spätestens von Kindesbeinen an, werden wir mit Vorbildern traktiert. »Nur bei Grün, den Kindern ein Vorbild!«, geht es heute an jeder politisch korrekten Ampel los. Als ob es nicht ebenso vorbildlich wäre, den Kindern ein schlechtes, im Sinn der Wettbewerbsgesellschaft aber lebensechteres Vorbild zu geben und bei Rot über die Straße zu gehen: »Seht her, ihr Gören, man muss lernen, auch ohne Anleitung durchs Leben zu kommen, das nennt man *überleben.*« Oder noch lebensnaher und heroisch vorbildlich: Man werfe sich mit Todesverachtung vor die Autos, vorzugsweise vor große, schwere, insofern damit die Veranschaulichung, das Vorbildhafte, noch plakativere Züge gewinnt, und lasse sich überfahren. Wir haben es mit dem Vorbild im doppelten Sinn zu tun: mit dem personifizierten, wenn auch entleibten, pädagogischen sowie mit dem *Exemplum,* hier beispielhaft blutigen, das besagen will: »So, Kinder, wird es euch ergehen, wenn ihr diesem Vorbild-Beispiel folgt und bei Rot über die Straße latscht.« Zugegeben, das Exempel ist drastisch und mag die lieben Kleinen traumatisieren. Aber werden wir nicht ohnehin alle frühzeitig durch Vorbilder traumatisiert?

Braucht der Mensch zu seiner Menschwerdung Vorbilder?

In obenerwähnter katholisch-humanistischer Bildungsanstalt hätte allein schon die Frage blankes Unverständnis hervorgerufen und wäre vielleicht mit neuen Ohrfeigen beantwortet worden. Vorbilder waren die halbe Bildung des Menschen, und natürlich zogen bei ihrem Aufmarsch die christlichen stets vorneweg. Aber nicht Christus führte den Zug an, denn hier ging es nicht um eine Imitatio Christi, sondern Heilige unterschiedlichster Couleur boten sich als nachahmenswerte Vorbilder an, allen voran der schmucke Offizier Ignatius von Loyola.

In dieser Parade gab es aber noch einen anderen Block: Die klassische Bildung mit ihrem eminentesten und rhetorisch brillantesten Vertreter, dem großen lateinischen Zampano Cicero. Hinter ihm stand wie ein Fels eines der Urbilder der *virtus*, jene altrömische Tugendbombe, Cato der Ältere, der Censorius, mit dessen Texten wie etwa *De agricultura, Über die Landwirtschaft* – wahre Meisterwerke der Langeweile – Gymnasiasten kompostierbar gemacht und die Böden bereitet wurden. Vorbild war also der reaktionäre Hetzer, Griechenfresser und Fremdenhasser, der mit seinem ewigen *ceterum censeo,* dass Karthago zerstört werden müsse, die lateinische Leitkultur verteidigte und die national-römische Identität hochhielt, bis er seine Kollegen im Senat so mürbe geredet hatte, dass ihre Widerstandskraft gegen das gute Vorbild erlahmt und Karthago schließlich dem Erdboden gleichgemacht war.

Nimmt man sich noch einmal die Lektüre von Ciceros *De senectute* vor, wo sich der späte Cato über die Vorzüge des Alterns und des Alters auslässt, trifft man auf einen konservativen, hochgebildeten, in griechischer Philosophie bewanderten Herrn. Bei aller Jugendschelte, bei aller Verdammung der Laster und Torheiten der Jugend, auch wenn er die Weisheit seines Alters noch so sehr herausstreicht und sich eitel im eigenen erzieherischen Vorbild für die Jugend spiegelt, dieser Cato ist nun bewundernswert gelassen und über vieles erhaben, Bitterkeit und Sperrigkeit sind verflogen. Die von ihm inkriminierte Sinnlichkeit der Jugend macht einer anderen, höheren, genießerischen Sinnlichkeit Platz, die der Beobachtung einer gehegten Natur, der Agrikultur, die wahren Sinnesfreuden abgewinnen kann. Geradezu zärtlich, mit viel gebildeter Behutsamkeit und warmherziger Zuneigung wird das Hegen und Wachsen in Garten und Flur beschrieben. Das hätte man dem ehemaligen grantigen Sturkopf und »Im-Übrigen-hau-drauf« nicht zugetraut. Alle Einsichten in die Schönheit des Alters hat er bei den griechischen Philosophen gewonnen, die er ehedem nicht genug als unrömisch beschimpfen konnte. Was war mit dem Mann geschehen? Nun, er wurde von Cicero fiktionalisiert, idealisiert und zum Vorbild erhoben. Der konservative Cicero verwandelte sein Vorbild in ein Ideal, das mit dem lebendigen Vor-Bild nicht mehr viel zu tun hatte. Aus dem engstirnigen Ideologen Cato wurde unter der meisterhaften Bearbeitung Ciceros ein Ideal der abgeklärten Altersweisheit, ein bewundernswertes Vorbild für eine Lebenshaltung. Mit dieser *invention of an ideal* hat sich Cicero wohl selbst entlastet, schreibt er doch an anderer Stelle: »Das Alter macht mich nämlich recht ungenießbar. Ich ärgere mich über alles. Für mich ist eben das Leben vorbei.« Glücklich, wer im Alter noch ein Vorbild findet, und wenn er es sich selbst kreiert.

Aber Cicero war, wie auch Cato, ein *homo novus* – Emporkömmlinge, die sich der reaktionär konservativen Ideologie der Adelspartei der Optimaten andienten. Darin ging Cato dem Cicero voran und war ihm sowohl Vor- als auch Leitbild. Und solche Vorbilder sind es, die man in manchen Kreisen der Jugend zur Nachahmung vorsetzt.

Kommen die Vorbilder zum Menschen oder geht der Mensch zu ihnen?

Archaischen Gesellschaften, Stammesgesellschaften, Gesellschaften mit mehr oder weniger ausgeprägtem Ahnenkult, jedenfalls allen Vergesellschaftungen, die auf Verwandtschaft beruhen, stehen die Vorbilder qua Abstammung zur Verfügung, sie werden ihnen gewissermaßen frei Haus geliefert. Auch die Römer der Zeit eines Cato (234–149 v. Chr.) oder eines Cicero (106–43 v. Chr.) waren *ad maiores,* auf die Größeren, Älteren, hin ausgerichtet: Die Vorfahren mit ihren großartigen Leistungen verkörperten die exemplarischen Tugenden, und die *mores maiorum,* die »Sitten der Alten«, gaben den Kanon verbindlichen Verhaltens in der römischen Optimatenrepublik vor.

Schwerer hatten es andere, die sich selbst zum Vorbild erheben wollten, ohne die überkommenen, mitunter schon etwas angestaubten und abgewetzten Vorbilder der *maiores* noch in Anspruch zu nehmen.

Religionsstifter, Propheten und Gottessöhne verfallen bisweilen darauf, ihre irdischen Verwandten wenigstens als Vorbilder loszuwerden. Dass dies leichter verkündet als getan ist, zeigen etwa die volkstümlichen Traditionen der Heiligenverehrung im Islam, wo die zur Hervorbringung eines Heiligen notwendige heilige Kraft, die *baraka*, innerhalb einer Familie weitervererbt werden kann. Dies läuft zweifelsohne dem Grundsatz zuwider, der Bildung der Gemeinde, *ᶜumma*, den Vorzug vor der Verwandtschaftsgruppe zu geben. Doch Prophetenwort hin, Orthodoxie her, das Heilige bleibt so in der Familie, mithin in guten Händen und lässt sich bei Bedarf auch mit einem kleinen Wunder zum Ruhm der Sippe reaktivieren. *»The Making of a Saint«* ist eine recht verbreitete Familienbeschäftigung innerhalb »heiliger Sippen«.

Neuzeit und Moderne, Aufklärung und Französische Revolution emanzipierten das Vorbild von der Person zugunsten abstrakterer Ideale. Stellte der wackere alte Römer noch die Verkörperung verbindlicher Tugenden *(constantia, prudentia, fides)* dar, wurde der moderne Mensch zum Vertreter gesellschaftsumfassender, universeller Begriffe wie Freiheit, Gleichheit oder Menschenrechte. Das durch Erbfolge und Überlieferung zur Gemeinschaft und ihren Angehörigen gelangte Vorbild wurde durch eine rationalistische Konstruktion ersetzt – oder zumindest um eine solche ergänzt –, welche die Fesseln der korporativen Grenzen des Denkens und Handelns sprengen und universell wirksam werden sollte.

Das hatte das Volk in Paris, und bald darauf auch an vielen anderen Orten, wohl verstanden und war von der Vernünftigkeit der neuen Vorbilder so sehr überzeugt, dass es das personifizierte Vorbild der alten Ordnung, den König, unverzüglich auf ein vernünftiges, nämlich verzichtbares Maß zurechtstutzte. Danach fehlte etwas: Die abstrakten Begriffe waren körperlos, während vorbildliche Personen Begriffe verkörpern konnten. Insbesondere, wenn sie diese oft und geschickt im Munde führten, so wie seinerzeit die Herren Cato und Cicero die Worte der römischen Tugenden. Das Volk brauchte dringend Personal und Darsteller zur Verkörperung der abstrakten Vorbilder, der Ideale, und erfand sich wieder Idole: Danton, Marat, Saint-Juste usw. (Robespierre scheint sich dafür nicht recht geeignet zu haben, wie überhaupt gewisse Figuren trotz aller Anstrengungen, die eigene Person zum Vorbild zu erklären, vor kultischer Verklärung offenbar gefeit sind: Oder hat jemals jemand von Walter Ulbricht oder Erich Honecker als von Idolen, womöglich der Jugend, reden hören?)

Hinfort traten die abstrakten Vorbilder der Aufklärung und der Revolution stets im Verein mit ihren Verkörperungen zum Personenkult auf und verhalfen der Geschichte zu einem eigentümlich hinkenden Gang, *quasi modo* dem hastigen, humpelnden Hüpfen von Charles Laughton im Film »Der Glöckner von Notre-Dame« vergleichbar. Ohne die personifizierten Vorbilder jedenfalls ging es nicht.

Vorbilder, Welttheater und Budenzauber

(Vorhang auf) Wir sind angekommen, meine Damen und Herren, treten Sie ein ins Panoptikum der Vorbilder, Ideale und Idole! Es wird alles angeboten, alles ist versammelt, alles kommt ins Rutschen, wirbelt durcheinander, vermischt sich, *panta rhei*! Hier sehen sie die phantastischsten Mischwesen: alte Herren mit Rauschebärten als Sozialrevolutionäre, Schnauzbärte als Nationalfetische und Rassenmerkmale, mumifizierte Weltrevolutionäre in ihren Mausoleen, Anführer der Massen, mutterseelenallein mit messianischem Glorienschein im Gegenlicht, Befreier der Unterdrückten mit Havanna-Zigarren im Mund und Brillantine im Haar auf Hollywoodpartys, Hollywoodkomparsen als Präsidenten, Fußballer, die wie Politiker, Politiker, die in Fußballmetaphern reden, Meisterköche als Propheten, Propheten in Aspik – und, meine Damen und Herren, alles garantiert austauschbar. Feuerspeier, Totschläger, Brunnenvergifter, Menschheitsbeglücker, alle Vorbild, Hauptsache im Bild, zur besten Sendezeit mit höchster Einschaltquote. Hereinspaziert, zum Wertebasar der Nationen, Religionen und Kulturen! Alles will Vorbild sein; alles will Vorbild haben. Hier wird der Kannibalismus zum Event: Idole fressen ihre Nachläufer, Idole werden von ihren Nachläufern aufgefressen. Die Welt in der Kiste – *sanduq ad-dunia*![1] *(Blitze, Schwefelgeruch, Höllenkrach. Vorhang fällt)*

Eine Art Gnom tritt auf, schaut sich verdutzt um und tut so, als verstehe er nicht. Er hat eine hässliche Satyrphysiognomie mit auffallender Knollennase, wirkt aufgequollen und sieht wenig vertrauenswürdig aus. Ein Mann, der weder ein Vorbild hat noch eines sein will. Er hat nur seinen Dämon. Er lungert auf öffentlichen Plätzen und auf den Märkten herum, zieht Leute ins Gespräch, vor allem junge Leute. Er stellt Fragen, immer nur Fragen, gibt keine Antworten, sondern lässt die Leute die Antworten selber suchen und finden. Er ist lästig. Schließlich verjagt man ihn, zeigt ihn an, bringt ihn vor Gericht, verurteilt ihn wegen Gottlosigkeit und Verführung der Jugend – und macht ihn zum Vorbild. Letzteres hat er nicht verdient, das war infam.

Anmerkung

1 *Sanduq ad-dunia* –»Weltkasten«; war in gewisser Weise ein Vorläufer des Kinos oder Fernsehens in der arabischen Welt, womit, vielleicht seit dem Mittelalter, sicher aber bis ins 20. Jahrhundert, das Volk auf der Straße unterhalten wurde. Es handelt sich um einen meist türkis bemalten, mehr oder weniger reich verzierten hölzernen Kasten, den der »Vorführer« mittels zweier Lederriemen wie einen Rucksack auf dem Rücken trägt. An den beiden äußeren Enden des Kastens stecken zwei Holzstäbe im Gehäuse, die durch eine Banderole, wie die zwei Filmspulen durch den Film im Gehäuse einer Kamera, miteinander verbunden sind. Auf der Banderole befinden sich Darstellungen von den Taten der großen Helden-, Sagen- und Märchengestalten, wie Harun ar-Raschid, Baibar, Salah ad-Din und andere, große Vorbilder einer imaginären Epoche der Geschichte, oder Zeichnungen, später auch Fotografien, von denk- und merkwürdigen Ereignissen. Die Banderole wird an einem der beiden Holzstäbe wie der Film in der Kamera von Hand durch den Kasten gedreht, wobei das Publikum gegen ein Entgelt durch gläserne Gucklöcher auf der Rückseite des Kastens die vorbeiziehenden Motive betrachten kann.

Waschen und Kämmen

Für das Waschen des Gesichts gibt es keine anderen Kunstgriffe, als den Schmutz gänzlich abzuwaschen. Es gibt ja eigentlich auf dem Gesicht keinen richtigen Schmutz, sondern, was man Schmutz nennt, ist nur Fett. Es gibt natürliches und aufgetragenes Fett. Das natürliche kommt aus den Poren, fette Menschen leiden sehr darunter, magere weniger. Es sieht aus wie Schweiß, ist aber keiner. Das aufgetragene Fett aber kommt selten von unten nach oben, sondern immer von oben nach unten: zum Haar gehören nämlich untrennbar auch Haarpflegemittel, und da, wo Haar und Gesicht ineinander übergehen, lässt es sich kaum vermeiden, dass etwas übertritt. Oder auch nur, wenn man mit der Hand über das Haar streicht und es ordnet, dann streicht man nachher doch natürlich von oben nach unten, und auch da lässt es sich kaum vermeiden, dass man ins Gesicht wischt. Überall, wo man hingewischt hat, entstehen glänzende Stellen. An sich sind ja solche ölglänzenden Stellen im Gesicht noch keine große Einbuße an Schönheit und machen zuerst nichts aus. Aber sie sind die Ursache dafür, dass das Gesicht anfängt, nicht mehr hell und nicht mehr gleichmäßig zu sein. An den Stellen, wo meist Puder und Farbe aufgetragen sind, muss man damit besonders vorsichtig sein. Hat man da Fett hinbekommen, darf man keinesfalls wieder Puder auflegen. Hatte man nach dem Waschen und vor dem Pudern nur eine fingergroße Stelle mit einer fettigen Hand betupft, dann ist nach dem Pudern das ganze Gesicht weiß, und nur diese eine Stelle ist dunkel und noch dazu glänzend. Da liegt der Fehler im Anfang der Behandlung des Gesichtes. Hat man sich aber schon gepudert, und betupft man sich dann mit einer fettigen Hand, dann ist es genauso hässlich, weil man bei Fett über Puder nur das Fett noch sieht, nicht mehr den Puder. Da liegt der Fehler weiter hinten. In beiden Fällen scheint die Ursache des Effekts eine sehr große zu sein, ist aber in Wirklichkeit nur sehr klein, weil doch der Fehler nur diesen einen kleinen Teil des Gesichts betrifft und nicht das ganze Gesicht. Das ist also nicht so schlimm. Allerdings gibt es kaum Frauen, die das wissen.

Li Yü: Die vollkommene Frau (1671)

Claudia Schmölders
Vorbildliche Gesichter – Gesichter von Vorbildern

»Das Gesichterlesen ist zwar unsere Leidenschaft, aber es ist nicht unsere Stärke, war es noch nie.«
Karl Markus Michel

Rückblick

1.

1973 ließ Siegfried Lenz in einem Roman nach Vorbildern suchen. Vorder- wie hintergründiges Thema von *Das Vorbild* war ein Lesebuchbeitrag. Zwei Lehrer und eine Lektorin suchen im Jahr 68 nach einer attraktiven Figur für die deutschen Schüler. Nach unendlichen Beratungen präsentieren sie dem Verlag eine griechische Biologin, die sich für die Opfer der griechischen Militärdiktatur hingibt, indem sie in einen für sie tödlichen Hungerstreik tritt. Der Vorschlag wird vom Verlag als zu matt abgelehnt. Der ganze Roman wurde von links abgelehnt.[1] Man fand resignative Milieuschilderung darin, Anpassungsdruck an bürgerliche Normen, und so fort. Dabei hatte Lenz viele kursierende Abneigungen bestätigt, gegen den Typus der »gütigen Kummernuss« ebenso argumentiert wie gegen die »festgefrorenen Ungeheuer, die uns zur Heldenverehrung drängen«, oder die »strahlenden Angstmacher, die Selbstentwicklung verhindern«. Stattdessen hatte er eine Woodstock-Figur eingeführt, einen Schlagersänger, dem der Sohn des einen Lehrers geradezu verfällt und an dem er verzweifelt, als dieser Sänger sich mühelos vom Protestler zum Popindustriellen mausert, affirmative Songs singt und sich um seine Anhänger nicht mehr die Bohne schert.

Kritik hin oder her – vieles an dem Roman, der damals weit über eine Viertelmillion Exemplare verkaufte, hätte nachdenklich stimmen können. Die griechische Biologin weiß zum Beispiel schon damals, was es mit der Gentechnik auf sich hat (und bejaht das auch); der Sänger illustriert beispielhaft die These, wonach die Kulturindustrie jede Protestgruppe in Konsumenten verwandelt. Die Liebesgeschichte zwischen Sänger & Sohn illustriert aber auch ein uraltes Motiv, nämlich die musikalisch induzierte, leidenschaftliche Jugendliebe zu einer auserwählten Person. Lenz zeichnet sie kumpelhaft und pubertär, aber sozial und intellektuell wärmend. Ein Orpheus aus der Schule von Herbert Marcuse, wie ihn später Klaus Theweleit und Adolf Muschg wiederbelebten, ohne an Lenz noch zu denken.

2.

Vorbilder komponieren wir uns aus Märchen und Kinderbuch, hoher Literatur und Geschichte, Kino und Text. Nicht zuletzt, weil das Leben nicht immer und überall Vorbilder in Person liefert, ist es gut, lesen und Filme verstehen zu können, denn an die Medien kommt man ja leichter als an Menschen. Mediale Figuren oder Figuren, von denen historisch erzählt wird, haben schon gelebt, sterben uns also nicht mehr weg. Wir können uns ständig an ihnen abarbeiten. Vorbilder, heißt es in Lenzens Roman einmal, müssen nicht vollkommen sein, sollen vielmehr spannungsreiche Auseinandersetzungen zulassen, kritische Fähigkeiten entwickeln helfen, aber doch immer bis zur »Selbstversetzung« einfühlbar sein. Ein Vorbild, schreibt der suizidale Sohn des Lehrers, muss zeigen, was fehlt, aber auch, dass man etwas tun könne, um das Fehlende zu beschaffen.

An dem Versuch, fehlende Wärme und Zuwendung in die bundesdeutsche Nachkriegsgesellschaft zu bringen, haben sich damals die Psychoanalytiker abgearbeitet, vor allem die Emigranten, also neben Marcuse auch Erich Fromm mit seiner *Kunst des Liebens* und den emotionstheoretischen Abwägungen zwischen *Haben oder Sein.* Ohne Gefühle kann kein Kind Identität ausbilden oder Vorbilder affektiv ergreifen. *Kinder brauchen Märchen* (nach Bruno Bettelheims Bestseller), um die aggressiven Impulse einerseits auszutoben, andererseits zu beherrschen, um größte Nöte und Erfolge symbolisch zu durchleben, um eine farbige und spannungsreiche psychische Substanz zu entwickeln. Vorbildlich sind am Märchen weniger die Figuren als die Szene, die alle oder wenigstens viele seelischen Anteile repräsentiert. Das war noch Ende der siebziger Jahre kein politsozialer Gemeinplatz. Auch Agnes Heller musste für ihre *Theorie der Gefühle* (1980) kämpfen, denn abstraktere Orientierungen herrschten vor.

Unvergesslich bleibt jedenfalls der Streit, der sich Mitte der siebziger Jahre um das amerikanische Kinderbuch *Wo die wilden Kerle wohnen* (1967) von Maurice Sendak entspann. Ein Anglist warf der deutschen Übersetzerin vor, den Text unzulässig verhäuslicht und familiarisiert zu haben. Im Originaltext herrsche aber eine Art magische Depersonalisation, gehe es um die Welt der Sprache, »die über sich selbst spricht durch Übertragungen und Motivierungen«.[2] Der amerikanische Titel »Where the Wild Things Are« müsse also mit »Wo die wilden Wesen wohnen« übersetzt werden, die Mutter des kleinen Max müsse ihn »du wildes Wesen!« *nennen,* statt ihn »du wilder Kerl« zu *schelten,* bevor sie ihn »ohne Essen« ins Bett schickt. Aber spricht eine Mutter so zu ihrem unartigen Sohn? Der kleine Max, so die Geschichte, wacht in der Nacht auf und findet sich draußen in der Welt. Er besteigt ein Schiff und fährt zu einer Insel, wo lauter »Wild Things« leben, mit denen er großen Krach macht, wofür sie ihn zum Chef ernennen und lieben. Die wilden Kerle sind bunte pelzige Riesen mit spitzen Zähnchen und einem Gesicht wie der Wolf als Großmutter, aber die krallenbewehrten Pfoten halten sie meist dicht am Körper. Schließlich wird Max müde, fährt nach Hause zurück und sieht, dass das Essen noch warm neben dem Bettchen steht. Die Mutter hat ihn nicht vergessen. Keine Spur von abstrakter Sprachlichkeit, im Gegenteil: Oralität besiegt Entfremdung. Der große Erfolg des Buches zeigte, dass für kindliche Leser alles an diesem Max und um ihn herum vorbildlich wirkte: die aufsässige und tobende Phantasie, die Herrschaft über die wilden Impulse, die Strenge der Mutter und der liebevolle Schluss, das ganze Setting.

3.

Die Suche nach lebenden Vorbildern hatte in Deutschland nach 45 eine Dringlichkeit eigener Art, unablösbar von der Geschichte des Dritten Reichs, den Verwicklungen der Eltern und den allmählichen Aufdeckungen ihrer Schuld. Siegfried Lenz hat das Thema jedenfalls nicht erst im *Vorbild* behandelt. Den ungleich größeren Erfolg hatte er 1968 mit der *Deutschstunde.* Hier musste nicht erst gesucht werden, hier beherrschte ein Vorbild die Szene, wie es farbiger, existentieller und konfliktträchtiger nicht hätte sein können. Das Vorbild ist ein Verfolgter der Nazis; ihn schützt ein Junge, dessen Vater zu den Verfolgern gehört, die Komplikationen lassen sich denken. Hier zieht kein Musiker, sondern ein Maler einen Jugendlichen in seinen Bann, der Maler Nansen alias Nolde, mit der Devise: »Wenn du etwas machst, ein Gesicht, ein Ding, dann musst du die Möglichkeiten dazuliefern, die es in sich trägt.«

Das hätte natürlich auch Ernst Bloch sagen können, dessen *Prinzip Hoffnung,* aufruhend auf dem musikalischen *Geist der Utopie,* seit Mitte der fünfziger Jahre die emotionale Umerziehung der Deutschen begleitet hat. Sein Plädoyer für »Leitbilder selber, um menschenähnlich zu werden« stand aber doch sehr bildungsbürgerlich unter dem Motto »Vor jedem steht ein Bild des, was er werden soll« oder frei nach Rückert: »Ein Mann, der nicht eine Art Traumbild seiner Vollendung in sich trägt, ist genauso monströs wie einer ohne Nase«. Aber nein: Vorbilder wollen wir nicht als Selbstbild, sondern zuerst als geliebtes, bewundertes Fremdbild außer uns haben, hat schon Goethe gesagt, und lebendige wirken allemal besser als die medialen, die ja immer sofort in uns stecken und an das komplizierte Leben nicht wirklich herankommen. Und wenn auch die Verhältnisse nach 45 weißgott nicht so waren, dass umstandslos die Lebenden als vorbildlich Handelnde hätten entdeckt werden können, die meisten von uns Kindern der letzten Kriegsjahre hatten garantiert Vorbilder unter Freundinnen und Freunden, Verwandten, befreundeten Eltern, unter Lehrern und später vielleicht auch Professoren. Vielleicht suchten wir überhaupt gerade wegen der desolaten Verhältnisse, die mit der »Unfähigkeit zu trauern« ein ganzes Ensemble von psychischen Möglichkeiten verschüttet hatten, Vorbilder damals dringlicher denn je. Ich könnte mir jedenfalls keine psychische Existenz ohne sie denken. Viele meiner Lehrer und Lehrerinnen, später auch Analytiker wie der unvergessene Fritz Morgenthaler, waren engagiert, drückten sich vor nichts, übernahmen elterliche Aufgaben, waren streng und ungerecht, kreativ und kenntnisreich und nimmermüde. Das war, zugegeben, ein Glücksfall, denn in anderen Schulen und Lehrverhältnissen hat es auch ganz anders ausgesehen.

4.

Von allen Begabungen, die Vorbilder in uns stimulieren können – Wärme, Intelligenz, Humor, Phantasie, Einfühlung, Mut, Behutsamkeit, Ausdauer, Frechheit, Nachsichtigkeit und so fort –, bedürfen mediale Epochen besonders der Kunst der Wahrnehmung. Der Maler Nansen in Lenzens *Deutschstunde* entwickelt seine Vorstellungen vom rechten Sehen in dem Moment, da er ein Selbstbild von sich beenden will. »Weißt du, was Sehen ist?«, fragt er den Jungen, der ihn verehrt. »Vermehren. Sehen ist Durchdringen und Vermehren. Oder auch Erfinden. Um dir zu gleichen, musst du dich erfinden, immer wieder, mit jedem Blick. Was erfunden wird, ist verwirklicht.« So geschrieben 1968 – lange vor der modischen Erfinderphase in den Cultural Studies. Nansen kennt aber auch andere Weisen des Sehens: es könne auch Investieren bedeuten, oder Warten auf Veränderung. Sehen sei jedenfalls kein Zu-den-Akten-Nehmen; denn »die Form muss schwanken, alles muss schwanken, so brav ist das Licht nicht«. Sehen sei ein Tausch auf Gegenseitigkeit, herauskomme gegenseitige Veränderung, heiße entgegenkommen, einen Abstand verringern. Jedenfalls sei rechtes Sehen nicht Bloßstellen oder Enthüllen. Der Entwurf des Selbstbildes gefällt dem Maler nicht, ihm fehlt darin zuviel, ihm fehlen – siehe oben – die Möglichkeiten. Aber es ist ein realistisches Selbstbild, denn der Maler im Roman lebt im Untergrund und kann sich nicht frei bewegen.

Die vier Seiten, auf denen Lenz diese Theorie vom stillen Dialog zwischen Porträt und Betrachter entwickelt, gehören in eine lange und intensive Tradition deutschen Nachdenkens über Vorbilder auf dem Umweg über das Porträt und das Gesicht. Unzählige Anthologien und Bildbände memorierten seit Mitte des 18. Jahrhunderts die Gesichter geliebter, verehrter, durch Handlungen und Leistungen ausgezeichneter Menschen, und vielleicht nicht zufällig hatte den größten Erfolg die Sammlung des Märchenerzählers Ludwig Bechstein von 1854 mit ihren zweihundert Porträts. Sie sollten »vorzügliche Knaben in edle Begeisterung versetzen«, was sie auch taten. Die fünfte Auflage erschien 1890 und enthielt dreihundert Abbildungen. Lenzens Noldeporträt aus dem Geist des Expressionismus, also aus Vorkriegszeiten, zitiert diese Tradition noch einmal sentimental. Fünf Jahre später, im *Vorbild,* wird zwar viel physiognomisch beschrieben, aber überwiegend satirisch, und das Gesicht spielt kaum eine Rolle. Orpheus steht an der Stelle von Zeuxis; nur einmal wird die mühsam konstruierte Figur der vorbildlichen Biologin mit einem Amazonenprofil auf einer antiken Gemme verglichen.

5.

Auch wenn Ho-Chi-Minh-Porträts oder das fanatische Gesicht von Dutschke oder die schwermütigen Mienen von Bloch und Benjamin vor dreißig Jahren die Studentenzimmer schmückten: Die wilden und zugleich hochtheoretischen Zeiten der Frankfurter Schule und der studentischen Revolution löschten den besinnlichen Diskurs einer Vertiefung ins vorbildliche oder auch nur geliebte Gesicht aus. Er hatte sich aus unterschiedlichen Gründen, und nicht zuletzt durch die ausufernde Führer-Gesichts-Prosa der Nazis, desavouiert. Noch zu Beginn der neunziger Jahre antworteten Autoren auf die Frage, ob und wie sie physiognomisch mit ihren Figuren umgingen, ganz ablehnend. Nicht die Erscheinung sei ihnen wichtig, sie arbeiteten ja mit Sprache, sondern allenfalls experimentelle Konstruktion, Zitate, Signale.

Parallel zu diesen Enthaltsamkeiten entwickelte sich um 1990, nach Historikerstreit und Wiedervereinigung, ein leidenschaftlicher bis hektischer Diskurs über das Erinnern. Das jüdische Mahnmal in Berlin, aber auch die neuen Wege, die man in Frankreich mit dem Begriff der »Lieux de mémoire« gebahnt hatte, rückten die Idee einer physiognomischen Memorierung außerhalb aller Denkbarkeiten. Jan und Aleida Assmann führen in ihrer Typologie des Gedenkens kein Bild eines Menschen mehr auf. Das neue, soeben erschienene Gedenkwerk von Etienne François und Hagen Schulze – *Deutsche Erinnerungsorte*[3] – will eine lokale Topik sein und räumt Orten wie dem Führerbunker oder Werken wie den Grimmschen Märchen oder Daten wie 68 oder Ideen wie »Pflicht« absoluten Vorrang vor den historischen Figuren ein. In den ersten beiden Bänden mit fast 150 Abbildungen finden sich nur vier Porträts im klassischen Sinne: Rathenau (ein Selbstbildnis), Heinrich Heine, Madame de Staël und Karl der Große. Alle übrigen Menschendarstellungen stammen aus der massenmedialen Praxis, zeigen vor allem Plakate und damit eben proportional mehr Wirkungsgeschichte als Geschichte. Nichts könnte vor diesem Hintergrund veralteter wirken als ein Buch wie etwa Rudolf Kassners *Das deutsche Antlitz in 5 Jahrhunderten deutscher Malerei* aus dem Jahre 1954 oder sogar noch der Band *Hundert Köpfe* von Horst Janssen aus dem Jahre 1994.

6.

Natürlich können aber lebende Menschen und kann auch literarische Prosa, ja selbst das Gedicht nicht auf Dauer ohne den Sinn für die menschliche Erscheinung arbeiten. Nicht zufällig überborden die Holocaust-Museen in aller Welt von Bildern der Ermordeten, denen man nachtrauert, emphatisch, authentisch und unbezweifelt. Eine Ebene des Fühlens, die mindestens die Kinder der Täter und erst recht deren Enkel wieder zu kultivieren haben. Eher versteckt, aber völlig plausibel trauerte zu Beginn der achtziger Jahre Botho Strauß in einer langen Passage im Roman *Paare Passanten* über einen existentiellen Verlust: »Du merkst, wie eines vollends sich entzieht und nachgerade utopisch wird und brauchst es doch so sehr: das sehende menschliche Gesicht.« Tatsächlich begann sich damals die Szene auch wieder zu ändern, freilich in eine andere Richtung, die ihrerseits den Rekurs auf eine historische Topik plausibel und vernünftig erscheinen lässt.

Denn gefangen im Medienzeitalter, grundierte die Zurückhaltung der Autoren womöglich den irreparablen Wandel weg vom Gesicht der Vorbilder hin zum Kult um das vorbildliche Gesicht: also hin zur medialen Erscheinung. Eine Entwicklung, die vielleicht wirklich schon mit dem »Haupt voll Blut und Wunden« begonnen hat, die für das technische Zeitalter Walter Benjamin vorhergesehen, Gilles Deleuze zu Beginn der achtziger Jahre beweglich beklagt und wiederum Siegfried Lenz literarisch noch früher behandelt hatte. In einer Komödie aus dem Jahr 1974 mit dem Titel *Das Gesicht* variierte er den Plot aus Charlie Chaplins Film »The Great Dictator«. Auch bei Lenz gleichen sich ein Diktator und ein Friseur ganz auffällig. Der Diktator lässt den Friseur als sein Double holen; doch als der Friseur an die Macht kommt, entpuppt er sich als weit schlimmerer Typ als der Diktator selber. Ende der neunziger Jahre kam aus Hollywood ein Film namens »Dave«, in dem der Präsident der Vereinigten Staaten von einem Garagisten gedoublet wird, der dann allerdings alles besser macht als der Präsident, ganz wie der kleine Hynkel in Chaplins Film alles zum Menschlichen kehren will.

Macht das Gesicht den Präsidenten? Längst wird die Frage wieder mit Ja beantwortet. Wir leben in einer Mediokratie; kein Präsident und kein Politiker, kein Star und kein Künstler kommt mehr ohne vermittelndes

Kursbuch

Die nächsten Themen:

Gewalt *Heft 147 / März 2002*

Tilman Spengler, Der Schläfer / *Manfred Schneider*, Die Gabe des Kriege – von Kant bis Jünger / *Wolfgang Kraushaar*, Clowneske Gewalt un Revolte / *Rainer Keller*, Joschka Fischer wirft einen Stein / *Ferdinan Sutterlüty*, Gewalterfahrung als Motiv / *Ina Hartwig*, Hasskultur un intellektuelle Ohnmacht / *Svetlana Alpers*, Mord: Analyse eines Bilde von Velasquez / *Rainer Kiesow*, US-Todesstrafe live / *Ursula März* Berliner Verbrechen / *Martin van Creveld,* Wenn Frauen schießen *Katharina Rutschky*, Die dämonische Gewalt der Mütter / *Andres Veie* Black Box BRD. Textprotokoll zum Film / *Jürgen Kaube,* Die Polizei al Mediator der Gewalt / *Stephan Schurr,* Die Kultsendung «Aktenzeiche XY ungelöst» / *Wolfgang Sofsky,* Der Krieg im Bild / *Danie Kothenschulte,* Warum wir uns Brutalismo im Film anschauen / *Trut von Trotha,* Die Zukunft der Gewalt

Die Rückkehr der Biographien *Heft 148 / Juni 2002*

In den siebziger und achtziger Jahren gab die Bundesrepublik viel auf di Reform der «Gesellschaft» und tat sich schwer, den Einfluss Einzelne anzuerkennen. Nicht nur das Genie wurde aus dem fortschrittliche Vokabular gestrichen, auch das Genre der Biographie galt als naiv un uninteressant. Selbst im Miteinander von Ost- und Westdeutschen wurde die Möglichkeiten des Individuums geleugnet. Doch seit dem Einschnit von 1989 verblassen die politischen Schemen vor den Berichten wirkliche Menschen. Die Bespitzelten deuten ihre Akten, die Individualisierten ih fragiles Glück. Man darf wieder Meister und Werk als Zusammenhang lese und Neugier auf Heldenleben entwickeln. Offenbar begünstigt die post ideologische Atmosphäre die Aufmerksamkeit für einzelne Lebensge schichten. Es mag nicht jedem passen. Aber die Biographien kehren zurück

Das Kursbuch, begründet von Hans Magnus Enzensberger und Karl Markus Michel.
Herausgegeben von Ina Hartwig, Ingrid Karsunke und Tilman Spengler.

Adresse:

____

____

____

Widerrufsgarantie:
Diese Bestellung kann ich innerhalb von zehn Tagen bei Rowohlt·Berlin, Postfach 02 12 16, 10123 Berlin widerrufen. Zur Wahrung der Frist gehört die rechtzeitige Absendung (Datum des Poststempels).

An
Rowohlt · Berlin
Postfach 02 12 16
10123 Berlin

____

Datum / Unterschrift

Bild zustande. Wie in den ältesten Zeiten physiognomischer Hochkonjunktur trauen wir uns auch längst wieder zu, aus den Gesichtern alles mögliche abzulesen: Regierungs- und Fortpflanzungsfähigkeit, Unzuverlässigkeit, Verlogenheit, Verbrechertum. Die Dialektik der Aufklärung hat voll gewirkt. Die katastrophalen Sackgassen der physiognomischen Emphasen zwischen Lavater und Kassner sind ebenso vergessen wie das flammende Plädoyer von Gilles Deleuze gegen die Gesichtlichkeitsobsession des Abendlandes. Die Aufwertung des Gesichts als einer Ikone menschlicher Verletzlichkeit durch Emmanuel Lévinas hat zudem einen neuen Startschuss auf philosophischem Boden gegeben. Zwar steht kulturelle, sprich: mediale Konstruktion auf sämtlichen geisteswissenschaftlichen Lehrplänen; aber wissenschaftliche Texte über das Gesicht verraten oft eine ganz unirdische Emphase. Sind das nun wieder lauter europäische Konstruktionen?

Ausblick

1.

Vorbildliche Gesichter, liest man in den USA heute ganz biologisch-sexuell, sind schöne, möglichst symmetrische Gesichter, wie von der Bio- und Kosmetikforschung erforscht, wie von der Medien- und Modeindustrie angeboten und wie vom Kunden verlangt. *Nur die Schönsten überleben* weiß ein obszöner Buchtitel aus dem Jahre 2001.[4]

Geschlechtsspezifisch schöne und symmetrische Gesichter finden sich angeblich am häufigsten bei männlichen Sportlern. Weil sie so symmetrisch gebaut sind – so der Traum der Forschung –, können sie ihre sportlichen Aufgaben am besten erfüllen. Und weil sie so symmetrisch aussehen, wirken sie auf die heiratswilligen Mädchen und haben keine Mühe beim genetischen Charting. Bei Frauen darf die Gesichtssymmetrie nicht ganz so perfekt sein, um auf fortpflanzungswillige Männer (besser wohl: Männchen) – zu wirken. Babys wiederum lehnen allzu asymmetrische, also hässliche Mütter ab, aber auch Mütter befassen sich lieber mit hübschen Babys, wie etwa die Mutter von Kaiser Wilhelm II., den sie für einen Krüppel hielt. Wer von den Mädchen im Fortpflanzungswahlkampf den Idealen operativ nacheifern muss, ist selber schuld und riskiert bei unsachgemäßer Behandlung, hässlicher zu werden als je zuvor. Macht nichts. Der religiöse Glaube an wissenschaftliche Forschung hat inzwischen nicht nur in Gentechnik und Raumforschung, sondern in allen Feldern weitgehende Angstfreiheit erzeugt. Risiken und Nebenwirkungen liegen beim Arzt oder Apotheker.

Schöne Gesichter auf der Mattscheibe gehören nun aber nicht nur ins ästhetische und biologische Feld, sondern auch in das Gebiet der Fama. Das schöne Gesicht in Großaufnahme auf dem Bildschirm verschafft seinem Besitzer oder seiner Besitzerin *Ruhm.* Ruhm, formulierte neulich die *New York Times*[5], wird von unserer europäischen Tradition zwar immer noch mit elitären Leistungen assoziiert. Frühere Jahrhunderte verehrten berühmte oder auch berüchtigte Leute um ihrer Reden und Taten willen, sie kannten deren Gesichter ja kaum; Jesus Christus und die Gestalten der Bibel waren Ausnahmen. Nun aber tritt das Gesicht selber als Ruhmerzeuger auf – und jedermann schreibt ihm Weisheit oder Leistung zu oder täte es am liebsten, angesichts der Großaufnahme; und jedermann entwickelt Gefühle. Vor dem ganz nahen, also großen Gesicht werden wir schwach, aus Liebe, Bewunderung oder Horror, selbst wenn es uns als Gegenüber gar nicht erkennen kann. Oder hat Slavoj Zizek recht, der jüngst deklarierte, dass Soldaten gerade in der Position von Angesicht zu Angesicht besonders leidenschaftlich töten?[6] Dann hätte Emmanuel Lévinas wiederum unrecht, der sich doch auf eine archaische Disposition zur Mitleidigkeit und Achtung vor dem nackten Gesicht beruft. Wie dem auch sei: Das in Stein gehauene, das gemalte, fotografierte und das Gesicht auf dem Bildschirm, besonders das wiederholt gezeigte, wird unsterblich auch ohne jede Leistung des Subjekts dahinter. Zusammen mit der Elite, die es erfand, geht es in jene Ewigkeit ein, die früher nur über den Umweg mündlicher Tradition zu haben war, die wiederum erzählbare Geschichten verlangte, also Handlungen, Abenteuer, Leistungen von Subjekten. Der hässliche Sokrates wäre womöglich trotz seiner herrlichen Reden in unserer Kultur nichts geworden. Wohl aber machte jene kleine Maske der Inconnue de la Seine um die Jahrhundertwende Furore, von der man nichts wusste, außer dass sie sich vielleicht in die Seine gestürzt hatte.

2.

Nicht jedes schöne Gesicht gehört einem Vorbild, an dessen Handlungen und Reden wir im Gesicht erinnert werden möchten. O. J. Simpson sieht gut aus, ist aber kein Vorbild. Wenn es stimmt, dass die Idee der symmetrischen Schönheit des Gesichts interkulturell verbreitet ist, wenn es also stimmt, wie die amerikanische Forschung um der Exporttauglichkeit ihrer Filme willen glauben machen möchte, dass schwarze und gelbe, rote und weiße Leute sämtlich ein und dasselbe Gesicht schön finden, dann kann man europäischerseits auch behaupten dass wir im vorbildlichen Gesicht gerade nicht Symmetrie suchen, sondern *den Ausdruck der Begabung im Umgang mit den Asymmetrien des Lebens, also Wärme, Intelligenz und Humor.* Auf Bühne und Leinwand zu sehen sind solche

Gesichter natürlich nur, wenn Autoren und Regisseure den Typus suchen, weil das Stück ihn verlangt. Also denken wir in Deutschland zuerst an Lessings Minna von Barnhelm, aber dann auch gleich an Woody Allen, Ingrid Bergmann oder Heinz Rühmann und Ruth Leuwerick. Lauter bemerkenswert asymmetrische Gesichter. Man denkt sie sich lachbereit mit Krähenfüßen an der Schläfe, leicht wehmütig verzogenem Mund und beweglichen Augen. Fallen einem dazu mehr Aus- als Inländer ein? Könnte man an Curd Jürgens denken, an Armin Müller-Stahl? An Götz George? Die ganz jungen Medienstars sind noch zu jung, um ein Gesicht zu haben, Wärme hin oder her, aber auch bei den mittelalten aus unseren Breiten hat man so seine Schwierigkeiten. Rainer Werner Faßbinders Truppe, Peter Steins Schauspielerinnen, die Neuen aus der alten DDR – wirken sie auf Bühne oder Leinwand oder Mattscheibe gesichtlich intelligent, warm und humorvoll? Durften und dürfen sie es? Glück mit ihren Rollen hatte zumindest Hannelore Hoger, deren Gesicht und Stimme man nicht mehr missen will.

Aber war es früher anders? Hat etwa die Geschichte einen Plot für den Typus geschrieben oder auch nur bereitgestellt? Bildet er sich bei wachsender Reflexion überhaupt jemals aus? Finden wir Intelligenz, Wärme und Humor als Ensemble etwa im Gesicht von Goethe, Moltke, Kaiser Wilhelm, bei Cosima oder bei Nietzsches Schwester? Oder bei Rathenau, Ebert oder Stresemann, dem Sebastian Haffner ausdrücklich physiognomische Bedeutungslosigkeit attestiert hat? Von Hitler ganz zu schweigen: Finden wir dieses vorbildliche Gesicht bei Adenauer, Meinhof, Dönhoff, Schwarzer, Augstein, Pleitgen, Schröder, Gysi? Konnte die große Ausstellung der Herlinde Koelbl neben den »Spuren der Macht« auch Spuren dieser lebensweltlichen Einstellung zeigen? Oder gab es sie eher in den »Jüdischen Gesichtern« derselben Fotografin?

3.

In der Beurteilung von Gesichtern gehen die Meinungen weit auseinander. Der dazugehörige Diskurs verlangt einen reichen Wortschatz, wie schon Lavater bemerkte, und steht grundsätzlich im Zeichen der Frage. Denn nichts am Gesicht oder Körper »ist« ja so, wie beschrieben wird, immer ist die Beschreibung halb Projektion. Auch ist damit zu rechnen, dass ein Kriterium wie warmherzige, humorvolle Intelligenz in einer Welt, die Ethnic cleansing zulässt, überhaupt für unmöglich gehalten wird, jedenfalls der Humor daran, dass es als sentimental verworfen bei den Eliten überhaupt nicht mehr gilt, ja, dass es auch theatralischerseits gar nicht oder kaum noch als Handlungsspielraum bekannt ist außer in Vorabendserien. Manfred Krug ist eine der erstaunlichen Ausnahmen; ihm schrieb Jurek

Becker die entscheidenden Dialoge. Aber auch jenseits der Medien, man betrachte unsere Politiker live: in der Regel eher zu große oder zu kleine Augen, eher angestrengte, eher gespannte, eher ironische, eher erschöpfte, neuerdings eher blanke und glatte Mienen. Was alles mit unserer Geschichte im Rücken nicht verwundern kann. Die älteren Generationen haben sich in Kriegen, in ideologischen Kämpfen, staatserwünschter Denunziation oder bürgerlicher Rechthaberei verstockt und erschöpft; die mittelalten erstarren vor der rasanten Modernisierung der Lebensverhältnisse, und die jüngere Generation scheint gegen die Fragestellung schon völlig immun, gemessen an ihrem Idol der Coolness. Nur ihr ungeheurer Konsum von Cartoons und Zeichentrick- und Science-Fiction-Filmen lässt hoffen. Deren Vorrat an überbeweglichen, hässlichen, deformierten, karikierenden, wenn überhaupt noch menschlichen Gesichtern ist enorm. Aber auch vielversprechend, indem sie den Schönheitsterror unterlaufen. Hier sind die Jungen alle bei den »Wilden Kerlen« von Maurice Sendak und machen visuellen Krach. Denn natürlich *handeln* viele von den Figürchen intelligent, warmherzig und humorvoll, wie Asterix oder Lucky Luke oder der freundliche Igel Mecki; und natürlich sehen nicht alle erschreckend aus, sondern appellieren im Gegenteil, wie die Duck-Familie und wie alle Figuren mit großen Augen, an das Kindchenschema. Das Feld der karikierenden Physiognomik wird in dieser kindlichen bis infantilen Unterwelt so breit ausgespielt wie in der Oberwelt des Global marketing das Feld der ästhetisierenden. Was natürlich nicht heißt, dass die Konsumenten von Cartoon und Zeichentrick im wirklichen Leben nicht doch der Global vision, dem Diktat der Coolness und ästhetischen Oberfläche verfallen, je älter sie werden. Gerade das Phänomen der Coolness schließt nämlich an eine der wichtigsten Bedingungen der neueren Schönheitskulte an: an den Stillstand der Mimik. Das Pokerface der coolen Generation muss aufgesetzt sein, denn Coolness und Comic vertragen einander eigentlich überhaupt nicht. Es sei denn, man findet sie komplementär und denkt sich die coolen Konsumenten heimlich in wilden Handlungen zu Hause wie früher Freud seine Patienten in wilden Träumen.

4.

Auf dem Weg zum »schönsten Gesicht« der Moderne wird mimische Stillstellung jedenfalls eine unentbehrliche Etappe. Nicht der Stummfilm mit seiner heftigen Mimik hat das Idol des Stargesichts kreiert, sondern der werdende Tonfilm, der seinerseits mimische Beruhigung bis hin zum Stillstand verlangte. Jeder Nachrichtensprecher hält sich daran; was immer berichtet wird, die Sprecher verziehen keine Miene. Und nicht nur weil das Gesicht auf dem Bildschirm angenehmer wirkt, wenn es ruhig bleibt und die Erregungen der Stimme überlässt, sondern auch, weil so der Übergang vom »schönsten« zum »bildschönen« Gesicht allererst vollzogen werden kann. Das Bild will Ruhe, Schönheit soll »stillen«. Auf dem bildschönen Gesicht – nicht zu verwechseln mit dem erotischen – will das Auge ausruhen wie auf einer Landschaft, in der nichts Bedrohliches existiert; Laszlo Földeny hat den Gedanken einmal ausgeführt. Könnte man diese Definition nicht anstelle der heute herrschenden Symmetrie-Phantastik durchsetzen? Oder angeregt von Gernot Böhme überlegen, ob nicht Schönheit ein atmosphärischer Begriff sei, der sein Paradigma womöglich eher vom schönen Wetter bezieht als von Erotik oder von gemessenen Proportionen?[7]

Mimischer Stillstand, haben die Neurologen herausgefunden, mag zwar schön aussehen, ist aber psychosozial schädlich. Im frühesten Kindesalter sind Mütter zum mimischen Austausch ganz unentbehrlich; Lachen und Weinen, Lächeln und Greinen, zorniger und vergnügter Ausdruck müssen im Dialog eingeübt, als Anlage befördert werden. Nicht nur sündigen viele Eltern, wenn sie die Kinder zu früh und häufig vors Fernsehen setzen, weil das Gesicht im TV zwar groß sein, nicht aber die Mimik des Betrachters sehen und erwidern kann. Auch die gesamte Entwicklung der elektronischen Kommunikation ist auf Mimikersparnis angelegt – will Stimme und Gesicht unterschlagen in besorgniserregender Weise.

Wie dem auch sei, Cartoon und Zeichentrickfilme für Drei- bis Dreißigjährige liefern hier eine massive Kompensation, schaffen geradezu eine Unterwelt, sowohl in den USA als auch in Europa. Einmal abgesehen von Superman, der meist mit stillem Gesicht arbeitet: Nichts ist dem Ideal des »schönsten Gesichts« ferner als jene Kreaturen, die mit »Mimik am ganzen Leibe« (Rudolf Bilz) versehen, geradezu grimassierend, figürlich geknautscht oder geplättet, langgezogen, eingerollt, zackig oder ausgefranst von ihren Zeichnern vorgestellt werden, die ihren Geschöpfen eine nachgerade groteske Beweglichkeit zugestehen. Ob sie, bei aller vorbildlichen Lebendigkeit, den seelischen Haushalt wirklich für die Komplexitäten und Asymmetrien des Lebens einrichten, steht natürlich in den Sternen. Vielleicht haben sie auch eine ganz andere Aufgabe. Von Asterix und Obelix über Pit und Alf, von Entenhausen und Mickey Mouse bis zur Sesamstraße hat die bildnerische Phantasie eine Arche Noah für alle denkbaren kreatürlichen Grimassen geschaffen, ein Widerlager für die aussterbende Artenvielfalt der wirklich lebenden Geschöpfe, die hier in zweidimensionalen Bilderfindungen unsterbliche Geschwister erhalten, womöglich einschließlich kommender Klon-Unfälle. Unsterblichkeit dominiert aber auch in der gesamten Action; teils mit katastrophalen Gewalttätigkeiten, aberwitzigen Grimassen, teils aber auch mit ganz altmodischen Verhaltenskodizes. Was lernen die Kinder der coolen Generation an diesen Geschichten? Dass das Leben eine dramatische bis katastrophale Angelegenheit sein muss, dass aber keiner daran stirbt. So hochempfindlich das »schönste Gesicht« gegen jeden Symmetrieverstoß, jede Falte, jegliche Störung, so unempfindlich, ja völlig immun sind diese Kreaturen gegen jeden Angriff und jegliche Schädigung. Sie stürzen, sie verbrennen, sie werden erschlagen, geknebelt, erstickt – stehen aber unverletzt wieder auf und schreiten zur Rache. *Diese* Gewissheit erst macht wirklich cool.

5.

So herrscht auf den ersten Blick im Medium also eine ganz altbekannte Klassentheorie. Das hässliche Proletariat überlebt vital, die schöne Gesellschaftsspitze ist stillgestellt, fragil und womöglich unfruchtbar. Ist das nun bloß ein Zerrbild der sozialen Verhältnisse, dem visuellen Imperativ der Medien geschuldet? Oder im Gegenteil eine pragmatische Erkenntnis? Wie können die Biologen aus Harvard dann einem »Survival of the Prettiest« das Wort reden? Lässt man einmal die törichte Designermentalität, die so einen Slogan geprägt haben mag, beiseite und bleibt im Medium der Trickfilme, so stellt sich als interessante »Kreuzung der sozialen Kreise« (Georg Simmel) das *Space Movie* heraus. Menschen auf dem Weg ins Weltall, eines der ältesten Science-Fiction-Motive, begegnen fremden Geschöpfen, hässlichen Geschöpfen, deutlichen Verwandten der Comicfiguren. Die Kämpfe zwischen den Populationen sind immer Kämpfe ums Überleben der Irdischen, und in der Regel sind diese Erdbewohner schön im Sinne Harvards, also nicht unbedingt intelligent, warmherzig und humorvoll, eher schön nach dem Schema von Symmetrie und Makellosigkeit, schlank, groß, muskulös. Ausnahmen wie Kapitän Spock mit dem vernarbten Ledergesicht bestätigen die Regel. In diesem Spiel der physiognomischen Kräfte hat schon vor vielen Jahren ein Geschöpf Aufsehen erregt, weil es wie aus einem Comic entsprungen, dennoch Besuch aus dem Weltraum war, und zwar auf großer Leinwand. Die Rede ist von dem zerknitterten Augentier namens E. T., diesem mitleidheischenden fremden Geschöpf mit Tränen in den Glubschaugen. Hier hatte das Kino eine Chance, und es hat sie auch genutzt. Selbst die Hässlichsten und Fremdartigsten sollten unter den Menschen Freunde finden und überleben können, sollten ihnen gleichsam Gelegenheit zu vorbildlichem Verhalten geben, lautete die Botschaft. Wird man sie im Film weiter verbreiten, oder wird das erprobte imperialistische Phantasma siegen, wonach die Eroberer immer die Schönsten und die Eroberten Untermenschen sein müssen? Die Inständigkeit, mit der sich amerikanische Wissenschaftler an Science-Fiction-Romanen inspirieren, um dem evolutionären Auftrag nachzukommen, könnte hoffen lassen. Schließlich sind die berühmtesten derartigen Romane pessimistische Schreckensmärchen, sehen Katastrophen voraus, wie etwa H. G. Wells mit seinem *Krieg der Welten* – einer ausdrücklichen Kritik am Imperialismus um 1900. Die Geschöpfe vom Mars, die Wells in England landen lässt, sind weder schöne Menschen noch hässliche Vitalbolzen. Es sind – freilich gefährliche – Hirne mit Händen und einem Kreislauf, der sich maschinell von Menschenblut nährt.

Wells' Roman erschien 1898. »Viel Spaß bei der Evolution!«, schrieb hundert Jahre später der Hoffnungsträger unter den Zukunftsvisionären aus den USA, Ray Kurzweil, ans Ende seines Buches über den *Homo s@piens.* Es handelt von der Evolution nicht unter den Bedingungen der Natur, auch nicht vorrangig der Gen-, sondern vor allem der Nanotechnik und der Computerwissenschaft. Nicht die Gestalt des Menschen wird evoluieren, keineswegs werden die Schönsten überleben, sondern nur Leute, die sich grundsätzlich als Maschinen definiert und mit Maschinen arrangiert haben. »Aller Geist wird endlich maschinell sichtbar.« Gefragt, wie die Lebewesen aus fremden Welten denn aussehen könnten, meint Kurzweil, sie hätten vermutlich sämtliche Technologien, über die wir verfügen, sich längst zunutze gemacht und seien auf winzige Größen geschrumpft, womöglich zur Größe eines Sandkorns. Nanotechnisch lasse sich schneller und unaufwendiger durchs Weltall reisen, und als Eindringling in fremde Populationen bleibe man unerkannt. Riesige Raumschiffe, wie im Space Movie von heute, seien Hirngespinste. Würden unsere Techniker dieser Vision folgen, um die Menschheit ins All zu bringen, dann hätte Foucault also nicht mehr recht: Nicht das Gesicht des Menschen würde von der Geschichte gelöscht wie ein in Sand gezeichnetes von der Flut, sondern der ganze Mensch würde selber zu Sand.

Anmerkungen

1 Heinz Ludwig Arnold (Hg.), *Deutsche Bestseller – Deutsche Ideologie. Ansätze zu einer Verbraucherpoetik,* Stuttgart 1975.

2 Tarcisius Schelbert, »Die gehörnte Eigenheit der Sprache«, in: *Sprache im technischen Zeitalter* 53 (1975), S. 71. Die besprochene Übersetzung von *Wo die wilden Kerle wohnen* stammt von Claudia Schmölders.

3 Band 1 und 2, München 2001.

4 Nancy Etcoff, *Nur die Schönsten überleben,* München 2001.

5 *New York Times* vom 26. August 2001 »The Human Face«.

6 Slavoj Zizek, »The Intolerant Love«. Vortrag Schloß Elmau August 2001.

7 Gernot Böhme, *Atmosphäre,* Frankfurt am Main 1995.

Wahre Begeisterung

Es ist ein eignes Ding mit unsern jungen Künstlern, sie studieren und studieren, erfinden, zeichnen, machen gewaltige Kartons, und am Ende kommt Totes, Starres hervor, das nicht eindringen kann ins Leben, weil es selbst nicht lebt. Statt des alten großen Meisters, den sie sich zum Muster und Vorbild gewählt haben, Werke sorglich zu kopieren und so einzudringen in seinen eigentümlichsten Geist, wollen sie gleich die Meister selbst sein und Similia malen, verfallen aber darüber in eine Nachahmerei der Nebendinge, die sie ebenso kindisch und lächerlich erscheinen lässt als jenen, der, um einem großen Mann gleichzukommen, ebenso zu husten, zu schnarren, etwas gebückt zu gehen sich mühte wie dieser. – Es fehlt unsern jungen Malern an der wahren Begeisterung, die das Bild in aller Glorie des vollendetsten Lebens aus dem Innern hervorruft und ihnen vor Augen stellt. Man sieht, wie sich dieser, jener vergebens abquält, um endlich in jene erhöhte Stimmung des Gemüts zu geraten, ohne die kein Werk der Kunst geschaffen wird. Was dann aber die Ärmsten für wahre Begeisterung halten, wie sie den heitern, ruhigen Sinn der alten Maler erhob, ist nur das seltsam gemischte Gefühl von hochmütiger Bewunderung des selbst gefassten Gedankens und von ängstlicher, quälender Sorge, nun bei der Ausführung es dem alten Vorbilde auch in der kleinsten Kleinigkeit nachzutun.

E. T. A. Hoffmann: Lebensansichten des Katers Murr (1819–21)

Fritz W. Kramer
Maskenprobe

Entwürfe zu Künstlern

Wenn wir einen unserer Zeitgenossen zum Genie erheben, ohne ironische Brechung, gehört er wahrscheinlich zur Welt der Finanzen oder des Fußballs. In der Kunst bleibt diese Ehre, wie die Heiligsprechung in der Kirche, Verstorbenen vorbehalten – eine Vorsicht, die nicht der Scheu vor den mythischen, sakralen Konnotationen des Ausdrucks entspringt; denn die Kunstkritik greift sonst, wie Karl Markus Michel im *Kursbuch 99* gezeigt hat, ohne Bedenken auf das Vokabular der Religionen zurück. Es liegt ihr wohl eher die Befürchtung zugrunde, das Genie könnte noch zu Lebzeiten dem Vergessen anheimfallen. Nur die Idee der Anwärterschaft ist ungebrochen.

Sie verbirgt sich in der Rede von der Kreativität, vom Unkonventionellen und Visionären, von all den außergewöhnlichen Fähigkeiten, die man dem Künstler nachsagt. Sie lockt junge Leute mit der Hoffnung, sich auf ein Feld begeben zu können, auf dem keinem Zeitgenossen ein Urteil zustehe. Sie liefert das Deutungsmuster der unerklärlichen und ungewollten Bestimmung, wenn Künstler erzählen, sie hätten erfolgreich einen gewöhnlichen, angesehenen Beruf angestrebt, seien durch Krankheit und Unglück jedoch gezwungen worden, Künstler zu werden. Sie zwingt Kunstkritiker zu sonderbaren Kapriolen, wenn sie jemanden als Genie rühmen möchten, ohne den Ausdruck verwenden zu dürfen. Sie bewegt die Imagination, wenn man glaubt, Kunst sei nicht lehrbar, und dem institutionellen Kompromiss, der Kunstakademie, im Gegensatz zu den Universitäten das Recht zugesteht, ihre Studenten auszuwählen. In allen Fällen dieser Art setzt man voraus, dass der eine etwas hat, was ihn zum Künstler bestimmt, und der andere eben nicht.

Im 18. Jahrhundert, als man den Begriff des Genius zu dem des Genies verkürzte und darunter nicht mehr die Persönlichkeit des Menschen im allgemeinen verstand, sondern nur noch die des Auserwählten, sah man noch keinen Widerspruch zwischen Genialität und Nachahmung. Im Gegenteil: Im Bann der aristotelischen Formel, Kunst sei Nachahmung der Natur, und in der Überzeugung, Genie sei naturgegeben, empfahl man dem Künstler die Nachahmung anderer, zumal der Griechen, als sichere Methode, selbst geniale Werke hervorzubringen. Wer einen Mann von Genie nachahmte, war für Diderot ebenso ein Mann von Genie wie der, der die Natur nachahmte. Mit der Forderung, nicht die gegebene, sondern eine mögliche Welt nachzuahmen, zog sich allerdings schon damals ein feiner Riss durch den Nexus von Mimesis und Genialität, und im 19. Jahrhundert erweiterte sich dieser Riss, bis die Idee des schöpferischen Menschen schließlich die Oberhand gewann und die Mimesis der Verachtung anheimfiel, die Nachahmung anderer Künstler ebenso wie die Nachahmung der Natur. Lehrer und Kritiker verzichteten fortan darauf, dem werdenden Künstler Vorbilder nahezulegen; sie rieten ihm stattdessen, zu sich selbst zu finden, sich zu verwirklichen.

Die Vorstellung, man sei nicht bei sich selbst, wenn man einen anderen nachahme, ist aber Teil desselben Konstrukts wie die Idee des schöpferischen Menschen, der autonom, nur aus sich selbst heraus etwas ins Werk setze, nicht schaffe, sondern schöpfe. In Programmen und Proklamationen ist es leicht, das eine als Gegensatz des anderen hinzustellen. In der Praxis bedeutet das Programm der Kreativität lediglich, dass ein Künstler nicht versucht, sich und sein Werk so auffällig wie möglich einem Vorbild anzugleichen. Er macht sich und sein Werk vielmehr so unähnlich, dass weder er selbst noch der Betrachter das Vorbild auf Anhieb erkennt und dennoch eine dunkle, vorbewusste Erinnerung ins Spiel kommt. Das Werk wirkt durch das Neue, die Unentdecktheit des Alten, und es mag seinen Zauber bewahren oder erst recht entfalten, wenn man einige seiner Vorbilder erahnt.

Es besteht hier eher eine Art Wechselverkehr als ein Widerspruch. Denn in seinen Vorbildern entwirft der Künstler, wie jede andere Person, sich selbst oder das, was er jeweils zukünftig für sich und andere sein kann.

Die Person erscheint nämlich allgemein, wie man in einschlägigen Handbüchern nachlesen kann, weder als bloßer Zustand noch als chaotische Zufallsfolge, sondern als ein Prozess, in dem Psychologen, wie sie glauben, zu jedem Zeitpunkt mit einiger Sicherheit das jeweils folgende Stadium voraussehen, wenn sie die vorhergehende Entwicklung kennen. Dazu gehört die Vermutung, dass es Anlagen gebe, die ihr Träger zunächst nicht kennt und die ihn doch dazu bringen, sich selbst und die Welt kumulativ zu erfassen, also neue Situationen vor dem Hintergrund erinnerter Erfahrungen zu interpretieren. Diese Deutungsmöglichkeit lag bereits dem antiken Glauben an einen Dämon oder Genius zugrunde, der darüber wache, dass der Mensch, dem er beigegeben sei, das erfülle, was sich im Rückblick als seine pränatale Bestimmung darstelle.

Machen wir uns diese Überlegung zueigen, wären wir für uns selbst wie für andere eine Folge von Bildern, in denen wir uns entwerfen und entworfen werden, zusammengehalten durch unser eigenes Gedächtnis wie durch das der anderen, und Vorbilder wären die Projektionsflächen, die wir dazu nach unseren Neigungen auswählen und umzeichnen. Denn Vorbilder sind immer schon interpretiert, mit unvermeidlichen Vereinfachungen und Verschiebungen in Bilder gefasst, die ausgewählte Züge mit den Bildern teilen, die die zum Vorbild genommenen Personen von sich selbst oder die andere von ihnen haben.

Manche Psychologen gehen noch weiter und fassen die Person überhaupt als eine Konstellation von Zügen oder Faktoren auf, deren Zahl begrenzt sei, kaum mehr als ein Dutzend. Diese Faktoren gingen in wechselnden Kombinationen und Intensitäten eine sehr große Zahl von Konstellationen ein, und aus ihnen würden sich die Bilder zusammensetzen, die wir uns von unseren Vorbildern und schließlich von uns selbst machten. In solchen integrierten Bildern würden wir sie zwar nicht bemerken, wohl aber in den Schablonen, in den vereinfachten Konfigurationen, die sich jede Gesellschaft vor Augen führt, manchmal als Planeten und Tierkreiszeichen, manchmal als Heroen und Ahnen, die von den problematischen und widersprüchlichen Eigenschaften der Lebenden befreit wurden, und sehr häufig als starre Masken, Figuren oder Charaktere in einem Spiel.

Unter den mythischen und doch psychologisch fundierten Konstruktionen, die die Fiktion des Genius, der pränatalen Bestimmung, mit den fiktiven Figuren eines Maskenspiels verknüpfen, ist die der westafrikanischen Tallensi vielleicht die glänzendste. Sie sagen, die Seele eines Menschen trete vor ihrer Geburt vor den Himmel, um ihre Bestimmung, ihr Lebensmuster zu wählen. Ihr Wort werde zum Genius, der sich bei der Geburt zu seinem Menschen geselle, um die Einhaltung des gegebenen Wortes sicherzustellen. Dieser wähle bestimmte Figuren aus einer begrenzten Anzahl von Ahnen aus, die sich nach und nach durch Glücks- und Unglücksfälle bemerkbar machten. In der Jugend bestehe die Konstellation eines Menschen vorwiegend aus patrilinearen Ahnen, die sich für die ordentliche Sozialisation ihrer Nachkommen einsetzten, zusammen mit einigen Ahnen mütterlicherseits, die für das Ungezwungene und Freundliche zuständig seien, für die Öffnung nach außen. Bei einer schlechten Bestimmung wähle der Genius auch wilde Geister, die unsoziale Verhaltensweisen förderten. Einzelne Figuren eines Menschen kämen auch in den Konstellationen anderer vor, wie alle sich ein Stück weit glichen. Jede Konstellation aber sei einzigartig. Wenn ein Mensch einen neuen Status, eine neue Phase seines Lebens erreiche, verabschiedeten sich einige Figuren, um anderen Platz zu machen, wobei manchmal die mütterlichen Ahnen und mit ihnen das Freie und Weltläufige in einer zweiten Konstellation die Oberhand gewännen.

Außergewöhnliche Fähigkeiten, durch die sich einige Menschen auszeichnen, erklären die Tallensi sich mit dieser zweiten Konstellation, die darin dem Konzept des Genies im Gegensatz zu dem des Genius gleicht. Sie denken dabei an Menschen, die innerhalb und außerhalb der sozialen Ordnung zugleich lebten und deswegen die Widersprüche und Wechselfälle des Daseins zu deuten vermöchten. Das sind die Wahrsager, die sie über ihre Bestimmungsfiguren und deren Konstellationen aufklären. In anderen Gesellschaften, die ebenfalls an pränatale Bestimmungen glauben, sagt man zweite Konstellationen dieser Art jedoch auch und gerade Künstlern nach, Dichtern, Sängern, Malerinnen und Bildhauern, in deren Konstellationen es außer freien und weltoffenen Ahnen auch wilde Geister gebe. Diese Geister zu unterscheiden, gelinge mit der Kunst der Divination. Deren moderne Variante, die Kunst der Auslegung (oder Hermeneutik), begnügt sich bekanntlich mit Versuchen und Vorschlägen.

Studierende der Freien Kunst wissen sich zu Künstlern bestimmt und dem Ideal der Autonomie und Originalität verpflichtet. Auf die Frage, welche Künstler der klassischen Moderne und der Gegenwartskunst sie hochschätzen, bewundern oder für vorbildlich halten, geben sie nach gewissenhafter Selbsterkundung dennoch bereitwillig Antwort.[1] Mit großer Mehrheit stellen sie Namen aus einem Inventar zusammen, das ziemlich genau abgegrenzt ist und einen erstaunlich kleinen Ausschnitt aus der unüberschaubaren Menge von Künstlern der letzten anderthalb Jahrhunderte ausmacht. Die große Mehrheit selbst der berühmten Künstler wird nur ausnahmsweise ins Spiel gebracht, am wenigsten die Impressionisten und Expressionisten. Keiner stellt jedoch eine Liste zusammen, die mit der irgendeines anderen identisch wäre. Jede Konstellation ist singulär. Dabei gibt es keine Liste, die nicht mindestens einen Namen mit der Liste eines anderen teilt. Dem einen Nachbarn gleicht man durch dieses Vorbild, dem anderen durch jenes. Durch solche Familienähnlichkeiten bekundet sich die Einheit der Profession, der Zeit, des Alters, des Geschlechts, des Orts und manchmal der Klasse. Und aus der Zahl der Mehrfachnennungen ergibt sich eine Rangliste, mit der die Familie ihre markanten Züge in den Masken prominenter Ahnen zu erkennen gibt.

Am häufigsten werden von den Künstlern der klassischen Moderne

Duchamp und Matisse genannt, von den Gegenwartskünstlern Beuys. Duchamp und Beuys, die Ahnen der angehenden Objektkünstler, haben so viele und so breite Spuren hinterlassen, dass ihre Nachfahren nicht umhin können, ihnen einen Platz in ihrer Konstellation einzuräumen. Zudem sind sie besonders geeignet, die Zugehörigkeit zur Profession sichtbar zu machen, weil sie zwar in aller Munde sind, Nicht-Künstler aber nachhaltig irritieren. Beide haben klargestellt – und das dürfte den Ausschlag geben –, dass sie sich mit der Rolle des Künstlers nicht identifizieren, der eine indem er mit der Kunst (angeblich) Schluss gemacht hat, und zwar mit Aplomb, der andere, indem er kurzer Hand allen die Bestimmung zum Künstler zugestand. Diese Distanz ist aber, sonderbar genug, inzwischen zum Zeichen der Professionalität avanciert. Und wegen einer ähnlich gelösten Haltung oder wegen desselben Abstands zum Metier dürfte Matisse angehenden Malerinnen und Malern als intern prominentester Vorfahre erscheinen, obgleich er die Distinktion des Künstlers-für-Künstler nicht bietet. Dass er ausschließlich mit Blick auf das Sichtbare zeichnete und malte, bleibt dabei außer Betracht.

An den auf der Rangliste nächstfolgenden Künstlern der Gegenwart, die in der Öffentlichkeit weniger als Beuys von einem medial verstärkten Nimbus umgeben sind, treten die Zeitmarken noch deutlicher zu Tage. Es sind Bruce Nauman, Gerhard Richter, Rebecca Horn, Sigmar Polke, Cindy Sherman und Martin Kippenberger. Andere folgen erst in gebührendem Abstand. Das wären aufgrund der geringen genealogischen Distanz eher ältere Verwandte als entfernte Ahnen, mit denen sie ihr kleinster gemeinsamer Nenner allerdings verbindet, nämlich etwas artistisch Kalkuliertes, zeitgemäß gesagt, etwas Smartes und Cooles. Sie zeichnen sich durch eine oft verblüffende Wandlungsfähigkeit aus, die sich bis ins Proteische, gar Chamäleonhafte steigern kann. Darin – nur darin – gleichen sie einerseits Picasso, dem dritten auf der Liste der Vorbilder aus der klassischen Moderne, andererseits einem populären Star wie Madonna. Und darin unterscheiden sie sich von Künstlern wie Morandi, der sich und seiner Sache zeitlebens unübersehbar treu blieb und nur sehr selten in eine der gegenwärtigen Konstellationen eingeht. Bei Richter und Nauman nehmen die Verwandlungen dramatischere Züge an als bei Polke, der sich dafür aber, wie Richter, eher zum Zeichen des artistisch Kalkulierbaren eignet. Bei Sherman ist der Maskentausch Programm, während er Kippenberger zur leichtfüßigen, komischen Nivellierung von Werthierarchien gerät. Und Rebecca Horn, die überwiegend von angehenden Künstlerinnen bewundert wird, trägt dieselbe Zeitmarke; denn ihr Werk wirkt trotz seiner romantischen, poetischen Konnotationen maschinenhaft und damit artifiziell und kalkuliert.

Durch ihre Vorliebe für freie und offene Figuren erinnern diese Listen vorbildlicher Künstler ein wenig an die zweiten Konstellationen der Tallensi, noch mehr aber durch die spürbare Absenz wilder Geister, die doch in der Kunst des 20. Jahrhunderts oft eine prominente Rolle gespielt haben, zuerst im Zeichen des Primitivismus und zuletzt im Zeichen des Wassermanns. Die exotischen Geister, die Studierenden aus dem Ausland manchmal die Hand führen, Meister der Kalligraphie und der Tuschzeichnung, des orientalischen Teppichs oder der weit verzweigten byzantinischen Malerei, sind offenkundig ordentliche, legitime Ahnen, jedenfalls alles andere als wild. Die Wertschätzung Picassos wird durch die Scharen namenloser afrikanischer Bildhauer und Maskenschnitzer, die sein Werk mitgeprägt haben, eher gehemmt als gefördert. Die Surrealisten, die gelegentlich ozeanische oder indianische Künstler zum Vorbild hatten, kommen ebenso selten in gegenwärtigen Konstellationen vor wie die abstrakten Expressionisten, die sich an die Eskimos hielten, oder jene Künstler der siebziger und achtziger Jahre, deren Werk Spuren von Fernreisen zeigt. Selbst an Beuys dürfte die Affinität zum Schamanismus inzwischen am wenigsten interessieren, obwohl das Märchenhafte, das Spirituelle und das Esoterische, das einmal ein Aspekt, ein Ingredienz des Wilden war, seine Rolle in sanfteren Varianten noch keineswegs ausgespielt hat.

Zu den markanten Zügen der Familie gehört, dass jeder neben den verbreiteten Vorbildern mindestens eins wählt, das er mit keinem oder sehr wenigen teilt. Meist handelt es sich dabei um zeitgenössische Künstler, die nur Insidern bekannt sind und sich zur Identifikation eignen, weil man dadurch an Unetabliertheit teilhat und Entdecktsein vorwegnimmt. Da Vorbilder dieser Art über kurz oder lang Karriere machen oder in Vergessenheit geraten, haben sie zwangsläufig eine geringe Verfallszeit. Der substantielle Faktor, der die Option mitbestimmt hat, kann durchaus weiter wirksam bleiben und dazu führen, dass man sich dann einen ähnlichen Künstler zum Vorbild nimmt. Das Motiv ist nicht die eigensinnige Absonderung von Gleichaltrigen, sondern die spielerische Erprobung von Möglichkeiten. Darin gleicht die Wahl exquisiter Vorbilder der Mode. Die Antizipation des eigenen Ruhms spielt ebenfalls eine Rolle, aber unter anderen Vorzeichen, wenn sich jemand ausdrücklich für einen älteren, nicht gerade unbekannten, in der Öffentlichkeit aber nicht wirklich berühmten Künstler entscheidet, dem die anderen keine Beachtung schenken. Man erwartet für sich selbst wenig Ruhm oder beharrt gar auf den Vorzügen der Randständigkeit, des Andersseins, nicht nur in Bezug auf die Laien, sondern auch und gerade in Bezug auf andere Künstler. Wie das strahlende Beispiel van Goghs im Voraus für die Zeit der Erfolglosigkeit, mit der junge Künstler rechnen, Trost spendet, so mag Morandi ein Garant dafür sein, dass man auch in einer Marginalität, die über den Tod hinausreicht, ein Werk zu schaffen vermag, das von Kundigen erkannt wird. Und das begünstigt manchmal eine tiefere Identifikation, aus der heraus der junge Künstler das Werk des mutmaßlichen Vorfahren genauer erkundet, um es sich teils anzueignen und teils für sich zu verwerfen.

In den Kombinationen zeichnen sich komplexere Selbstentwürfe ab als in den einzelnen Vorbildern. Ihre Auslegung ist deshalb auch schwieriger und riskanter. Manche stellen einfach geläufige Namen zusammen, und wenn ihre Listen sich nicht ganz mit denen anderer decken, so zeigt sich darin wohl nur die Austauschbarkeit der einschlägigen Figuren. Man kann aber nicht ausschließen, dass sich unter den anscheinend gleichartigen Namen gegensätzliche Bilder verbergen. Im allgemeinen folgen die Kombinationen nachvollziehbaren Assoziationen. So verbindet der eine Matisse mit Marc und Manet, ein anderer dagegen mit Francis Bacon; der eine Nauman mit Kippenberger, der andere dagegen mit Marina Abramovic. Entweder kehren Matisse und Nauman ihren Bewunderern dann verschiedene Gesichter zu, oder sie stehen für sie in einer Spannung, die noch nicht ausgetragen ist. Wer sich Agnes Martin und Donald Judd zum Vorbild nimmt, ist sicher von der Formalität, Strenge und Kargheit fasziniert, die beide auszeichnet. Eine junge Künstlerin, die Agnes Martin mit Rebecca Horn und Kiki Smith zusammenfasst, mag noch auf der Suche nach einer weiblichen Figur sein, die ihr einen Weg in die Kunst weist. Eine andere mag die Demonstration des Ekelhaften mit gemischten Gefühlen betrachten und das Poetisch-Romantische ebenso als Ausweg aus dieser Ambivalenz erwägen wie die strenge, meditative Verschließung. Und eine dritte mag bereits ahnen, dass die Gegensätze nicht so schroff sind wie sie ausschauen und Smith sich bald ins Märchenhafte und Esoterische läutern wird. Alle drei wären bemüht, ihren Selbstentwurf offenzuhalten. Sie legen sich nicht auf eine bestimmte Frauenrolle fest, wie fast alle die Identifikation mit der Rolle des Künstlers verweigern.

Der Auslegung der expliziten Vorbilder des angehenden Künstlers sind enge Grenzen gesetzt. Denn die Konstellationen, in denen er sich entwirft, kommen dabei nur im Ausschnitt zum Vorschein. Die primären Figuren, die bei der Wahl fiktiver Ahnen mitspielen, bleiben verdeckt, die Eltern, die Geschwister, die Erzieher und die Helden der Märchen, der Kinderbücher, der Filme und Computerspiele. Präsente Figuren aus der Welt trivialer Bilder werden so wenig genannt wie vergessene Künstler. Und doch macht sich der Einfluss dieser dunklen, nicht thematischen Gestalten in Zeichnungen, Malereien und Objekten oft stärker bemerkbar als das angestrebte Vorbild.

Umso entschiedener erklären junge Künstler, was sie nicht sein wollen. Auf die Frage, welche Künstler der klassischen Moderne und der Gegenwart sie geringschätzen oder verachten, geben sie nämlich verblüffend einhellig Antwort.

Von den Künstlern der klassischen Moderne werden zuerst Dalí und Chagall genannt und erst danach Picasso, Marc und Kandinsky. Diese Liste muss in den Ohren von Eltern und Erziehern, die diese Giganten der Moderne just in hohen Ehren halten und sie den Kindern einst mit pädagogischem Eifer als Vorbilder ans Herz legten, wie ein höhnisches Echo klingen. Dass Picasso auf der positiven Liste ebenfalls der dritte Rang zugestanden wird, dürfte ein trügerischer Trost sein. Denn der Picasso der Eltern war ein großer Künstler, und das ist der, den die Kinder ablehnen, während der, den sie schätzen, sich eher durch clowneske Züge auszeichnet, die den Eltern verborgen waren. Wie sie Matisse verkannten; denn falls sie ihn verehrten, hätten sie ihn zu unrecht als Kultfigur vereinnahmt. Nun mag es sein, dass die Vorbilder der Eltern noch ein bewusstes Motiv für den Eintritt in die Akademie waren und als Geister einer vergangenen Moderne erst von akademischen Lehrern verscheucht wurden. Die nachdrückliche Ablehnung von Vorbildern, die einem vorgesetzt wurden, wäre dennoch mehr mit der Abwehr als mit der Gleichgültigkeit verwandt. So könnte der junge Künstler Dalí besonders geringschätzen, weil er in dessen Werk einen Zug seiner selbst mit übertriebener Deutlichkeit entdeckt.

Wenn es um die Gegenwartskunst geht, spielen die Urteile und Ideale der Eltern und Kunsterzieher dagegen allenfalls eine sehr indirekte und untergeordnete Rolle. Hier dominieren vielmehr die akademischen Lehrer und die Stars der Kunstwelt. Geringgeschätzt oder verachtet wird nämlich vor allem Markus Lüpertz, gefolgt von Jeff Koons, Georg Baselitz, Jörg Immendorf, A. R. Penck und Anselm Kiefer. Koons wäre freilich smart und cool genug, um auf der positiven Liste platziert zu werden, sogar als erster. Diese sonst so geschätzten Züge treten bei ihm jedoch so drastisch zu Tage, dass kaum einer den Mut hat, sich darin wiederzuerkennen. Die übrigen Figuren der negativen Liste zeichnen sich durch das Gegenteil aus. Ihnen fehlt alles, was man an den Vorbildern schätzt, das artistisch Kalkulierte wie das Proteische, das Spielerische wie die Ironie. Der Erfolg, den sie haben, wirkt gesucht, während er wirklichen Heroen wie Duchamp und Beuys der Legende nach zufiel. Die negativen Vorbilder gehen ganz in der Rolle des Künstlers auf, anstatt, wie die Heroen, Distanz zu wahren. Sie entsprechen dem herkömmlichen Bild vom Künstler, und ihre Bestimmung scheint so festzustehen, wie die traditionellen Künstlerviten es vorzeichnen. Zeitgemäß sind sie dennoch; denn sie verkörpern, in ihrer

Person wie in ihrem Werk, die Werte des Kreativen, Visionären und Unkonventionellen, die die Gesellschaft sich zueigen gemacht hat, vor allem die Elite. Dass ihre Werke in den Chefetagen der Konzerne und Banken hängen, ist kein Zufall. Es unterstreicht die Selbstdarstellung des Managements, das sich vom Gediegenen verabschiedet hat. Und zwischen den Vorbildern angehender Künstler und den Vorzeigebildern der Mächtigen besteht eben, wie eh und je, eine gegenstrebige Fügung.

Anmerkung

1 Die Statistik, die ich hier interpretiere, ergab sich aus Untersuchungen, die Fritz Heubach von 1994 bis 1999 durchgeführt hat. Er befragte dazu 198 Studierende der Freien Kunst an den Kunsthochschulen in Düsseldorf, Münster und Hamburg; 116 nannten Künstler, die sie hochschätzen oder bewundern bzw. geringschätzen oder verachten, 82 Künstler, die sie als für sich persönlich vorbildlich ansehen. Alle Befragten stimmten nur zu einem Drittel in ihren positiven Urteilen überein, aber zur Hälfte in den negativen. Auch sonst zeigte sich in der Benennung von Vorbildern Pluralismus, in der von Nicht-Vorbildern eine beinahe konformistische Einmütigkeit. Die Frage nach dem Vorbild führte nicht immer zu denselben Ergebnissen wie die nach hochgeschätzten oder bewunderten Künstlern. Auch im letzteren Fall galten die Voten aber wohl weniger dem Werk als der Haltung, dem Kommentar zur Kunst.
Ich danke Fritz Heubach für die Genehmigung, Daten aus seiner noch unveröffentlichten Studie benutzen zu dürfen, und noch mehr für einige entscheidende Hinweise zu ihrer Interpretation.

Der Druck der Strasse

1.
»Kleidet man eine *Raverin* von Kopf bis Fuß ein, muss man generell auf eines achten: Die Klamotten nie bloß eine Nummer zu klein kaufen. Die Schuhe (das einzige Teil, das die richtige Größe haben darf) brauchen einen Plateauabsatz von mindestens 10 cm. Die Hosen sollten, außer sehr eng, unten ein bisschen länger und weiter sein, um die in Folge der Plateausohlen geschwollenen und verstauchten Knöchel zu verdecken.«
»Der Tanga-Slip muss, am besten bis zum Bauchnabel hochgezogen, unbedingt aus der Hose herausschauen. Die Tops, meistens mit silberner Aufschrift, sollten dann schon drei Nummern zu klein sein.«
»Make-up immer freizügig in dicken Schichten aufgetragen. Die Haare trägt man blond, kurz und aufgegelt.«
»Der männliche Raver unterscheidet sich praktisch bloß im Geschlecht.«
»Er trägt dasselbe ohne Make-up und String-Tanga, aber mit einem Augenbrauenpiercing verziert.«
»Blaue Haare werden auch gerne gesehen.«
»Mädchen werden als Sexobjekt betrachtet.«
»Bildung ist nicht wichtig, da die Musik meistens so laut ist, dass Gespräche sowieso nicht möglich sind.«
»Ecstasy, natürlich!«

2.
»Der *Hip-Hoper* trägt alles mindestens drei Nummern zu groß. Die Hosen gehen bis sehr weit unten, die Boxershorts sehr weit nach oben, jedoch verdeckt von einem XXL-T-Shirt, auf dem Che Guevara sagt: Viva la marihuana.«
»Die Hip-Hoperin trägt, was ihr gefällt, Hauptsache individuell, allerdings werden die Haare am liebsten mit Dreadlocks gesehen.«
»Man spricht sich mit Vornamen oder selbst erfundenen Namen an. Selbsterfunden ist cooler.«
»Mädchen gelten eher als gleichberechtigt.«
»Hip-Hoper zeigen Toleranz.«
»Es gibt regionalbestimmte Markenorientierungen. In München wird auf Marken wie Dickies, Fubu und Fila Wert gelegt. Die Wiener Hip-Hoper tragen, wenn überhaupt Marken, eher Southpole und Es.«
»Mit Hip-Hopern kommt man leicht ins Gespräch. Dauernd bieten sie einem ›Dübel‹ an.«
»›Dübel‹ gibt es eigentlich nur in München, in Wien nennen wir das ›Ofen‹, also die Joints.«
»Marihuana, natürlich!«

Aufgezeichnet von Lena Kaltenegger (Wien – München 2001)

Stefanie Flamm
Wie ich es gerade brauche

Es war irgendwann Mitte der neunziger Jahre an einem frühlingswarmen Tag in New York. Die Berliner Mauer war gefallen, die alten Utopien dahin, neue noch nicht in Sicht und das Ende der Geschichte in aller Munde. Da stellte eine damals noch recht gut alimentierte deutsche Kulturvertretung dreißig halbwegs jungen Menschen eine Frage, die diese dreißig bis dahin für relativ eloquent befundenen Menschen einige peinliche Minuten lang zum Schweigen brachte. Do you have any heroes? Haben Sie irgendwelche Helden? Nein, hätten sie sagen sollen, wir haben keine Helden. Wir haben auch keine Vorbilder, wir genügen uns ganz allein. Wir sind Optionalisten ohne Ideale, ohne Träume und Ideen. Wir nehmen die Dinge, wie sie kommen, und orientieren uns garantiert nicht an Biographien, die die Zeitläufte längst entwertet haben. Die Veranstalter waren auf so etwas gefasst. Starke, zynische Worte in dieser Frage hätten nur zu gut in das Bild gepasst, das sie sich von diesen jungen Leuten gemacht hatten, die man damals die »Neunundachtziger« nannte und denen kein besonders schmeichelhafter Ruf vorauseilte. Individualistisch bis zur Egomanie sollten sie sein, ohne feste Wertorientierungen, amüsiersüchtig, manchmal auch ein bisschen naiv, darum aber unbedingt lebenstauglich und sehr flexibel. Und nach all den unausgereiften Bannschriften, die diese sogenannten »Neunundachtziger« unter ihrem neuen Markennamen über die Altersgenossen ihrer Sozialkundelehrer verfasst hatten, hätte es ihnen ein Leichtes sein müssen, auch noch die Frage nach den Vorbildern als eine vollkommen anachronistische zu verneinen. Aber sie sagten kein Wort. Weder der 26 Jahre alte Familienvater aus New Jersey noch die Frankfurter Philosophin, weder der schwarze Slam!-Dichter aus Harlem noch die Berliner Geschichtsstudentin, der Herausgeber der *Frontpage* nicht und der jugendliche Präsidentenredenschreiber auch nicht.

Um das quälende Schweigen zu brechen, meldete sich schließlich die Musikkritikerin vom *New Yorker* verlegen zu Wort. Bruce Springsteen sei ihr Vorbild, sagte sie mit zittriger Stimme, und niemand lachte. Bruce sei so ehrlich und mache ihrer Meinung nach ganz großartige Musik, fuhr sie fort, und es lachte noch immer niemand. Man diskutierte vielmehr eine geschlagene Stunde ganz ernsthaft über die behauptete Großartigkeit von Springsteen und kam irgendwann darauf, dass die Unterschiede im Musikgeschmack von Deutschen und Amerikanern offensichtlich seien. Anschließend gab es Mittagessen. Während der Lunch-Rede, die ein sehr ernsthafter amerikanischer Politologe zu bestreiten hatte, braute sich draußen ein Schneesturm zusammen, und mit dem New Yorker Früh-Frühling war zur allgemeinen Erleichterung auch die Vorbildfrage passé. Niemand kam später freiwillig darauf zurück. Vielleicht weil die hier versammelten und in Wahrheit gar nicht so eloquenten jungen Menschen tatsächlich keine Vorbilder hatten, das aber nicht zugeben wollten, oder weil sie hofften, doch welche zu haben, aber nicht genau wussten welche.

Das war vor sechs Jahren. Seitdem ist viel passiert. Nach dem Anschlag auf Amerika scheint es, als sei das zynische Jahrzehnt einer neuen Ernsthaftigkeit gewichen. Doch ganz gleich, wem man diese damals dem Rokker zum Opfer gefallene Frage heute stellt, sie stiftet immer noch Verwirrung. Do you have any heroes? Haben Sie Vorbilder? Ja, ich glaube schon. Nein, ich glaube nicht. Was soll ich da sagen? ›Kill your idols‹ ist mir die sympathischste Maxime, wenige habe ich euphorischer mitgesungen. Es klingt so freiheitsbegeistert und manisch unabhängig und gut. Die Wirklichkeit ist aber eine andere. »Ich bin ein großer Bewunderer und Freund aller Menschen, die noch Vorbildern folgen«, sagt ein Kollege aus der Literatur. Wer diese Menschen sind und wen sie zum Vorbild haben, sagt er nicht. »Spontan würde ich antworten: Nein, ich habe keine Vorbilder, dann würde ich sagen, aber es gibt natürlich Leute, die ich verehre, und dann würde ich in schweres Grübeln verfallen. Zwei Wochen später hätte ich die Antwort« – glaubt die Autorin. Die Antwort bleibt sie schuldig. »Ich kann diese Frage weder mit ja noch mit nein beantworten. Würde ich nein sagen, hieße das, ich hätte tatsächlich keine Vorbilder. Und das wäre wahrscheinlich nicht richtig«, findet der junge Rechtsanwalt, der lieber ein Psychologe wäre. Dann zündet er sich eine Kunstpausenzigarette an. Viele Kunstpausenzigaretten später wird er böse: »Das wäre ja noch schöner, dass du Bratkartoffeln machst und ich dir dafür erzähle, wem ich alles nacheifere.« Also doch Vorbilder? »Wahrscheinlich.« Und welche? Aus seinen geschürzten Lippen blubbern jetzt kunstvolle Kunstpausenrauchkringel. »Hör endlich auf. Du weißt es ja selbst nicht.« Stimmt.

Vielleicht muss man einfach älter sein, um mit der Vorbildfrage wirklich etwas anfangen zu können, vielleicht muss man in einer stabileren Gesellschaft leben, damit Lebensentwürfe über Generationen nichts an Nachahmungswert verlieren. Menschen um die dreißig macht die Frage nach ihren Vorbildern zuerst stutzig, dann schweigsam, und irgendwann quält sie entsetzlich. Sie haben darauf keine jederzeit abrufbare Standardantwort parat. Sie leben nicht mehr in einer Welt, wo der Sohn vom Vater die Zahnarztpraxis übernimmt oder die Tochter von der Mutter, den Bäckereibetrieb, und brauchen deshalb niemanden, der ihnen zeigt, dass es auch ein Leben außerhalb der auf sie gekommenen bürgerlichen Konventionen gibt, dass das »richtige Leben« vielleicht anders aussieht, als sie es in Kindheit und Jugend kennengelernt haben. Die Freundin, die nie so leben wollte wie ihre Eltern, weiß, dass es für sie, anders als für ihre Mutter, gar nicht die Möglichkeit gab, früh zu heiraten und den Rest des Lebens hinter dem Herd zu verbringen. Das traditionelle Modell war für sie einfach nicht mehr vorgesehen, auch wenn sie es gewünscht hätte. Als sie vor ein paar Jahren dreißig wurde, hatte sie mindestens viermal so viele Jobs gemacht wie ihr Vater am Vorabend der Pensionierung. Sie hatte in fünfmal so vielen Städten gelebt wie ihre Mutter, und in jeder dieser Städte und in jedem dieser Jobs hatte sich ihr Selbstbild ein bisschen verändert und den Gegebenheiten angepasst. Wo also sollte sie in ihrem aus vielen kleinen Versatzstücken zusammengepuzzelten Leben »das an bestimmte Personen gebundene konkrete Bild« suchen, das einem Individuum bei der Verhaltensorientierung behilflich ist? »Es gab einmal so etwas wie literarische Vorbilder«, sagt sie. Schriftsteller, Theoretiker. Sie haben sich mir nicht als reale Menschen mit vielen negativen oder sogar nervenden Eigenschaften gezeigt, sondern konnten auf Dinge reduziert werden, die sie getan oder geschrieben haben: irgendwann mal Egon Erwin Kisch, irgendwann mal Hannah Arendt.« Junge Männer lasen stattdessen oft Hermann Hesse oder Thomas Bernhard, die meisten liebten Frank Zappa, einige Arnold Schönberg. Wer sich auf ein Leben als verkanntes Genie vorbereitete, hielt es mit Dostojewskijs Raskolnikow. Auch in den achtziger Jahren noch war Simone de Beauvoir für junge Frauen die Begleiterin in der krisenhaften Lebensphase zwischen zwölf und siebzehn. Als diese dann später beschlossen, dass Frauen vielleicht doch keine besseren Männer sein sollten, schien ihnen auch Madonnas Weiblichkeitskonzept interessant. Männer trugen derweil schwermütig Nietzsche unterm Arm und sagten, so oft sich die Gelegenheit bot: »Ich habe kein Gewissen.« Ihnen entging das Vitalistische dieser Texte, sie labten sich am unzeitgemäßen Außenseitersein. Später faszinierte Foucault, manchmal mit Flüstertüte auf einer Demonstration, manchmal mit Kollegen in eine Diskussion über den Gewaltbegriff vertieft, immer im weißen Rollkragenpullover. Doch letztlich waren es Bilder und Vorstellungen, man könnte auch sagen Posen, die einem über pubertäre und postadoleszente

Statuskrisen hinweghalfen. Walter Benjamin im Kleiderspind nach einer Socke fahndend, Prousts Marcel bei einer Tasse Lindenblütentee. Oder eben Simone de Beauvoir, die mit einem Apfel bei der Großmutter auf der Fensterbank sitzt und beschließt: »Es gibt keinen Gott.«

»Komisch, wenn ich mich nach meinen Vorbildern frage, fallen mir Filme ein, oder besser gesagt einzelne Stills, in denen Menschen mir imponiert haben. Armin Müller-Stahl in »Lola« zum Beispiel. Er hat in einigen Szenen so etwas Unbeirrbares, Würdevolles und Gediegenes«, sagt ein Diplomat.

Niemand, so viel scheint klar zu sein, hat sich selbst neu erfunden. Persönlichkeiten entstehen durch Nachahmung, Abgrenzung von den anderen. Und es wäre ja auch verwunderlich, wenn Menschen, denen die Zukunft nichts grundsätzlich Neues mehr verheißt, die sie sich vielmehr als endlose Variation des Bestehenden vorstellen, nicht irgendwo in Vergangenheit und Gegenwart Orientierung suchen würden. Gibt man im Internet »Vorbild« als Suchbegriff ein, könnte man fast den Eindruck haben, er liege im Trend. 11 678 Einträge beim ersten Versuch sind eine Menge. Aber es verbirgt sich nicht dahinter, was man erwartet hätte. *Angst ohne Vorbild* ist der Titel eines neuen Krimis, die katholische Jugend nennt ihre Website »Jesus als Vorbild«, bei dem »Projekt ohne Vorbild« geht es um freie Softwareentwicklung. Besonders die europäischen Eisenbahnbetriebe und die Politik schätzen das Schlagwort. Vorbild Schweizer Bahn, Vorbild Großbritannien, Vorbild Bioland Österreich sind gängige Phrasen. Auch Britney Spears und Madonna werden natürlich gerne mit dem Begriff assoziiert. Die eine ist kein Vorbild, weil sie ihr Haus mitsamt den drei Hunden vermietet hat, die andere ist eines, weil sie jeden Tag Fitness macht und mit 42 immer noch so aussieht wie mit 30.

Erstaunlich ist nicht, dass der Vorbildbegriff im Werbespeak entleert wurde – die Vorstellung von einem »an bestimmte Personen gebundenen Bild, das einem Individuum bei der Verhaltensorientierung behilflich ist«, ist wie gemacht für die Vermarktung von Personen, Ideen und Produkten. Erstaunlich ist vielmehr, dass seine inflationäre Verwendung den Begriff nicht sofort und nicht per se entwertet hat. »Manchmal«, sagt die Freundin, die nie so werden wollte wie ihre Eltern, »hätte ich gerne Vorbilder und leide darunter, dass in den Institutionen, in denen ich mich bewege, keine oder zu wenige aufzufinden sind. Ich bilde mir sogar ein, dass alles leichter wäre, wenn ich welche hätte und auch noch von denen zur Schülerin ernannt worden wäre.« Wenn sie länger darüber nachdenkt, hält sie ihre eigene Sehnsucht nach dem Vorbild allerdings für einen falschen Reflex. »Im Grunde verabscheue ich jegliches Jüngerinnentum.« Aber man muss sehr lange darüber nachdenken, bis einem der Vorbildbegriff wirklich unheimlich wird, bis man ihn mit homogenen, nach einem bestimmten Ziel ausgerichteten Gesellschaften und Milieus in Verbindung bringt. »Im Sport gibt es Vorbilder und im Kommunismus«, sagt der Kritiker. Und im Nationalsozialismus wurde das Wort auch gehörig strapaziert. Vorbilder, die man sich nicht selbst sucht, sondern die einem gegeben werden, knebeln, täuschen und lügen. Nicht nur im Totalitarismus. Es ist eine bedrohliche Vorstellung, dass Menschen vor dreißig Jahren reflexartig Rudi Dutschke, Che Guevara oder Ulrike Meinhof zu ihren Vorbildern gezählt haben könnten. Natürlich fasziniert der Utopismus, der diese Menschen umgibt, hat ihre bis in den Wahn gesteigerte Kompromisslosigkeit als zeithistorisches Phänomen etwas Erhabenes. Aber Menschen, die glaubten, dass zuerst alles anders werden muss, bevor das Leben überhaupt anfangen kann, die der Realität ihre Wunschvorstellungen verdonnern wollten, können einer Generation, die nur noch das Mögliche will, keine Instanz sein. Diese Generation sieht im Maximalismus auch das Piefige, Abweichungen nicht duldende Uniforme und fragt sich bisweilen, ob ein starkes Vorbild, so man es denn hätte, einen nicht zum Hörigen machen würde. »Vorbilder sind, wenn ich's mir genau überlege, Kinderkram«, sagt ein Designer. Wenn ein anderer Künstler dann aber lamentiert, wie hart es für ihn sei, keine Vorbilder zu haben, klingt das kokett. Vom Künstler, Denker oder Literaten wird, wie Boris Groys einmal bemerkt hat, seit dem Anbruch der Moderne verlangt, »dass er das Neue schafft, so wie früher von ihm gefordert worden war, dass er sich an die Tradition hält und sich ihren Kriterien unterwirft.« Auch wer sagt, dass Gerhard Richter, Anselm Kiefer, Oswald Wiener »großartige Leute« seien, »aber leider durch«, setzt sich immerhin mit ihnen in ein Verhältnis. Aber wer vom Markt registriert und honoriert werden will, muss die Kriterien, an denen er gemessen werden will, nun einmal selbst erfinden. Wer Vorbildern folgt, gilt schnell als Epigone. Innovativ ist nur, wer sich außerhalb der Tradition stellt. Doch wer den Vergleich mit dem Anderen, vielleicht Größeren und Klügeren nicht sucht, wird fast zwangsläufig banal und beliebig. Das gilt nicht nur für die Kunst. Wer keine konkreten, umfassend gültigen Vorbilder mehr hat, weil die klassischen Milieus zerfallen sind und mit ihnen ein System, in dem Werte, Haltungen und Lebensformen vererbt oder vorgelebt werden, hat ein Umfeld, das einen prägt, einen Kontext oder sogar mehrere. »Das können Leute sein, die ich kurz kennenlerne, Leute, die ich in Situationen beobachte und deren Handeln mir gut gefällt: Fernsehen, Kino, Verstorbene, Familie, Freunde. Ich gaube, ich such's mir, wie ich es gerade brauche«, sagt eine andere Freundin. Man hat die Wahl.

Ein vollkommen edler Charakter

Lesen Sie hier noch in der aktenmäßigen Geschichte dieser Räuberbande, was über die Erziehung des jungen Andreas gesagt ist, der jetzt erst siebzehn Jahr alt ist: »Der Vater ließ ihn verschiedne musikalische Instrumente lernen. Er spielt mit vieler Fertigkeit Klarinett, auch Flöte und Flageolett spielt er nicht ungeschickt, diese Kunstfertigkeit sollte ihm zu einem ehrlichen Erwerb helfen, wie war aber dies möglich, da ihn der Broterwerb unter der niedrigsten Volksklasse herumtrieb, ihn mit Räubern und Dieben zusammenbrachte, die er von Kindsbeinen an kannte, und da sein eigner Vater ihn schon als Buben mit auf den Straßenraub nahm, ihm von seinen Großtaten jenseits des Rheins, von dem erhabnen *Schinderhannes* und dessen würdigen Kämpfen erzählte und seinen Geist erhitzte zur Nachahmung der großen Vorbilder.«
Diese weisen Bemerkungen der Justiz selbst, die Sie hier in den Akten gedruckt sehen, führte diese nicht darauf, dass, wenn der Vater mit großartigen Zügen und edlen Farben seine Vermahnungen ausmalt, um sie zu verherrlichen und zur Nachahmung zu reizen, dies doch der Beweis ist, dass der Sinn für das Edle und Großartige auch ein Beweggrund ihnen war, so zu handeln, und dass *auf* diesen Sinn könne und müsse gewirkt werden, um diese Menschheit zur bessren Einsicht zu leiten. Aber nein! – Stumpf wie die Ochsen spricht auch hier die Justitia wieder von der niedrigsten Klasse des Volkes, als ob die das Verderben zu erzeugen sich nicht erwehren könne. Doch ist hier in diesen kurzen Bruchstücken des Berichts, der nicht zur Apologie der Räuber geschrieben war, sondern als Beweis ihrer gerechten Verdammung, – ganz unwillkürlich in den kräftigsten Farben ihr Heroismus geschildert, zweitens ihr Ehrgefühl, da sie untereinander keines Verrats sich schuldig machen. Dann ihr Gewissen, da es sie beruhigt, wenn sie zum Tod gehen, keinen verraten zu haben. Jetzt fehlt noch zur Vollendung eines vollkommen edlen Charakters das Zartgefühl der Sittlichkeit, und dies kann nicht rührender ausgesprochen sein als in eben diesem Knaben. Da er nämlich zum öffentlichen Verhör sollte über die Straße geführt werden, ward er so bestürzt durch das Schreien und Toben des Volkes, dass er sich nicht ermannen konnte, hervorzugehn. – Plötzlich verlangte er sein Instrument, was bei seiner Gefangennahme ihm war abgenommen worden, so ging er den langen Weg bis zum Markt und blies anmutige Hirten- und Waldlieder mit ruhigem Schritt unter Begleitung des Volkes, ohne beleidigt oder gestört zu werden, ganz gezähmt folgte es seinen melodischen Tönen, die durch den einfachen versöhnenden Ausdruck das tiefste Mitgefühl erregten. Die aufgereizte Hefe des Volkes ward beschwichtigt durch die sanfte Stimme des Knaben, den ihr zum Verbrechertod führtet, es verlangte Begnadigung, die ihm auch gewährt wurde, da viele die Bittschrift unterzeichnet hatten, die selbst waren beraubt worden! – Wie sehr spricht auch dies für die verachtete Volkshefe, die so leicht die Rache aufgibt, und wie beschämend, dass ihr sie verachtet.

Bettina von Arnim: Dies Buch gehört dem König (1843)

Yaak Karsunke
Die Ohrfeige

Meinen Großvater habe ich im Sommer 1950 zum letzten Mal gesehen. Wie immer verbrachte ich die großen Ferien auf dem Seegrundstück meiner Großeltern in der Mark Brandenburg – erst ein Jahr später erschien es meinen Eltern nicht mehr ratsam, einen halbwüchsigen Westberliner für ein paar Wochen in die DDR zu schicken, die wir damals noch Ostzone nannten. 1950 war ich sechzehn Jahre alt, mein Großvater war 76, und diesmal brachte er mir bei, wie man mit Steigeisen eine ausgewachsene Kiefer hochklettert.

Im Jahr zuvor hatte er mich mit dem Satz verabschiedet: »Wenn du das nächste Mal kommst, schmeißen wir einen Baum um.« Als ich dann wiederkam, hatte er bereits das Wurzelwerk der morsch gewordenen Kiefer freigelegt und zum Teil mit einer Axt durchtrennt. Meine erste Aufgabe war, mit einem Seil in die Krone des Baumes zu steigen und es dort zu befestigen, danach begannen wir, etwas seitlich des Stammes stehend, ihn per Seilzug zu Fall zu bringen. Als der Baum stürzte, ließ die Seilspannung plötzlich nach, und mein steifbeiniger Großvater fiel unsanft auf den Steiß.

Ich stand ratlos neben dem leicht benommenen alten Mann, der einfach auf der Erde sitzen blieb. Mein Angebot, ihm aus dem Haus ein Glas Wasser zu holen, lehnte er ab: »Da macht sich die Omi bloß Sorgen.« Also hockte ich mich neben ihn und wartete, bis er sich erholt hatte. Es dauerte nicht lange, aber in dieser kurzen Zeit fing ich an, über ihn nachzudenken. Über einen Mann, der in Berlin ein Mietshaus mit zwei Aufgängen besaß und hier ein Seegrundstück von dreieinhalbtausend Quadratmetern mitsamt winterfestem Wochenendhaus, der sich aber scheute, sich für ein paar Minuten auf sein Sofa zu legen, sondern lieber auf dem Boden sitzen blieb, wo er sich ausruhen konnte und nicht seine aufgeregte Frau beruhigen musste.

Jetzt saß er neben mir, die Beine leicht angezogen, die Ellbogen auf die Knie gestützt, seinen Kopf mit beiden Händen haltend. Dann streckte er einen Arm aus, ich half ihm auf, und mit Beil und Säge machten wir uns über den Baum her. Den Umgang mit den Werkzeugen hatte er mir beigebracht, er handhabte sie weitaus geschickter und kraftvoller als ich, wie es mir vorkam. Später, bei dem gemeinsamen Mittagessen mit meiner Großmutter, bestellte er für mich eine extragroße Portion: »Der Junge hat heute schon *gearbeitet.*« Über den Zwischenfall redeten wir beide nicht.

Mein Großvater stammte vom Lande. Sein Vater hatte sich in einem oberschlesischen Dorf unter strikter Ausbeutung seiner selbst und seiner Familie vom Tagelöhner zum »Kätner« hochgearbeitet, zum Besitzer einer Kate mit dazugehörigem Land, ein Ensemble, das in den Erzählungen seines Sohnes immer noch stolz »der Hoff« hieß. Mein Urgroßvater pflegte seine zahlreichen Kinder zu verprügeln, wenn er sie bei den Schularbeiten erwischte: Sie sollten im Stall und auf dem Feld mithelfen. Dass dennoch alle sieben die Dorfschule mit Erfolg abschlossen und die meisten von ihnen einen Beruf erlernten, verdankten sie ihrer Mutter. Meine Urgroßmutter Rosina war in ihrer Generation neben Lehrer und Pfarrer die einzige Person im Dorf, die schreiben und lesen konnte: Mit Schriftstücken, deren Inhalt man weder der geistlichen noch der pädagogischen Autorität des Ortes anvertrauen wollte, wandte man sich an sie. Rosina stellte sich schützend zwischen ihren schuftenden Mann und ihre lernwilligen Kinder.

Der älteste Sohn dieses ungleichen Paares war mein Großvater Gottlieb. Es gab noch einen älteren Halbbruder aus der ersten Ehe meines Urgroßvaters, die Frau war bei der Geburt des Kindes gestorben. Von diesem Christian hieß es, er sei »nicht richtig im Kopf«; anzunehmen ist eher, dass die von den leiblichen Kindern regelrecht verehrte Rosina ihre Mutterliebe auf die eigene Brut beschränkte. Dass Christian z. B. »zündelte«, würde man heute wohl eher als Hilferuf eines vernachlässigten Kindes interpretieren – immerhin war er es, der schließlich den *Hoff* übernahm, den nach dem Tod des Vaters keines der anderen Kinder haben wollte. Glück hat ihm auch das nicht gebracht: Er ist als alter Mann 1945 auf dem Flüchtlingstreck aus Oberschlesien gestorben.

Über seinen Vater sprach mein Großvater anerkennend und verständnisvoll. Er respektierte sogar dessen Religiosität, obwohl er sie nicht teilte. Mein Urgroßvater glaubte, er werde dereinst im Himmel mit seinen drei Frauen einträchtig und in Frieden leben. (Rosina starb, als das jüngste ihrer Kinder, die einzige Tochter, neun Jahre alt war. Von da an übernahm die kleine Marie die Rolle der Hausfrau, die sie bis an ihr Lebensende beibehielt, indem sie alleinstehenden älteren Herren den Haushalt führte. Mein Urgroßvater heiratete später noch einmal, eine junge Magd, die all seine Kinder mit »Sie« anredeten: »Es war die Frau unseres Vaters«, sagte mein Großvater, »aber das war nicht unsere Mutter.« Eines Tages unternahm sie einen Selbstmordversuch im Dorfteich, sie wurde gerettet und verstarb in einer Heilanstalt.)

Mein Urgroßvater war Analphabet, er sprach nur gebrochen Deutsch und auch kein richtiges Polnisch, »Wasserpolnisch« nannte es mein Großvater. Er war geizig, als ihm eines seiner Kinder gegen Ende seines Lebens eine Dauerwurst aus Berlin schickte, versteckte er die so lange in seinem Strohsack, bis sie verschimmelt war. »So wird man, wenn man sein Leben lang arm ist«, erklärte mir mein Großvater. Eine einzige Geschichte lässt ahnen, was sonst noch in dem Mann gesteckt haben muss.

Das Holz für den Herd und Ofen sammelte der Kätner Christian Polit im gräflichen Wald auf: Nach geltendem Recht war das Diebstahl. Eines Tages erwischte ihn der Förster. Der ließ sich den Namen des Delinquenten geben, den er nach dem Gehör – buchstabieren konnte ihn mein Urgroßvater ja nicht – wohl mit »Utscheko« notiert hat. Da der Förster nicht aus Oberschlesien stammte, wusste er nicht, dass »uciekay« Polnisch ist und »lauf weg« bedeutet. Anderntags klingelte der Gemeindediener auf der Dorfstraße die Aufforderung aus, besagter Utscheko habe sich auf dem Schloss zu melden – der aber hatte seinem Namen alle Ehre gemacht und erschien dort nie.

Es gibt ein großformatiges Foto, aufgezogen auf graue Pappe mit eingedrucktem weißen Zierrand, aufgenommen von »Th. Axmann, Photograph« in Kreuzburg/Oberschlesien zu Beginn des Ersten Weltkriegs. In der Mitte sitzt der 86-jährige Patriarch, das von Falten und Runzeln durchzogene Gesicht unter dem bis zu seinem Tod vollen und kastanienbraunen Haar, in einem dunklen, zugeknöpften Gehrock, die fast zu Fäusten geschlossenen Hände auf den Oberschenkeln liegend. Neben ihm seine junge Frau mit einem eigentümlich starren Gesichtsausdruck, die ältere Frau daneben ist vielleicht ihre Mutter. In der Reihe dahinter stehen fünf der sieben Kinder, zwei von ihnen bereits verheiratet.

Die Reihe beginnt mit Walther samt Ehefrau, der Diakon der evangelischen Kirche geworden war und dessen Sohn später als erster aus der Familie ein Studium absolvierte. Neben ihm die junge Haushälterin Marie, hübsch und selbstbewusst. Es folgt Eugen, der nächstjüngere Bruder meines Großvaters, den er nach Berlin nachgeholt und ihm eine Stelle als Hotelportier verschafft hatte. (Meine Großmutter hatte später eine Affäre mit Eugen, als ihr Mann während des Ersten Weltkriegs im Feld stand – weniger an der Front als im Hinterland, wo er seinem französischen Zwangsquartiergeber beim Schwarzschlachten half: zwei Bauern, die pragmatisch die Gesetze und Regeln der Erbfeindschaft unterliefen).

Fritz, der Zweitjüngste in der Geschwisterfolge, steckt bereits in der Uniform, in der er drei Jahre später vor Verdun gefallen ist. Den Abschluss der Reihe bildet das zweite Ehepaar: Die pummelige, selbstzufrieden dreinblickende Frau ist meine Großmutter, ihr neben ihr stehender Mann wirkt schlank und elegant, mit einem gemäßigten Kaiser-Wilhelm-Schnurrbart und einem korrekten Seitenscheitel im pomadisierten Haar. Das kleine dicke Mädchen vor ihnen trägt ein Matrosenkleid mit Einstecktuch, Schnürstiefeletten und eine weiße »Propeller«-Schleife im Haar: meine Mutter im Alter von zehn Jahren.

Als ich zur Welt kam, war mein Großvater bereits ein *stattlicher* Mann mit grauen Stoppelhaaren, von der »Es ist erreicht«-Pracht war nur noch ein kleiner Schnäuzer übrig geblieben. Auf einem Foto mit mir im Kinderwagen sieht sein Gesicht weniger markant aus als zwanzig Jahre zuvor, es wirkt rund und eher gemütlich, eine gewisse Skepsis ist nicht zu übersehen. Vier Jahre vorher hatte er beschlossen, sich zur Ruhe zu setzen: das Mietshaus und das Waldgrundstück gekauft und das Wochenendhaus bauen lassen.

Begonnen hatte sein Berufsleben, als er mit vierzehn Jahren sein Elternhaus verließ, um in der nächstgelegenen Kreisstadt eine Lehre im Hotel- und Gaststättengewerbe anzufangen. Das erste, was er lernen musste, war, dass er einen unpassenden Vornamen trug, »Gottlieb« war altmodisch und klang zu sehr nach Dorf. In der Stadt nannten sie ihn zunächst »Karl«, wie dort im ersten Haus am Platz wohl alle Lehrburschen gerufen wurden. (Die – seltenen – Ansichtskarten, die ihm die Stammgäste seiner Berliner Kneipe noch im Zweiten Weltkrieg in die Mark Brandenburg schrieben, waren an »Gustav Polit« adressiert – diesen flotten Großstadtvornamen hatte er sich wohl selber zugelegt.) Er beendete seine Lehre mit guten Zeugnissen und ging dann in verschiedenen Orten »in Stellung«. Mit Ende zwanzig heiratete er die Tochter eines gräflichen Rosengärtners, die *Kalte Mamsell* gelernt hatte; das junge Paar beschloss, sich selbständig zu machen.

Mit ihren gemeinsamen Ersparnissen kauften sich die Eheleute in eine Kneipe in Frankfurt an der Oder ein – die wohl auch deshalb günstig zu haben war, weil sie in einer Gegend lag, in der sich nicht allzuviel verdienen ließ. Als im Juli 1904 eine Tochter zur Welt kam, war bereits klar, dass das Lokal auf Dauer nicht zu halten war. Mein Großvater fand einen Mann, der ebenso unerfahren war wie er selbst ein Jahr zuvor und ihm die vermeintliche Goldgrube abkaufte. Der Erlös reichte, um Weib und Kind ein Vierteljahr Miete und Lebensunterhalt zu sichern – für meinen Großvater selbst langte es noch für eine Bahnfahrkarte dritter Klasse nach Berlin.

Er fand Anstellung als (zunächst Nacht-) Portier in einem mittleren Hotel, dessen Besitzer aus der Schweiz stammte. Das Haus wurde vornehmlich von Baltendeutschen und Russen frequentiert, die zum Einkaufen in die Hauptstadt des deutschen Kaiserreichs fuhren. Mein Großvater lernte so viel Russisch, dass er sich mit seinen Gästen verständigen und sie bei der Wahl ihrer Einkaufsquellen beraten konnte. Er empfahl ihnen ein großes Kaufhaus, in dem die Angereisten besonders günstige Konditionen zu erwarten hatten – sofern sie die Kärtchen abgeben würden, die mein Großvater ihnen aushändigte; ebendiese Kärtchen bildeten die Berechnungsgrundlage für die Höhe der Provision, die das betreffende Haus meinem Großvater für seine Kundenvermittlung zahlte. Eine weitere Einnahmequelle stellten die Extratrinkgelder dar, mit denen sich die derart betreuten Gäste für die kostensparenden Tipps ihres fachkundigen Hotelportiers bedankten. Zu Beginn des Ersten Weltkriegs beliefen sich die monatlichen Einnahmen meines Großvaters im Durchschnitt auf rund eintausend Goldmark netto.

Als Kinder haben meine beiden Schwestern und ich uns nie gefragt, woher die merkwürdigen Redewendungen stammten, die der Großvater wie ironische Zitate in seine Gespräche mit uns einflocht. Wir fanden es lustig, bei Besuchen von ihm mit »Wie ist das werte Befinden?« begrüßt zu werden. Erkundigte man sich im Gegenzug, wie es ihm selbst gehe, bekam man »Danke der Nachfrage« als Antwort. Erschienen wir ferienspät und noch halb verschlafen am Frühstückstisch, an dem er – nach zwei Stunden Gartenarbeit – bereits sein zweites Frühstück einnahm, hieß er uns mit »Wünsche wohl geruht zu haben« willkommen; meine Schwestern durften dann auf seine Knie klettern und wurden mit den Wurstscheiben gefüttert, die er sich selber vom Butterbrot nahm. Bat man ihn um ein zweites Glas Milch, bekam man es vielleicht mit der zeremoniellen Formel »Ich werde mich bemühen, Ihrem Wunsch zu entsprechen« eingegossen. Ich war 14 Jahre, als ich an einem verregneten Ferientag beim Stöbern in einem Schrank meiner Großeltern ein abgegriffenes Lehrbuch für das Hotel- und Restaurantpersonal fand, in dem ich die Herkunft der Sprüche meines Großvaters entdeckte. Dort wurde auch jener Idealabstand beschrieben, den die dienstbaren Geister zu den zahlenden Gästen wahren sollten: einerseits so weit entfernt, dass die Herrschaften bei Gesprächen in normaler Lautstärke nicht befürchten mussten, von den Domestiken belauscht zu werden – andererseits aber so nahe, dass der Gast das benötigte Personal herbeirufen konnte, ohne sich stimmlich zu überanstrengen.

Das Verhältnis zwischen meinem Großvater und mir war unkomplizierter. Ich war sein erstes – und für dreieinhalb Jahre einziges – Enkelkind, er war – mein Vater ging sechs Tage in der Woche ins Büro – der einzige ständig präsente Mann in meiner Kindheit. Er war es, mit dem ich zum ersten Mal zum Friseur ging, er nahm mich im Sommer mit zum Pilze suchen, und wenn er sich nach dem Mittagessen für eine halbe Stunde »aufs Ohr legte« und ich mit auf das Sofa durfte, absolvierte ich sogar den sonst eher ungeliebten Mittagsschlaf ohne Protest. Unsere größte gemeinsame Heldentat begingen wir, als meine Mutter mit ihrer Mutter Weihnachtseinkäufe erledigte. Als uns das zu lange dauerte, inspizierten wir die Speisekammer und machten uns über das Hackfleisch her, aus dem am Abend Bouletten für vier Erwachsene und ein Kind hergestellt werden sollten. Mein Großvater verteilte es fingerdick auf großzügig gebutterten Broten. Als die Frauen nach Hause kamen, war alles restlos verputzt.

1930 hatte sich mein Großvater aus dem Geschäftsleben zurückgezogen – mit 56 Jahren relativ früh. In dem Jahrzehnt davor hatte er sich zum zweiten Mal eine erfolgreiche Existenz aufgebaut. Als er aus dem Ersten Weltkrieg zurückkam, war seine einträgliche Stelle als Hotelportier dem Krieg zum Opfer gefallen: Der Schweizer Hotelbesitzer war in seine Heimat zurückgekehrt. Mein Großvater eröffnete seine zweite Kneipe, diesmal in Berlin-Moabit. Die Anfänge waren hart, meine Mutter, die eigentlich Abitur machen wollte, musste sich mit der mittleren Reife begnügen und wurde in eine Banklehre gesteckt.

Das Jahr 1919 begann mit einer Familientragödie, dem gewaltsamen Tod eines Bruders meines Großvaters. Hans fehlt auf dem großen Familienfoto von 1914 – wahrscheinlich konnte er das Fahrgeld nicht aufbringen, vielleicht scheute er sich auch, neben seinen erfolgreichen Geschwistern dem Vater unter die Augen zu treten: Er galt als Versager. Auch er war nach Berlin gegangen, brachte es aber nur zum Gelegenheitsarbeiter. Eine Aufnahme zeigt ihn als Mitglied einer Forstarbeiterkolonne im Berliner Grunewald: mit kragenlosem Hemd und einem ramponierten steifen Hut, der sogenannten Melone. Er war der Lieblingsonkel meiner Mutter, der er Eichelhäherfedern, Vogeleierschalen und Tannenzapfen mitbrachte, wenn er am Wochenende bei seinem reichen Bruder zum Mittagessen erschien. Seine Angewohnheit, Fundstücke aller Art zu sammeln, wurde ihm während des Spartakusaufstands zum Verhängnis. Onkel Hans hatte zwei im Rinnstein liegende Dumdumgeschosse aufgehoben und in die Tasche gesteckt, bevor er sich mit seinen Kumpeln auf ein Bier traf. Eine Militärstreife veranstaltete eine Razzia in der Arbeiterkneipe, bei der damit verbundenen Taschenkontrolle wurden die abgefeilten Projektile gefunden. Die Soldaten nahmen Hans mit, anschließend fielen auf der Straße Schüsse. Irgendwer benachrichtigte meinen Großvater, der sich daraufhin auf die Suche machte. Zwei Tage lang lief er die Leichenschauhäuser

Berlins ab: »Als ich ihn schließlich gefunden habe, hatten sie ihm einen falschen Namen auf den Zettel am großen Zeh geschrieben.«

Mein Großvater steuerte seine Kneipe durch die Inflation, die seine letzten Vorkriegsersparnisse entwertete. In den ersten Jahren hielt er das Lokal auch am Heiligen Abend offen. Meine Mutter ging dann nachmittags weinend von ihrer Lehrstelle durch den dunklen Tiergarten nach Hause, wo ihr Weihnachtsfest darin bestand, vor den besoffenen Gästen ihres Vaters »Stille Nacht« auf dem Klavier zu spielen. Mein Großvater hatte die Klavierstunden bezahlt, und in Notzeiten musste jedes Familienmitglied mitarbeiten.

Mit Einführung der Rentenmark endete die Inflation, das Lokal meines Großvaters florierte, Weihnachten konnte wieder im Kreis der Familie gefeiert werden. Aus dieser Zeit stammte die goldene Taschenuhr mit Sprungdeckel, die er an einer ebenfalls goldenen Kette auch später immer bei sich trug. Er hatte sie einem *besseren Herrn* abgenommen, der sich eines Abends – schon nicht mehr ganz nüchtern – in die Kneipe meines Großvaters verirrte. Dort betrank er sich vollends – und konnte am Ende seine Zeche nicht bezahlen. Mein Großvater nahm ihm als Pfand seine wertvolle Uhr ab, bevor er ihn eigenhändig aus dem Lokal trug und ihn buchstäblich auf die Straße setzte. Der Herr hatte sich nie mehr blicken lassen: »Wahrscheinlich war er so besoffen, dass er sich nicht mehr erinnern konnte – vielleicht hat er sich aber auch zu sehr geschämt«, meinte mein Großvater.

Die Erzählungen meines Großvaters unterschieden sich deutlich von den Geschichten, die ich als Kind von den anderen Erwachsenen zu hören bekam. Deren Berichte und Erlebnisse wurden – meist in erzieherischer Absicht – für mich frisiert oder zensiert. Mein Großvater wollte weder mir noch sich etwas beweisen. Er wollte sich unterhalten, ich war einfach ein Gesprächspartner. Seine pädagogischste Ansprache bestand in einem sexuellen Witz, den er an mich weitergab, als ich fünfzehn Jahre wurde. Es war ein eher harmloser Vergleich zwischen Frauen in verschiedenen Lebensjahrzehnten und den fünf Kontinenten – ich kannte ihn schon und war etwas peinlich berührt. Heute weiß ich, dass ich damit in den Kreis der erwachsenen Männer aufgenommen worden bin.

Über Politik haben wir fast gar nicht miteinander gesprochen. Er hielt nichts von Wilhelm II.: Ein Hotelgast, ein zum Rapport nach Berlin befohlener höherer Offizier, hatte sich nach der kaiserlichen Audienz vom Hotelportier den Koffer zum Bahnhof tragen lassen und sich auf dem Weg bitter über die Selbstherrlichkeit seiner Majestät beschwert. Die Mitglieder des Rotfrontkämpferbunds, die er später in Moabit kennenlernte, hielt mein Großvater für »Rabauken«, für die

SA-Leute galt dasselbe: Seine Kneipe stand als »Sturmlokal« nicht zur Verfügung.

Die politische Abstinenz hinderte ihn nicht, nach 1945 von der kommunistischen Bodenreform »Junkerland in Bauerland« in der sowjetischen Besatzungszone zu profitieren. Er bekam einen halben Morgen Land zugeteilt, den er je zur Hälfte mit Roggen und Kartoffeln bestellte – mit Hilfe eines Bauern, bei dem er halbtags als Knecht arbeitete. Ein Schlehengebüsch, das einen Teil seines Ackers einnahm, rodete er mitsamt den Wurzeln aus, er machte jeden Quadratzentimeter nutzbar. Auf dem Seegrundstück zog er schon immer Obst und Gemüse, nach dem Krieg kamen Zuckerrüben hinzu, aus denen seine Frau Sirup kochte. Mein Großvater baute Ställe für Hühner und Kaninchen, später schaffte er auch noch eine Ziege an. Bei der Geburt jedes Kindes hatte er einen Obstbaum gepflanzt: einen Apfelbaum für mich, Birnen für meine beiden Schwestern. Nun sorgte er dafür, dass wir in der Nachkriegszeit ausreichend zu essen bekamen.

Um die Flüchtlingskinder im Dorf kümmerte sich die neue Obrigkeit: Ein Kindergarten wurde in einem beschlagnahmten Haus eingerichtet, die Betreuerinnen erschienen in ihren blauen FDJ-Blusen zum Dienst. Das erste Problem, mit dem sie konfrontiert wurden, bestand darin, dass ihre Zöglinge vor dem Essen – beteten. Mein Großvater war deutlich angetan von der Lösung, die sie dafür gefunden hatten. Die Kinder wurden zu Tisch gerufen, es war noch nicht aufgedeckt. Sie falteten ihre Hände zum ›Komm Herr Jesus, sei unser Gast, und segne, was du uns bescheret hast‹ – aber dann passierte erst einmal gar nichts. Bis schließlich eine von den FDJlerinnen sagte: Na, der Herr Jesus beschert euch heute wohl nichts – aber das Essen jetzt ist vom Rat des Kreises Ruppin. Mein Großvater fand »die jungen Dinger ganz schön erfinderisch«.

Das letzte Foto von meinem Großvater hat meine jüngste Schwester Greta Anfang der fünfziger Jahre mit ihrer kleinen Boxkamera geknipst. Es ist eine arrangierte Aufnahme: das Bild, das sich ein elfjähriges Mädchen von seinem geliebten Großvater macht. Ohne Kenntnisse abendländischer Ikonographie hat sie ihn als *Guten Hirten* dargestellt – er sitzt auf einer selbstgezimmerten Bank vor den Schuppen und Ställen, auf den Knien hält er seine Ziege, die den Kopf an seine Brust schmiegt und zu ihm aufsieht. Er scheint – soweit das auf dem kleinen Foto zu erkennen ist – ein wenig zu schmunzeln (vielleicht über das Arrangement).

Das Bild, das ich von meinem Großvater bewahre, stammt aus einer Geschichte, die er selber mir nie erzählt hat, ich habe sie lange nach seinem Tod (mit achtzig Jahren im Sommer 1954) von meiner Mutter gehört. Sie spielt an einem Sonntagabend im Sommer 1914 in Berlin. Meine Großeltern bummelten mit ihrer zehnjährigen Tochter durch die Friedrichstraße. Alle waren festtäglich gewandet, mein Großvater sicher im Gehrock, meine Großmutter wahrscheinlich mit einem der damals modischen breitrandigen Hüte, meine Mutter trug vielleicht ihr Matrosenkleid und die weiße »Propeller«-Schleife. Es begann schon zu dämmern, und die wilhelminisch aufgedonnerten Huren gingen bereits auf Kundenfang. Meine Mutter wusste mit Sicherheit nicht, was es mit diesen stark geschminkten Frauen auf sich hatte, aber sie hatte wohl einmal eine abfällige Bemerkung ihrer ziemlich bigotten Mutter aufgeschnappt, die sie nun schnippisch wiederholte.

Ich sehe meinen Großvater, einen eleganten Mann von vierzig Jahren, der mit Weib und Kind über den Prachtboulevard der kaiserlichen Reichshauptstadt geht. Knapp zehn Jahre nach der Beinahe-Pleite in Frankfurt an der Oder hatte er es geschafft. Er war wohlhabend, beliebt bei den Gästen des Hotels, dessen Besitzer ihn schätzte. Er hatte eine hübsche Frau und eine kleine Tochter, die so wohlerzogen war, dass sie – ohne recht zu wissen warum – schon über die Huren herzog. Er hätte zufrieden sein können. Stattdessen gab er – zum Entsetzen seiner Frau – dem Kind vor allen Leuten eine Ohrfeige und schnauzte es an: »Verdien du erstmal dein eigenes Geld – dann kannst du dir das Maul verreißen über die Mädels.«

Joachim Kalka
Einer weiß mehr

Sozialisation durch den Detektivroman

> »Ich ordnete die Hefte zu säuberlichen Stapeln, ich wurde es nie müde, sie zu zählen, laut ihre geheimnisvollen Titel auszusprechen: *Ein Verbrechen im Ballon, Der Pakt mit dem Teufel, Die Sklaven des Baron Mutuschimi, Die Auferstehung Dazaars.* Ich liebte es, dass sie vergilbt waren, fleckig, tot, mit einem seltsamen Geruch nach welken Blättern – es *waren* welke Blätter, es waren Ruinen, weil der Krieg alles abgebrochen hatte. Ich wusste, dass mir das letzte Abenteuer des Mannes mit den langen Haaren für immer unbekannt bleiben würde, dass ich nie vom letzten Fall des Königs der Detektive erfahren würde: Die einsamen Helden waren wie ich Opfer des weltgeschichtlichen Konflikts, und ich liebte sie dafür umso mehr.« Sartre, *Les Mots*

Eltern sind (waren, muss man angesichts des Fernsehens und der Videospiele sagen, die dasselbe Problem auf grellerem Level stellen) hilflos darauf bedacht, ihre Kinder schädlichen literarischen Einflüssen möglichst zu entziehen und stattdessen die wohltätige Wirkung des sogenannten guten Buchs eintreten zu lassen. Die Lektüre der Kinder sollte instruieren, warnen, bessern: Robinsonaden, die lehren, wie man aus dem Nichts (mit einer aus dem Schiffswrack geretteten Werkzeugkiste und einem treuen Hund) die Welt ordnet, Struwwelpeterlektionen, damit das Haus nicht abbrennt und der Daumen nicht einer verbotenen oralen Lustbarkeit dient. Kinder bauen sich ihre schönsten Häuser aus dem Schrott, insofern ist die Sorge hinsichtlich der Ausgangsmaterialien meist überflüssig. »Krimis« gehören zu den meist mit Besorgnis betrachteten zwielichtigen Lektüren junger Jahre; vielleicht wirken gerade sie besonders instruktiv. Der Kriminalroman, eine literarische Form, zu deren Nimbus es andererseits gehört, dass sie auch in reiferem Alter von Premierministern und Staatsanwälten, Bischöfen und Poeten über alles geschätzt wird, ist in vielen Produkten vollkommener Schrott, aber *in summa* verzahnt sich das alles zu eigenartigen Wunschformen (deren Exerzitien zumindest den spekulativ veranlagten Leser vieles lehren können). Der Krimi gehört zur Literatur des Abenteuers, aber sein Reiz muss vor allem mit der eigenartigen Figur zu tun haben, in der sich – aufs Ganze des Genres gegangen – alle attraktiven Widersprüche glänzend ausprägen, wo Elemente des Dandys und des unbestechlichen Beamten, des Kämpfers und des Gehirnartisten zusammengehen: mit dem Detektiv. Dieser stellt die

Ordnung wieder her, aber er kann dabei mit anarchischer Gewalt vorgehen; er ist überlegen (und darf in verschiedenen Verkörperungen unerträglich altklug sein) und resigniert; er ist geschwätzig und wortkarg. Er ist alles. Alles, wovon man schon geträumt haben mag, und er ist es auf vollkommene und sich gleichzeitig selbst negierende Weise. Wenn man vom »Vorbildhaften« des Detektivs sprechen wollte, dann wäre die Gattung damit gemeint und nicht das einzelne Buch. Wer nur ein Dutzend Kriminalromane kennt, kennt nicht den Kriminalroman. Gerade weil das Detektivische insgesamt über so viele Ausdrucksformen verfügt, sexy ist oder zölibatär, athletisch umherrennt oder nur aus dem Sessel aufsteht, um Orchideen zu züchten, das Dorf seit fünfzig Jahren kennt oder die ganze Welt bereist hat, lädt es unsere ganzen unruhigen Sehnsüchte zwischen Idealich und Ichideal ein. Es schwebt uns vor als wünschenswertes Bild, und wenn es das einmal eindringlich genug war, kleben die winzigen Affektpartikel noch lange und vielleicht unablösbar an unserem Unbewussten. Der Dichter H. C. Artmann trauert in *Das suchen nach dem gestrigen tag* den »Weltdetektiven« seiner Kindheit nach und notiert apodiktisch: »Die besten abenteuer Tom Sharks, des königs der detektive, waren *Die Opiumschmuggler vom Montmartre* und *Me Weng der Chinese.*«

> »Wir können uns einen Frazer des Jahres 2042 vorstellen, wie er über das Thema ›Der Kriminalroman – Volksmythos des 20. Jahrhunderts‹ spricht. Er würde, nehme ich an, den Aufstieg des Kriminalromans mit dem Niedergang der Religion am Ende der viktorianischen Epoche in Verbindung bringen.« Cecil Day Lewis (1942)

Der Detektiv ist tendenziell allwissend, darin tritt er die Nachfolge Gottes an. Es ist wunderbar zu verfolgen, wie Conan Doyle zuerst versucht, sehr gezielt die Figur eines Detektivs zu zeichnen, der außerhalb seiner Spezialinteressen ein völliger Ignorant ist: Ein langer Passus im ersten Sherlock-Holmes-Roman schildert Holmes' grenzenlose Unkenntnis unter anderem in Fragen der zeitgenössischen Literatur, der Philosophie und der Politik. »Als ich Thomas Carlyle zitierte« – berichtet Watson –, »fragte er auf die naivste Weise, wer das denn sei und was er getan habe. Meine Überraschung erreichte jedoch ihren Höhepunkt, als ich zufällig entdeckte, dass Holmes nichts von der kopernikanischen Theorie und vom Aufbau des Sonnensystems wusste.« Holmes legt dar, dass ihn dies alles für den Zweck seiner Arbeit auch gar nicht zu interessieren braucht. »›Aber das Sonnensystem!‹, protestierte ich.« (Watson ist gelegentlich eine superb komische Figur.) »›Meine Güte, was habe ich denn damit zu schaffen?‹, unterbrach er mich ungeduldig. ›Sie sagen, dass wir uns um die Sonne drehen. Drehten wir uns um den Mond, würde das für mich oder meine Arbeit nicht den allergeringsten Unterschied machen.‹« (*A Study in Scarlet,* 1887) Drei Jahre später, im zweiten Text des Holmes-Kanons, gibt Doyle aber bereits den Versuch auf (*The Sign of Four,* 1890). Die scharfe Profilierung partieller Unwissenheit hat sich hier abgeschliffen zur Banalität des Alleswissens. Ist der Leser, der das programmatische zweite Kapitel der *Study* noch im Kopf hat, schon seltsam berührt, wenn Holmes mit einem Mal Goethe auf Deutsch zitiert – um das Verhältnis, das die Polizeibeamten zu ihm haben, zu charakterisieren, zieht er den Satz heran: »Wir sind gewohnt, dass die Menschen verhöhnen, was sie nicht verstehen« –, so liest man mit einem förmlichen Schock plötzlich ausgerechnet den Namen Carlyle. Und Holmes – man denkt fast, so nachlässig Doyle manchmal die innere Biographie seines Helden konstruiert hat, an eine bewusste Korrektur – weiß mit einem Male nicht nur über Carlyle zu reden, sondern setzt noch eins drauf, indem er Jean Paul als Vorbild Carlyles zitiert (Kapitel VII). Kein Wunder, dass er im weiteren dann beim Abendessen munter über »Mysterienspiele, mittelalterliche Keramik, Stradivarigeigen, den Buddhismus Ceylons und die Kriegsschiffe der Zukunft« doziert (»wobei er jeden Gegenstand so behandelte, als habe er ihn eigens ausführlich studiert«). Der Detektiv führt solcherart etwas vor, was zu den rührendsten Wünschen unseres Alltags gehört: überall mitreden zu können.

Das Eigenartige an solchen Genre-Fiktionen ist, dass sie unter Umständen ein Quantum an Bildungsbürgerlichkeit mittransportieren, das ihren Lesern ansonsten suspekt wäre; Lord Peter Wimsey, seine Gattin und Superintendent Kirk können bei Dorothy Sayers stundenlang Shakespeare hin und her zitieren (Kirk darf manchmal längere Zeit nachdenken, bis ihm etwas Passendes einfällt – *Busman's Honeymoon*). Nun, man muss natürlich nicht alles verstehen – man bestaunt, dass es so etwas überhaupt gibt auf der Welt. In den John-Appleby-Romanen von Michael Innes sind manche Anspielungen von unglaublicher, ostentativer Hermetik. Im ersten Roman dieser Serie (*Death at the President's Lodging,* 1936) befinden sich Appleby und sein Kollege Dodd in der Bibliothek, wo (natürlich) die Leiche gefunden wurde: »Doch Appleby führte Dodd in die dritte der vier Nischen ... und Dodd fand sich mit den vierzehn massiven Bänden des Straßburger Athenaios konfrontiert. ›Die *Deipnosophisten*‹, murmelte Appleby. ›Schweighäusers Ausgabe ... braucht viel Platz ... Dindorfs Edition ist handlicher – und da haben wir sie schon.‹ Er deutete auf eine Ecke des unteren Regalfachs, wo dieselbe enorme Sammlung stand, diesmal in den drei kompakten Bänden der Leipziger Ausgabe. Dodd, einigermaßen ratlos vor diesem klassischen Abrakadabra, brummte misstrauisch: ›Die letzten drei stehen verkehrt rum – meinen Sie das?‹«

Es gibt eine berühmte Stelle bei Chandler, wo die *hard-boiled school* dieses Bildungsgerede des britischen Kriminalromans demonstrativ und verächtlich unterbricht und den Helden tatsächlich literarisch ignorant sein lässt: Als Vivian Regan – née Sternwood – in *The Big Sleep* (1939) spitz sagt »I was beginning to think you worked in bed, like Marcel Proust«, reagiert Marlowe (»Ich steckte mir eine Zigarette in den Mund und starrte sie an«) mit einem lakonischen und genuinen »Who's he?« und wehrt die Anspielung mit einem beiläufigen »Come into my boudoir« ab. Dass das Genre es aber doch nicht ganz lassen kann, zeigt sich an der nächsten großen Inkarnation des nobel-sentimentalen amerikanischen Private Eye, der direkten Nachfolgerfigur Marlowes, Ross Macdonalds Lew Archer. Als der ein Jahrzehnt später in *The Drowning Pool* (1950) auf eine ähnliche weibliche Bemerkung reagiert (»Ich drückte die Zigarette aus, die auf leeren Magen öde schmeckte«), ist sein »This Marcel something-or-other, is he a friend of yours?« eine ironische, wissende Provokation und wird auch als solche aufgenommen. Die Bildung sickert unversehens wieder in alle Formen des Genres ein, wo nicht die Dialektik von Vernunft und Gewalt radikal gewaltförmig stillgelegt worden ist.

Was bedeutet das aber? Lediglich, dass »Bildung« dann in den Horizont dieses spezifischen Leserinteresses eingeschlossen werden kann, wenn sie sich dem Rätselreiz der Gewalttat anschmiegt? Wenn sie in der Mimikry der Suggestion daherkommt, ihre Anspielungen seien so etwas wie »Spuren«? Vielleicht erlaubt die diffuse Spannung des Genreromans die paradoxe Herbeizitierung einer Ernsthaftigkeit, die sonst im Bereich der Unterhaltung verpönt wäre. Jay Parini berichtet (se non è vero, è ben trovato), dass er Gore Vidal einmal fragte, ob er denn in seinem neuen Roman zwei seiner Figuren zwanzig Seiten lang über Kierkegaards Existenztheologie reden lassen könne. Vidal antwortete: »Nur, wenn sie in einem Zugabteil sitzen und der Leser weiß, dass unter dem Sitz eine Bombe liegt.«

Die universale Gebildetheit erstreckt sich aber auch – das ist besonders faszinierend und vorbildhaft – auf die entlegensten alltagspraktischen Details. Der ideelle Gesamtdetektiv kennt sich mit Pfeilgiften und Fahrplänen aus, mit griechischer Metrik und Pferderennen. Am schönsten aber bleibt das vollkommen entlegene, vollkommen beiläufig vorgetragene, absurd souveräne Wissen. Warum, fragt die junge Dame aufgeregt, meint Father Brown nur, dass der mysteriöse Passant, der gerade am Fenster der Wirtschaft vorbeigegangen ist, eine falsche Nase trägt? »›Das Wachs wird immer ein ganz klein wenig fleckig bei diesem Wetter‹, erwiderte Father Brown mit vollkommener Schlichtheit« (G. K. Chesterton, »The Head of

Caesar«, aus *The Wisdom of Father Brown*). Die »vollkommene Schlichtheit« dieser beiläufigen Bemerkung ist die Demut der Allwissenheit, des alles Sehenden.

»... Mössjö Poirot, ... Wollen Sie vielleicht mit ins Schauhaus kommen und sich Wilsons Leiche ansehen, ehe die Ärzte anfangen? Wer weiß, vielleicht sitzt ja seine Krawattennadel schief, und das ist dann für Sie eine wertvolle Spur, und Sie können den Fall lösen.«

Agatha Christie, »A Chess Problem«

Das hohe Wissen wie andererseits die Vertrautheit mit den vulgärsten Details des mikroskopischen Lebens – Streichhölzer, Fußspuren, Fasern, Flecke –: Sie gehen zusammen in der Kunst des scharfen Blicks. Insofern ist der Kriminalroman auch eine Schule der »ästhetischen« Aufmerksamkeit – die Äußerungen von Borges zu diversen Detektivgeschichten zeigen das Wesen dieser Aisthesis. Sie ist, wie medizinisch die Ästhetik des »schönen« Falls, interessiert an klassischen Ausprägungen und an der Eleganz von Diagnostik. Deshalb bietet die von Borges mit Bioy Casares herausgegebene Anthologie der »Besten Kriminalgeschichten« Texte, die (wie etwa Eden Philpotts' »The Iron Pineapple«) sprachlich vollkommen glanzlos, aber von überraschender Konstruktion sind. Sind dabei die Details, auf die es ankommt, von kunstvoll-entscheidender Unauffälligkeit, so gibt es andererseits eine Gestalt des Detektivs (seine mystische Gestalt sozusagen), die ihn selbst als unauffällig, ja lächerlich erscheinen lässt. Das ist par excellence der kleine, schäbig gekleidete, ungeschickte, »staubige« Provinzgeistliche Father Brown, äußerlich der Phänotyp aller Weltfremdheit und Praxisferne, der aber tatsächlich mehr über das Weltliche und seine Schrecknisse weiß als jeder andere. Wer unter den Lesern sich selbst als allzu unauffällig und unbeholfen empfindet, schöpft vielleicht simplen Trost aus Schilderungen, die einen geradezu grotesk anonymen, glanzlos schäbigen Menschen nach dem Umblättern weniger Seiten als überlegenen Helden erscheinen lassen, aus der Idee solch geheimer Größe. Die sich selbst erniedrigen, sollen erhöhet werden. (Geheimagenten müssen besonders unscheinbar auftreten; vielleicht deutet meine Unscheinbarkeit auf einen geheimen Auftrag hin.) Gramsci hat in einem interessanten Brief (6. 10. 1930) betont, dass sich bei Chesterton im Gegenzug zur protestantischen Wissenschaftsgläubigkeit (Doyle/Holmes) ein introspektives katholisches Element zeige, genährt aus der Psychologie der Beichte und der robusten moralischen Kasuistik der Kirchenväter. Die Beweisführungen finden in der Brust des Menschen statt. Als ungeheuerlichste Indizien werden die menschlichen Gedanken studiert.

»Was ihm an diesen Büchern gefiel, war das Gefühl von Fülle und Sparsamkeit. In einem guten Kriminalroman wird nichts verschwendet, kein Satz, kein Wort, die nicht ihre Bedeutung hätten. Und selbst wenn sie nichts bedeuten, sind sie doch potentiell bedeutsam – was auf dasselbe hinausläuft ... Der Detektiv ist derjenige, der schaut, der lauscht, der sich durch diesen Sumpf von Objekten und Ereignissen bewegt auf der Suche nach dem Gedanken, nach der Idee, die all das zusammenführt und sinnvoll werden lässt.«

Paul Auster, *City of Glass*

Die Idee heißt in der klassischen Ausprägung des Kriminalromans (und sie ist als Hohlraum noch in den zynischsten, illusionslosesten Sagas von auswegloser Gemeinheit gegenwärtig): Gerechtigkeit. Die Romantik der Moral bei einem Autor wie Chandler tritt dekoriert mit den nur anfänglich verblüffenden Requisiten Trenchcoat, Zigarette und Whiskyglas auf. Die vorbildliche Devise eines solchen Detektivs lautet: Es muss etwas an sein Ende gebracht werden. Fiat iustitia, pereat mundus – Gerechtigkeit, und wenn alles zusammenstürzt: Das ist hier fast wahr, denn der unbestechliche Romantiker lässt sehr vieles zugrundegehen, wenn nur eine – seine – Gerechtigkeit eintritt. Nicht länger spielt das Wissen die erste Rolle, beziehungsweise: Gerechtigkeit heißt Wissen um eine höhere Ordnung.

Das Genre ist flexibel und ausufernd genug, um unter der einen geräumigen Sherlock-Holmes-Mütze eine Vielzahl von Modellen konkurrieren und koexistieren zu lassen. Zusammengehalten durch die monströs einfache Formel, dass die Menschen morden und dass es andere geben muss, die solche Morde aufzuklären haben, partizipieren aber alle diese Varianten – und sei es durch brutale Negation – am Imperativ der Moral. Allerdings gelegentlich auf eine so vertrackt realistisch zu nennende Weise, dass das Genre gerade heute als Lehrstück dienen kann: Der Thriller hat noch in seinen sprachlich vollkommen leeren und inhaltlich mechanisch abgespulten Szenarien à la Robert Ludlum einen gewissen politischen Reflexionsstand verteidigt – beispielsweise die elementare Einsicht, dass der CIA für einen Amerikaner nicht weniger bedrohlich sein kann als der KGB. Haben wir denn so lange Le Carré gelesen, um nun mit einem Male zu glauben, die eigenen Geheimdienste seien harmloser als die fremden, der Terrorismus ein Privileg der ewig Anderen? Will man die Logik des plötzlich so aktuellen Phänomens des *sleeper* studieren, kann man Richard Condons *The Manchurian Candidate* (1959) lesen; dort wird getagträumt, dass der infamste *sleeper* der fremden Macht der patriotischste Politiker der USA sein könnte.

Die bedingungslose, altmodische Moral des Detektivs vom Typus Marlowe hindert ihn nicht an der Sympathie für Zwielichtigkeiten; er ist gerecht genug, um die zahllosen Grauschattierungen der Welt würdigen zu können. Sie mögen uns näher sein als der vorbildhafte und uneinholbare Held. In dem schönen Gedicht »A Study of Reading Habits« hat Philip Larkin das Umkippen von naiver Leseerfahrung geschildert. Zuerst beginnt man damit, sich mit den Guten zu identifizieren, dann genießt man die Gloire der faszinierenden Bösen, und schließlich – der letzte, fatale Schritt – erkennt man plötzlich, dass die tiefste Wesensverwandtschaft einen weder mit den Helden noch den glamourösen Schurken verbindet, sondern mit den verächtlichen Chargen, den marginalen Figuren, der moralisch korrupten Statisterie: »Don't read much now: the dude / Who lets the girl down before / The hero arrives, the chap / Who's yellow and keeps the store, / Seem far too familiar now ...«

> Leser der vorzüglichsten Detektivromane wird es schockieren, zu erfahren, dass bei diesem Gespräch der Polizist redete und der Amateur zuhörte, sogar mit einem gewissen Respekt.
> »Unser Beruf ist der einzige«, sagte Bagshaw, »bei dem man davon ausgeht, dass der Spezialist immer unrecht hat.«
>
> Chesterton, »The Mirror of the Magistrate«

Zur Logik des Kriminalromans als Genre gehört es, dass – einer der großen Tagträume der Moderne – das private Individuum immer dem Apparat überlegen ist. Im allgemeinen schlägt sich deshalb der Privatdetektiv, der allein Antretende, der seines einzelgängerischen Berufs wegen oder aus Neigung und Zufall ein Verbrechen untersucht, stets besser als die schwerfällige, phantasielose (und im avancierten Stadium des Genres meist korrupte) Institution der Polizei. Ist der Detektivheld als Polizist selbst der Repräsentant des Apparats, wird er zumindest in winzigen symbolischen Details – Maigrets hartnäckige Verteidigung seines alten Büroofens, als man am Quai des Orfêvres renoviert – Unabhängigkeit demonstrieren. Aber die Institution rächt sich und zeigt dem Beamten seine Grenzen – selbst bei den geheiligten monatlichen Abendessen bei seinem Hausarzt Pardon wird Maigret gelegentlich durch einen Mord und die Dienstpflicht aufgestört. Trotzdem besitzt er eine große, zerstreute, fast archaische Ruhe. Maigrets Existenz ist so etwas wie eine paradoxe Apotheose des Angestelltendaseins; Simenon ist das große Kunststück gelungen, eine Romantik im Büro zu situieren. Natürlich gibt es die Streifzüge durch alle Arrondissements von Paris, aber ihr Zentrum ist Maigrets Schreibtisch. Oder vielleicht der Schrank mit der Cognacflasche für die Verhöre, oder das Telephon, von dem aus man in der Brasserie anruft und Bier und Sandwiches bestellt, wenn es ernst wird. Oder die säuberlich hingelegte

Reihe der Pfeifen auf der Tischplatte. Erst wenn diese letzten romantischen und unerschütterlich privaten Züge des Polizisten, diese Suggestionen von Autonomie verschwinden, nähern wir uns allerdings der wahrhaft heroischen Sphäre: der des verzweifelnd unsteten kleinen Beamten.

Die allerletzte Inkarnation des vorbildhaften Detektivs ist unerwarteterweise der resignierende, aber nolens volens weiter seiner Pflicht hinterherstolpernde Angestellte. Trotz der heroischen *police procedurals* wie den Geschichten von Ed McBain über die Beamten vom 87. Revier, trotz Sjöwalls und Wahlöös sozialdemokratischer Polizistensaga ist diese Polizeiwelt typischerweise erbärmlich. Nimmt man die dürftige Solidarität und Kameraderie weg, bleibt die Anomie des modernen »kleinen Mannes« übrig, und unser letzter Vorbild-Held erscheint. Wir sehen ihn in klassischer Gestalt etwa in Sébastien Japrisots *Compartiment tueurs* (1962; die deutsche Übersetzung heißt mit typisch törichtem Augenzwinkern *Mord im Fahrpreis inbegriffen*). Inspektor Grazziano ist überfordert, er fühlt sich nicht wohl, er läuft den Katastrophen hinterher, er tut nervös seine Pflicht. Nach all dem Glanz der klassischen Detektivgeschichten, all den Heldentaten von Hirn und Hand steht Grazziano wieder ohnmächtig vor jener Instanz, die jede Tagtraumwelt von allem Glamour entleert: vor dem Vorgesetzten und seiner brutalen Geschwätzigkeit. (»Un peu moins de connerie que d'habitude, ça ne ferait pas de mal.«) Der Chef fragt nach den Ermittlungen über das erste Mordopfer. »Grazziano sagte zunächst nichts, nur dass er anfing, die Tote besser zu begreifen. Und gleichzeitig hatte er Angst, weil er wusste, dass das nicht stimmte, dass er noch nie jemanden begriffen hatte, dass das alles wie üblich ablaufen würde: die Protokolle, die Gesichter, die Theorien, und am Ende gar nichts anderes mehr außer der Selbstgewissheit dieses dicken Mannes mit seinem ausweichenden Blick, seinem unerschütterlichen Opportunismus, der sich jetzt wieder an seinen Schreibtisch setzte, die Hände in den Manteltaschen.« Der vor diesem Schreibtisch stehenbleibt, ist die letzte Inkarnation des Detektivs, ein spöttisches und endgültiges Echo der Goetheschen Verse »Schwerer Dienste tägliche Bewahrung, / Sonst bedarf es keiner Offenbarung«. Yves Montand – der die Rolle in der Verfilmung der *Compartiment tueurs* (der ersten Regiearbeit von Costa-Gavras) spielt – stellt wunderbar die Müdigkeit des erkälteten und überforderten Polizisten dar, mit seinem zerknitterten, fast angstvollen Gesicht, seiner Entschlossenheit, es richtig zu machen. Er ist das genaue Spiegelbild der ebenso in der Ausweglosigkeit ausharrenden kleinen Gangster des Genres.

Was träumt man sich also diffus an solchen Vorbildern zusammen? Wissen; Scharfsichtigkeit; Gerechtigkeit; schließlich und endlich immerhin die Fähigkeit, das Leben durchzustehen. In der reizvollen Nähe der

Katastrophe (des Mordes) lernt der Leser der Kriminalromane den Zauber überlegenen Denkens schätzen; den untrüglichen Blick auf das Detail; den romantischen Willen zum richtigen Handeln; schließlich die Überlebensfähigkeit des Alltagsindividuums. Wer das Genre in seinen komplexen Entwicklungen studiert, hat damit eine Enzyklopädie der bürgerlichen Illusionen kennengelernt. Die sympathischste ist die allerletzte: die des Aushaltens auf verlorenem Posten. Vielleicht haben wir gar nichts Besseres. Das ist natürlich »Existentialismus, im journalistischen Sinne«, wie Queneau einmal schreibt. Aber mit dieser Einsicht ist auch noch nichts Besseres benannt.

Heidi Schüller
Auf dem Treppchen

Spitzensportler als Leitfiguren

Vorbilder für andere wollen die wenigsten Spitzenathleten sein. Viele laufen, springen, schwimmen vor allem für oder gegen sich selbst, um sich zu überwinden, um die eigenen Grenzen zu erleben und zu erfahren – immer neue Grenzen. Ihr Ehrgeiz besteht im unentwegten Setzen neuer Ziele. Athlet wird man nicht, Athlet ist man. Mag sich das Objekt, das Betätigungsfeld auch ändern, der Biss bleibt, lebenslang.

Spitzensportler zählen zur Elite. Ihr Beispiel zeigt, wozu wir Menschen fähig sind. An ihnen können viele sich aufrichten, mit ihnen verwirklichen sie scheinbar auch die eigenen ungelebten Träume und Wünsche. Womit nicht die Beseitigung etwaiger Defizite im Tennisspielen oder in der Hürdentechnik gemeint ist, sondern der imaginierte Besitz besonders ausgeprägter elementarer Eigenschaften: Leistungsbereitschaft und Mut, Disziplin und Fleiß, Energie und Charakter.

Aber nicht jeder Sieger eignet sich zum Idol. Gewinner ohne Aura und Charisma haben es schwer. Nicht jeder Sieg kann das Identifikationsbedürfnis des Publikums befriedigen. Leistung, Können und Rekorde sind eben durchaus nicht alles, sie sind zwar eine notwendige, aber noch lange keine hinreichende Voraussetzung, um zum Sportidol zu taugen. Es muss etwas anderes hinzukommen.

Trotz vieler Rekorde und Meisterschaften bin auch ich wohl weniger durch meine Wettkampfleistungen in die Sportannalen eingegangen als vielmehr durch einen kleinen, großen Auftritt vor einem Mikrophon im Münchener Olympiastadion. Man schrieb das Jahr 1972: Die erste Olympiade in Deutschland nach 1936 war ein nationales Anliegen. Sie sollte zur Demonstration der jungen Republik nach außen werden – sauber, frisch, lebendig. Ein neues, ein tolerantes Deutschland sollte um Sympathie und Anerkennung in der Welt werben – eine aufstrebende Industrienation, ganz nebenbei, um weltweite Märkte. Und hierfür wurde eine Symbolfigur benötigt, ein Gesicht für die Eröffnungsfeier. Viel Gesicht und gern auch viel Bein. Erstmalig sollte eine Frau die olympische Eidesformel sprechen – stellvertretend für alle Athleten und als Beweis für die selbstbewusste Aufgeklärtheit des Veranstalters. Die Auswahl wurde sorgfältig vorbereitet, es durfte kein Fehler unterlaufen, nichts sollte dem Zufall überlassen bleiben. Ausstrahlung, Charisma, Schlagfertigkeit waren schon damals gefragt. Schön sollte die Kandidatin sein, medientauglich und intelligent, schnell und erfolgreich, typisch für ihre Zeit und von der Vergangenheit unbeleckt.

Mir war das alles damals nicht bewusst. Die Ereignisse haben mich eher überrollt, ohne dass ich rechtzeitig erkannte, wie mir geschah. In Passau geboren, in Bonn groß geworden, Medizinstudentin – also politisch harmlos –, passabel erfolgreich und sprachgewandt, nicht unattraktiv, fiel die Wahl auf mich. Von einem Wettkampf in Zürich wurde ich vom Nationalen Olympischen Komitee überraschend nach München beordert, wo ich eine Art Prüfungsverfahren durchlief: Intendant August Everding testete meine sprachliche Eignung in Großstadien, PR-Strategen meine Medienfähigkeit. Ich sollte Symbolfigur sein, Vorbild für viele, Gefühle wecken, Märkte erschließen, Zuschauer binden.

Ich war geschmeichelt, unbedarft – und komplett überfordert. Das war zu viel für eine, die eigentlich nur sie selbst sein wollte, Athletin und Frau. Dennoch gelang es mir auf wundersame Weise, im entscheidenden Moment alles abzuschütteln, was mir an staatstragender Bedeutung aufgetragen worden war, weil ich im Augenblick des Auftritts zum olympischen Eid nur an eine Liebe dachte, nicht an die Nation und schon gar nicht an die bedeutungsschwangeren Präambeln des Internationalen Olympischen Komitees. Das machte mich lächeln, und dieses Lächeln ging um die Welt, ließ mir noch Jahre später Fanpost zukommen.

Es war ein Glücksmoment, der mich auch im Nachhinein manchmal vergessen lässt, zu welcher Entwicklung ich damit beigetragen habe. Wir Spitzensportler in den sechziger Jahren waren »Leistungstiere« zu einer Zeit, als ein Großteil unserer Generation auf Widerstand gepolt war. Wir waren Exoten. Statt gegen die obrigkeitsgeprägte Gesellschaft zu demonstrieren oder uns von ihr singend, dorthin, wo die Blumen blühen, abzuwenden, lebten und agierten wir freiwillig in einer streng reglementierten und disziplinierten Welt. Wir suchten die persönliche Herausforderung, die Leistungsgrenze, und akzeptierten, ganz untypisch für die damalige Zeit, überkommene Regeln, samt trainerlicher Obrigkeit. Das machte uns sowohl politisch als auch kommerziell »brauchbar«.

Von der Öffentlichkeit hofiert und den Medien weit über ein angemessenes Maß hinaus gehätschelt, wurden einige von uns zum »Fräuleinwunder« kultiviert – ein neuer Frauentyp, Teil einer modernen, aufgeschlossenen, lebenslustigen und leistungsbereiten Generation. Im Vergleich zu den Tamara-Press-Verschnitten oder den männlich-herben, drahtigen Staatssportlerinnen aus der DDR und den anderen Ostblock-Mannschaften wurden wir zu Sinnbildern der Überlegenheit westlicher Lebensart stilisiert. Es war die Fortsetzung des Kalten Krieges – mit System-Ikonen in Turnhosen und Spikes. Hier begann die mediale Vergewaltigung, schleichend, fast unmerklich.

Zugleich wurden wir zu Agenten der Kommerzialisierung, zu willfährigen Figuren im Spiel der großen Globalisierer vom IOC und ihrer weltweiten Vermarktungsstrategie. Wir 72er waren Auslaufmodelle, die letzten Amateure, die ihren Nachfolgern den Boden bereiteten. Denn die Olympiade in München wurde wegweisend. Als man sich nach dem schrecklichen Attentat auf die israelische Mannschaft dem Diktat von Quoten und Übertragungsrechten beugte und die »friedlichen« Spiele trotz der Tragödie fortsetzte, war die Richtung endgültig klar: »The games must go on!« Da begriff auch ich, worum es ging, und stieg noch im selben Jahr aus dem Leistungssport aus. Nicht, weil ich grundsätzlich etwas gegen Kommerz hätte, sondern weil ich mich nicht gern täuschen und instrumentalisieren lasse. Ich möchte die Regeln und Absichten kennen, die das Spiel bestimmen, um selbst entscheiden zu können, ob ich unter diesen Bedingungen mitspiele.

Heute sind die Bedingungen im Sportgeschäft, die knallharten Vermarktungsgesetze weitgehend bekannt, wenngleich die Regeln immer noch schwer zu durchschauen sind. An dem Antrieb und der Motivation von Spitzensportlern dürfte sich hingegen kaum etwas geändert haben. Echte Leistung kommt von innen, sie ist nicht plan- und beliebig abrufbar, sondern speist sich aus narzisstischer oder zwangsneurotischer Quelle. Leistungssportler sind keine sozialen Wesen, sie sind egomane Grenzgänger: hoch sensibel, selbstzweiflerisch, exzessiv, rücksichtslos und mit einer gehörigen Portion Basismasochismus ausgestattet. Sie leiden für ein selbst gestecktes Ziel, und sie lassen das Publikum daran teilhaben. Ihre sozusagen öffentlichen Emotionen sind das Produkt, an dem Zuschauer und Werbewirtschaft interessiert sind. Die vielzitierte Fairness im Leistungssport dagegen ist nichts als eine Systemlüge. Die Wahrheit ist: »The winner takes it all!«

So lautet jedenfalls die psychologische Wahrheit. Auf der prosaischen Ebene der Branchenpraxis bedarf sie freilich einer entscheidenden Ergänzung: »The media winner takes it all!« Das Sein verlangt in der Mediengesellschaft nach schillerndem Schein. Was zählt, ist das Bild – das Image –, nicht die Realität. Wer der Gewinner ist, wer zum Star oder Idol taugt, darüber entscheiden deshalb nicht allein Sieg oder Niederlage. Blasse, blutarme Könner sind oft tragische Gestalten. Wer keine Story mit dem

Sieg verknüpfen kann – am besten gleich eine überwundene Krebserkrankung oder einen anderen Schicksalsschlag –, der hat nicht wirklich gewonnen. Glatte, konturlose Leistungsträger oder Asse in medial wenig tauglichen Sportarten – mir fallen hier, sorry, zufällig Synchronschwimmerinnen ein, mit ihren entstellenden Nasenklemmen – bieten wenig Werbe- und Identifikationsfläche. Sie können ein Dutzend Mal Weltmeister werden, steigen aber nie zum Idol auf. Obwohl sie sich nicht weniger quälen, obgleich sie nicht weniger leisten als die Angehimmelten, von Medien und Publikum Umgarnten. Welche ominöse Macht ließ etwa dem Tennisspieler Boris Becker alle Herzen und Aufmerksamkeit zufliegen und ihn einen Schatten werfen, aus dem herauszutreten dem begabten und ja durchaus erfolgreichen Michael Stich nie gelungen ist. Medial betrachtet, blieb der eher unauffällig; er war zu »normal« – was ihm heute sicher zugute kommt.

Tatsache ist: Der Erfolg eines Athleten bemisst sich an seiner Inszenierbarkeit, seiner medialen Verwertbarkeit. Wer eignet sich zum Eye catcher, wer transportiert am besten Emotionen? Wer bietet die aufregendsten Stories? Wer lässt sich als Werbeträger vermarkten, wer sichert Auflage und Quote? Mit wem lassen sich Konsumwünsche vermitteln, also die Finanzierung der Werbeblöcke sichern – vor, während und nach dem Event? Kurz: Gesucht werden Stellvertreter unausgelebter, verdrängter, unbefriedigter Individual- und Nationalgefühle der Zuschauer, Vorbilder nicht im moralischen, sondern in einem voyeuristischen Sinne, Projektionsflächen für die eigenen Sehnsüchte. Kunstfiguren eben, nicht Menschen wie du und ich.

Für die Idole selbst ist das natürlich gefährlich. Nicht nur, weil ein solches Kunstprodukt in unserer schnelllebigen Zeit allzu rasch zu einem Wegwerfprodukt werden kann. Im Licht zu stehen blendet auch und kann auf Dauer blind machen. Die allseitige – und sei es befristete – Aufmerksamkeit befördert den Narzissmus, das Selbstbild droht sich dem Image anzupassen, die Realität zum Abbild zu werden – bis der Prominente am Ende zur eigenen Ikone gefriert und alles Leben aus ihm (oder ihr) gewichen ist.

Nichts als schöner Schein

Die Menschen sind insgesamt, je zivilisierter, desto mehr, Schauspieler; sie nehmen den Schein der Zuneigung, der Achtung vor Anderen, der Sittsamkeit, der Uneigennützigkeit an, ohne irgend jemand dadurch zu betrügen, weil ein jeder Andere, dass es hiemit eben nicht herzlich gemeint sei, dabei einverständig ist, und es ist auch sehr gut, dass es so in der Welt zugeht. Denn dadurch, dass Menschen diese Rolle spielen, werden zuletzt die Tugenden, deren Schein sie eine geraume Zeit hindurch nur gekünstelt haben, nach und nach wohl wirklich erweckt und gehen in die Gesinnung über ...
(...)
Die Natur hat den Hang, sich gerne täuschen zu lassen, dem Menschen weislich eingepflanzt, selbst um die Tugend zu retten, oder doch zu ihr hinzuleiten. Der gute, ehrbare *Anstand* ist ein äußerer Schein, der Andern *Achtung* einflößt (sich nicht gemein zu machen). Zwar würde das Frauenzimmer damit schlecht zufrieden sein, wenn das männliche Geschlecht ihren Reizen nicht zu huldigen schiene. Aber *Sittsamkeit (pudicitia),* ein Selbstzwang, der die Leidenschaft versteckt, ist doch als Illusion sehr heilsam, um zwischen einem und dem andren Geschlecht den Abstand zu bewirken, der nötig ist, um nicht das eine zum bloßen Werkzeuge des Genusses des anderen abzuwürdigen. – Überhaupt ist Alles, was man *Wohlanständigkeit (decorum)* nennt, von derselben Art, nämlich nichts als *schöner Schein.*
(...)
Alle menschliche Tugend im Verkehr ist Scheidemünze; ein Kind ist der, welcher sie für echtes Gold nimmt. – Es ist doch aber besser, Scheidemünze, als gar kein solches Mittel im Umlauf zu haben, und endlich kann es doch, wenn gleich mit ansehnlichem Verlust, in bares Gold umgesetzt werden. Sie für lauter *Spielmarken,* die gar keinen Wert haben, auszugeben, mit dem sarkastischen Swift zu sagen: »Die Ehrlichkeit ist ein Paar Schuhe, die im Kote ausgetreten worden« usw. oder mit dem Prediger *Hofstede* in seinem Angriff auf Marmontels *Belisar* selbst einen Sokrates zu verleumden, um ja zu verhindern, dass irgend jemand an die Tugend glaube, ist ein an der Menschheit verübter Hochverrat. Selbst der Schein des Guten am Anderen muss uns wert sein: weil aus diesem Spiel der Vorstellungen, welche Achtung erwerben, ohne sie vielleicht zu verdienen, endlich wohl Ernst werden kann. – Nur der Schein des Guten *in uns selbst* muss ohne Verschonen weggewischt und der Schleier, womit die Eigenliebe unsere moralischen Gebrechen verdeckt, abgerissen werden: weil der Schein da *betrügt,* wo man durch das, was ohne allen moralischen Gehalt ist, die Tilgung seiner Schuld, oder gar, in Wegwerfung desselben, die Überredung nichts schuldig zu sein sich vorspiegelt, z. B. wenn die Bereuung der Übeltaten am Ende des Lebens für wirkliche Besserung, oder vorsätzliche Übertretung als menschliche Schwachheit vorgemalt wird.

Immanuel Kant: Von dem erlaubten moralischen Schein (1790)

Julia Graf
Vorbildmaterial

»Eliten müssen sich durch Leistung, Entscheidungswillen und ihre Rolle als Vorbild rechtfertigen«, forderte Roman Herzog in seiner Berliner Ansprache. Umgekehrt müssen junge Anwärter auf zukünftigen Elite- und Vorbildstatus ihre Förderungswürdigkeit vorab durch den Ausweis eines eigenen Vorbilds unter Beweis stellen. Jedenfalls wenn sie das Auswahlverfahren der nobelsten, wie überparteilichen, überkonfessionellen Begabtenförderungseinrichtung durchlaufen, der Studienstiftung des deutschen Volkes. Jedes Jahr im Sommer erhalten von ihren Schulen für vielversprechend befundene Abiturienten den altgedienten Bewerbungsbogen, der – handschriftlich auszufüllen – die Grundlage bildet für die weiteren Verfahrensschritte der Nachwuchselitenrekrutierung. Den Herbst über werden die Bögen gesammelt, im Winter ist Auslese. An kleinen, verschwiegenen Orten im Umkreis der Universitätsstädte trifft sich eine Handvoll Kommissionsmitglieder, um die regionalen Kandidaten ein Wochenende lang in Augenschein zu nehmen. Nach dem ersten gemeinsamen Abendessen ist Aktenausgabe. Jeder Prüfer erhält einen gleich großen Stapel der mit Passbild und Aktennummer versehenen Bewerbungsunterlagen. Damit zieht sich das Gremium prozessionsartig in die jeweiligen Jugendherbergszimmer zurück. Wein im Römerglas wartet erst nach dem Aktenstudium. Immer an der gleichen Etappe des Fragebogens überkommt mich tiefes Mitleid mit dem Bewerber. Es geschieht auf dem unteren Drittel der dritten Seite. Hat sich der junge Mensch um eine leserliche und dabei charaktervolle Handschrift bemüht, durch den Katalog der Fragen nach den nüchternen Eckdaten seiner Biographie gearbeitet, sieht er sich hier unversehens zu einem Bekenntnis der Fixsterne seiner Zukunftsorientierung gedrängt: »Welches Vorbild, welche Informationen oder Erfahrungen haben Sie in Ihren Studien- und Berufswünschen am stärksten beeinflusst?«

Auch die zielstrebigste Bewerberin, den selbstbewusstesten Bewerber wird die Beantwortung dieser Frage in ein unauflösbares Dilemma stürzen. Denn aufdringlicher, quälender als die übrigen Rubriken führt diese hier die eigentlich entscheidende Frage im Schlepptau: Was möchte das Auswahlgremium hier hören, wie stellt sich der vorbildliche Elitekandidat zum Vorbild?

Stilisiert man sich zum Originalgenie, das im Furor über die tintenklecksende Frage nach einzwängenden Vorbildern hinwegfegt? Einem prometheischen Helden, der zu distelköpfenden Vorbild-Gottheiten nicht anders als spottend aufsieht und allenfalls vorhat, sich selbst zum Vorbild eigener Schöpfung zu nehmen? Oder greift man nach den Sternen, nennt die glänzendsten Vertreter seines Fachs als Bürgen für die eigene Karriere, die unter solchem Leitgestirn nicht anders als glanzvoll geraten kann? Oder aber legt man die Messlatte doch niedriger, setzt auf die Überzeugungskraft des Realisten, steckt respektable, für den ausgewiesen guten Schüler jedoch mit hoher Wahrscheinlichkeit zu erreichende Ziele, nimmt sich die erfolgreich in Lohn und Brot stehende nähere Verwandtschaft und Bekanntschaft zum Vorbild?

Je länger Bewerberin und Bewerber das Für und Wider der einzelnen Antwortvarianten unter dem Aspekt ihrer Auswertungsmöglichkeiten abwägen, desto klarer müssen sie die Dialektik der Vorbildlichkeit erkennen, dicht gefolgt von der Einsicht in die Unausweichlichkeit, innerhalb der Grenzen des Formulars den vorgegebenen Raum mit einer wie auch immer unangenehm beschränkten Antwort zu füllen.

Eine Mehrheit der potentiellen Vorbilder setzt auf die Karte eines vernünftigen Realismus. Auffallend viele Bewerber geben an, vorbildliche Prägung durch das eigene Elternhaus erfahren zu haben, und signalisieren die Bereitschaft, die erziehenden Vorbilder nicht zu enttäuschen, sondern zielstrebig den geraden Weg zur Stütze der Gesellschaft einzuschlagen. Auf ein konsequent unausgefüllt gebliebenes Feld stößt man bei der fraglichen Passage des Fragebogens selten; oft korrespondiert einer solchen skeptischen Enthaltung die Entscheidung für das Studium eines sogenannten Orchideenfachs. Künftige Assyrologen, Koreanisten oder Paläontologen leben wohl im Bewusstsein, ohnehin nichts zu verlieren zu haben, das stärkt das Selbstbewusstsein. Idealistische Vorbildromantik dagegen im Zeichen des überlebensgroßen bedeutenden Menschen gedeiht augenscheinlich bevorzugt in der dünnen Luft der reinen Naturwissenschaften. Und vielleicht auch nur, weil es einmal Albert Einstein gegeben hat. Gegen das Poster- und T-Shirt erprobte Identifikationspotential des welteinzigen zungezeigenden Genies tritt so leicht niemand an, und bevor ein angehender Mediziner Albert Schweitzer zum persönlichen Helden erhebt, dessen Kurswert zusammen mit dem Erich Fromms inzwischen verloren hat, tritt er lieber in die Fußstapfen des eigenen Vaters.

Der auch ein guter Arzt ist und ein Segelboot besitzt, seinen Vorbildcharakter also auch unter den Rubriken sportlicher Betätigung und Naturerfahrung entfaltet.

Die Mokerie über eine heranwachsende Generation, die es vielleicht tatsächlich gar nicht nötig hat, Windmühlenkämpfe gegen die Elternimago auszufechten, mag ungerecht sein. Dennoch stellt sich ein Gefühl des Unbehagens ein, wenn sich zeigt, dass dem in großer Freiheit aufgewachsenen Menschen angesichts der Frage nach seiner Lebensorientierung ausgerechnet der in enger Kammer einstudierte Satz des Kaspar Hauser einfällt: »Ä sechtene möchte ich wähn, wie mei Vottä wähn is«.

In früheren Zeiten war es üblich, Kinder nach den Eltern zu benennen, vor allem den Sohn nach dem Vater, damit er so tüchtig würde wie dieser. Im Zeitalter der gentechnischen Reproduzierbarkeit des Menschen ist man von dieser Form der onomastisch beschworenen Selbstvervielfältigung weitgehend abgerückt. Überhaupt ist wohl ein Lebensgefühl abhanden gekommen, das dem Menschen einst eingab, die eigene schafsgesichtige Existenz für so vorbildlich zu halten, seine Nachkommenschaft durch Kennzeichnung mit dem Dollygütesiegel zu naturgetreuer Nachahmung zu verpflichten. Erhalten hat sich solches Brauchtum wie viele in die Jahre gekommene Hüte vor allem in der neuen Welt. Ob George W. Bush jr. irgendwann den Satz memorieren musste »Ich möchte einmal Präsident werden, wie mein Vater einer ist«? Es hat eine gewisse schöne Stimmigkeit, wenn ein Mann, der Kraft seines Amtes jeden Tag, den Gott werden lässt, einer ganzen Weltnation ein Vorbild sein muss, das eigen Fleisch und Blut nach seinem Bilde großzieht, bis es selbst die nachgebildete Vorbildschaft antreten kann. Allerdings entfaltet die traditionsbewusste Jack-Daniels-Kontinuität auf dem Feld der Politik eine leicht beunruhigende Wirkung. Ich entnahm der Presse mit einer gewissen Erleichterung, dass das Arbeitszimmer des Juniorpräsidenten in den letzten Tagen durch eine Churchill-Büste verschönert wurde.

Vielleicht geht es einem Großteil der zukünftigen Elite ehrlicherweise doch so wie Musils Mann ohne Eigenschaften: »[Ulrich] konnte sich keiner Zeit seines Lebens erinnern, die nicht von dem Willen beseelt gewesen wäre, ein bedeutender Mensch zu werden, mit diesem Wunsch schien Ulrich geboren worden zu sein. Es ist wahr, dass sich in einem solchen Verlangen auch Eitelkeit und Dummheit verraten können; trotzdem ist es nicht weniger wahr, dass es ein sehr schönes und richtiges Begehren ist, ohne das es wahrscheinlich nicht viele bedeutende Menschen gäbe. Das Fatale daran war bloß, dass er weder wusste, wie man einer wird, noch was ein bedeutender Mensch ist.«

Eines ist mit Sicherheit zu konstatieren, ganz offensichtlich hat dieser junge Mann Ulrich nie den Pestalozzi-Schülerkalender besessen. Wer weiß, was aus dem ziellos ehrgeizigen Anhänger der hypothetischen Lebensform geworden wäre, hätte man ihn nur rechtzeitig mit dem richtigen Vorbildmaterial ausgestattet. Umgekehrt muss man sich fragen, welche Wendung das Leben des jungen Elias Canetti genommen hätte, hätte dieser nicht die entscheidenden Jahre in der Schweiz verbracht. Einem in vielerlei Hinsicht mustergültigen Land, das, in Ehrung und Gefolgschaft eines seiner vorbildlichsten Söhne, der Jugenderziehung ein effektvolles pädagogisches Instrument an die Hand gab: den Pestalozzi-Schülerkalender. Lange bevor er Karl Kraus verfiel, hätte Elias Canetti, nach einem bedeutenden Menschen gefragt, jederzeit auch im Schlaf Rede und Antwort stehen können: Pro Kalender gab es 182 davon, »auf je zwei Tage kam einer, nämlich ein einprägsam gezeichnetes Porträt, und darunter die Lebenszahlen und einige knappe Sätze über Leistung und Werke«. Im Pestalozzi-Vorbildkatalog waren die bedeutenden Männer allerdings nicht bedeutend, sondern groß. Große Frauen gab es damals noch nicht, und nicht jeder zweite Tag präsentierte die allervorbildlichste Größe. Es war dem Ehrgeiz des jungen Menschen überlassen, ob er sich seinen ganz persönlichen Helden unter den »großen«, den »größten aller Zeiten« oder gar den »gewaltigen« aussuchte. In diesem Falle gab es nur die Wahl zwischen Michelangelo und Beethoven. Welchen Grad schwärmerischer Hybris Canettis Vorbildlichkeitsstreben auch immer erreichte, die Jahr für Jahr beständig erneuerte Üppigkeit des Vorbildangebots bescherte ihm ein erhabenes Lebensgefühl, auf das man durchaus mit Neid blicken kann: »Es war ein wunderbares Leben, das ich mit diesen großen Männern führte [...] ich wüsste nicht, was mir je ein stärkeres Gefühl von der Weite, dem Reichtum und der Hoffnung der Menschheit gegeben hätte als diese Versammlung von 182 ihrer besten Köpfe.« Zumal wenn man sich angesichts eines solchen strahlenden Pantheons auf die kümmerliche Sammlung familiärer Penaten zurückgeworfen sieht.

Ob die Eltern auf dem Fragebogen so leicht zu vorbildlichen Hausgöttern avancieren, weil der Begriff des Vorbilds so wenig abenteuernde Kühnheit besitzt? Im deutschen Sprachraum ist das Vorbild die entschwärmte, säkularisierte Version des Ideals. Ein Vorbild hat nicht das strahlend Schaumgeborene des Ideals, es entspringt nicht schön gerüstet dem Kopf des Zeus. Es ist nichts Unverdientes am Vorbild, eine bebrillte Ertüchtigkeit geht von ihm aus, der man unter dem repräsentativen Anzug noch die aufgerollten Ärmel des Vorzeigevorarbeiters ansieht. Im adjektivisch-adverbialen Sprachgebrauch entfaltet das Vorbild etwas unangenehm Normatives, von dem man sich auf der Ebene der Sprache längst distanziert hat. Nichts ist heute mehr vorbildlich, mit dem Abschied vom Korsett fleischfarbener Miederwäsche hat man sich auch von dem vorbildlich gepflegten Garten, dem vorbildlich zusammengelegten Hemd, dem vorbildlich gelungenen Kuchen, der vorbildlichen Buchführung verabschiedet. Hehre Begriffe im Substantiv umgibt schützend die eigene großgeschriebene Aura und bewahrt sie vor semantischer Alltagsabnutzung. Auch vom Vorbild hört man nicht oft. Gern und ungezwungen nimmt es im postpathetischen Zeitalter vielleicht nur in den Mund, wer glaubt, es als Vorbild im Mund führen zu dürfen. Weil es sich, im eigenen Saft konserviert, so gut gehalten hat, gibt es dem Rhetor, der es benutzt, leicht den Anstrich des Konservativen. Innerhalb parteipolitischer Rhetorik ist das Vorbild geprägt von anachronistisch gravitätischer Rechtschaffenheit. Adverbial entschärft und verniedlicht, halten dieselben Begriffe mit Leichtigkeit Einzug in die Sprachwelt der Alltäglichkeiten. Das Pferd bringt es nicht gleich zum Genie, aber im gestreckten Galopp zum genialen Rennpferd. Als Adverb entfernt sich das Vorbild vom Ideal-Normativen hin zum Bürokratisch-Normativen und wird im praktischen Einsatz zum Synonym des Vorschriftsmäßigen.

Wie von selbst erscheint diese vorschriftsmäßige Vorbildlichkeit mit erhobenem Zeigefinger über dem Feld des Fragebogens, das den Bewerbern einen vorgeschriebenen freien Raum bietet, zwanglos ihre je individuell begabte Persönlichkeit vorzustellen. Und so wird nach einem vorzeigbaren Vorbild gekramt, das die Zugehörigkeit zur potentiellen Elite plausibel machen soll. – Wie wird eigentlich ein Mensch, dem man vorerst immerhin Vorbildpotential zugesprochen hat, letzten Endes zum Vorbild? Muss er notwendig eine strebsame Nachbildphase durchlaufen, bis er irgendwann das Kaulquappenstadium verlässt, den Schwanz abwirft und seinen Platz im Pestalozzipantheon bezieht?

Der Wunsch, sich vorbildliche Eigenschaften, vorbildliche Kenntnisse und Fertigkeiten auf dem Wege des geringsten Widerstands anzueignen, ist menschlich. Der ursprünglichste Impuls ist Aneignung durch Einverleibung. In der ausgehungerten Nachkriegsgeneration wurde die Ermahnung zum Streben nach Vorbildlichkeit in nahrhafte Lebensmittelmetaphorik gegossen »da könntste dir mal 'ne Scheibe von abschneiden«; das Vorbild als Graubrot oder Fleischwurstring, denen man zur Selbstvervollkommnung mit Appetit den Garaus macht. Vielleicht fiel Ötzi, der, wie man jetzt erfuhr, hinterrücks gemeuchelt wurde, bevor er zu vorbildlicher Konservierung ins ewige Gletschereis schlitterte, vielleicht fiel dieses Vorzeigeexemplar rauerer Menschheitsepochen zu Lebzeiten seiner eigenen Vorbildlichkeit zum Opfer, mit Pfeil und Bogen gejagt und erlegt, um seine Vorzüge unter der heranwachsenden vorbildhungrigen Generation Scheibe für Scheibe aufzuteilen.

Den sanften Weg zum Vorbild weist dem Vorbildadepten als Meister nachfreudianischer Sublimierung Thomas Mann: »Die Vaterbindung, Vaternachahmung, das Vaterspiel und seine Übertragungen auf Vaterersatzbilder höherer und geistiger Art – wie bestimmend, wie prägend und bildend wirken diese Infantilismen auf das individuelle Leben ein! Ich sage ›bildend‹; denn die lustigste, freudigste Bestimmung dessen, was man Bildung nennt, ist mir allen Ernstes diese Formung und Prägung durch das Bewunderte und Geliebte, durch die kindliche Identifikation mit einem aus innerster Sympathie gewählten Vaterbilde. Der Künstler zumal, dieser eigentlich verspielte und leidenschaftlich kindische Mensch, weiß ein Lied zu singen von den geheimen und doch auch offenen Einflüssen solcher infantilen Nachahmung auf seine Biographie, seine produktive Lebensführung, welche oft nichts anderes ist als die Neubelegung der Heroenvita unter sehr anderen zeitlichen und persönlichen Bedingungen und mit sehr anderen, sagen wir: kindlichen Mitteln.«

Ob in Ernst oder Spiel, ein wirkliches Vorbild trägt Orden: Goethe trug Orden. Thomas Mann, der Schöpfer Gustav von Aschenbachs, dessen Prosa als mustergültig Einzug in die wilhelminischen Schullesebücher hielt, ruhte nicht, bis er – seinem Heroen Goethe nacheifernd – ebenfalls Orden tragen durfte.

Mit dem Understatement des kleingeschriebenen *d* hat die Studienstiftung des deutschen Volkes ihrerseits einen Vorbildlichkeitsorden entwickelt: die Dädalus-Medaille. Man heftet sie sich nicht ordinär an die Brust, sondern mag sie zu feierlichen Anlässen diskret in Hand- oder Hosentasche tragen. Wer sie sein nennen darf, hat es unter den Großen wohl zum Gewaltigen gebracht.

Die rechte Führung

Reisen, um Kenntnisse zu erwerben und den anerkannten Professoren zu begegnen, vervollkommnet die Ausbildung erheblich.

Die Ursache hierfür liegt darin, dass die Menschen zu ihren Erkenntnissen, zu ihrem Charakter und den sich hieraus ergebenden Ansichten und Tugenden zum Teil durch Studium, Ausbildung und Vorträge, zum Teil durch Nachahmung (des Lehrers) und durch Unterweisung in direktem Kontakt kommen. Dabei sind jedoch die Fertigkeiten, die man durch direkten Kontakt und unter dem Diktat (der Professoren) erwirbt, dauerhafter und solider. Deshalb sind die erworbenen Fertigkeiten um so solider, je größer die Zahl der (konsultierten) Professoren ist.
Des weiteren verwirren die bei der Vermittlung der Wissenschaften verwendeten Fachausdrücke den Studenten so sehr, dass viele der Studenten glauben, dass diese Termini (unmittelbarer) Teil des Wissengebietes seien. (Von dieser Ansicht) kann sich der Student nur durch seinen direkten Kontakt (mit den Lehrern) lösen, da diese unterschiedliche Fachausdrücke verwenden. So ist es (für den Studenten) von Nutzen, mit Leuten der Wissenschaft zusammenzutreffen und eine Vielzahl von (wissenschaftlichen) Koryphäen (zu kennen), um den unterschiedlichen Gebrauch durch die Lehrer zu erleben und dann die Fachausdrücke unterscheiden zu können. Auf diese Weise vermag er das (eigentliche) Wissensgebiet von diesen Termini zu entkleiden und wird gewahr, dass sie nur Mittel der Lehre und Methoden zur Wissensvermittlung sind. Der Student fühlt sich dann in der Lage, dauerhafte und solide Fertigkeiten zu erwerben, seine Erkenntnisse zu korrigieren und sie von anderen zu unterscheiden. Des weiteren festigen sich seine Fertigkeiten, indem er häufig direkten Kontakt mit den anerkannten Professoren hat und ihren Unterweisungen beiwohnt, gleich, wie viele Professoren mit unterschiedlichem Profil es gibt. Dies gilt für jene, denen Allah die Wege des Lernens erleichterte und die rechte Führung gab. Somit ist das Reisen für den Wissenserwerb unumgänglich, um nützliche Kenntnisse und Vollkommenheit zu erlangen, indem man den anerkannten Professoren (eines Fachgebietes) begegnet und direkten Kontakt mit den Autoritären hat.
Allah »führt, wen er will, auf einen geraden Weg«. [Koran 2. 142 (136)]

Ibn Khaldūn: Buch der Beispiele (1402)

Konrad Paul Liessmann
Nabelbrüche

Über den rechten Umgang mit akademischen Ziehvätern

Wir sprechen – wieder einmal – von vergangenen Zeiten. Denn die akademischen Ziehväter: Es gibt sie nicht mehr. Die smarten Typen, die sich als jobhoppende Wissenschaftsmanager und als habituelle Junior-Professoren flink zwischen Wissenschaft und Ökonomie, zwischen Geist und Geld, zwischen Philosophie und Politik hin- und herbewegen, haben weder Muße noch den langen Atem, jemandes Ziehvater zu sein, abgesehen davon, dass in einer Gesellschaft, die stolz auf ihre Vaterlosigkeit ist, kaum jemand nach Vaterschaften ausgerechnet dort streben wird, wo niemand mehr danach fragt, wes Geistes Kind man ist. An der Massenuniversität trifft man seinen Professor in der Regel ohnehin bei der Diplomprüfung zum ersten Mal, und da ist es wohl schon zu spät, sich zu fragen, ob es da so etwas wie einen intellektuellen Einfluss gegeben haben könnte. Die Frage, bei *wem* man studiert habe, hat sich längst, den Gesetzen der Globalisierung folgend, in die Frage transformiert, *wo* man studiert habe. Die beste Antwort, die man darauf geben kann, ist natürlich: nicht hier. Aus der engen Bindung an einen Doktorvater, dem man überall hin folgte, wurde der Auslandsaufenthalt als akademische Qualifikation sui generis. Aus der persönlichen Abhängigkeit wurde der Mobilitätsdruck. So weit so gut. Andere Zeiten, andere Sitten.

Wie also war das mit den Doktorvätern und akademischen Vorbildern, den zentralen Figuren einer akademischen Kultur, an die man sich klammerte und an denen man sich reiben konnte und deren letzte Reste offenbar immer noch ausreichen, um die Universitätsreformer zur Weißglut zu treiben? Keine Frage: An den Universitäten hielt sich, länger als in anderen gesellschaftlichen Segmenten, eine antiquierte Form der Beziehung zwischen Menschen – die persönliche Abhängigkeit zwischen Professor und Student, eine Variante der klassischen Lehrer-Schüler-Beziehung, an den Kunstakademien sogar als letzte Erscheinungsform von Meisterschaft, auch wenn die Lehrlinge dort immer schon als Genies begannen. Immerhin teilen sich der Magister und der Meister dieselbe etymologische

Wurzel. Entscheidend aber ist: Akademische Lehrerschaft war lange, wenn auch nicht die einzige, so doch die entscheidende Form der Tradierung von wissenschaftlichem Wissen.

Der Professor an einer Universität, die diesen Namen verdient, hat natürlich keine ihm zugeteilten Schüler. Er hat Hörer. Seine geistige Vaterschaft ist nicht Resultat eines bürokratischen Aktes, durch den ihm ein Kurs oder eine Gruppe zugeteilt wird, mit der er einen Studienplan zu exekutieren hat, sondern die Lehr- und Lernfreiheit überließ es einmal dem freien Spiel der Interessen, wer bei wem was hörte. Am Anfang stand die akademische Urszene: die große Vorlesung, durch die der Student zum ersten Mal, wenn auch aus gebotener Distanz, hörte, was jemand, der das Bekenntnis zur Wissenschaft zu seinem Beruf gemacht hatte, zu sagen hatte. Diese Form der Begegnung ist seit langem in Misskredit geraten. Es ist kein Geheimnis, dass die Vorlesung zu den meist kritisierten Formen des akademischen Lehrens gehört. Die Form der Vorlesung, die allein schon durch ihr Arrangement die Macht eines Einzelnen zu institutionalisieren scheint, widersprach einem der wichtigsten Postulate spätaufklärerischen Denkens: dass der Erwerb von Wissen, ja die Prozesse von Bildung schlechthin nur als gemeinsamer kommunikativer Prozess aller daran Beteiligter vollzogen werden könnten. Wenn dabei die Lehrenden nur noch als Kommunikatoren und Mediatoren in Erscheinung treten dürfen, ist es mit den Vorbildern schlicht und einfach vorbei. Der Akt der Vorlesung perpetuierte demgegenüber ein Modell des Wissenstransfers, das an einem eklatanten Wissensgefälle orientiert war. In dem Moment, in dem behauptet wurde, dass Lernen wesentlich ein sozialer und kein rezeptiver Prozess war, musste die Vorlesung als antiquiertes Instrumentarium im Bildungsgeschäft erscheinen. Wer sie verteidigte, machte sich verdächtig, an illegitimen Formen von Herrschaftswissen festhalten zu wollen, wer sie noch immer pflegt, wird kaum Chancen haben, für hochschuldidaktische Innovationen ausgezeichnet zu werden.

Aber ohne Vorlesung kein Vorbild. Die Idee der Vorlesung besteht nicht und bestand nie in der monotonen Reproduktion des Immergleichen und ohnehin Zugänglichen in einem überfüllten Hörsaal. Wohl aber, und darin mag die Kritik an der Vorlesung recht haben und doch nicht berechtigt sein, hält die Vorlesung am Zusammenhang von Bildung und Individualität fest. Die Vorlesung ist die Bühne, auf der sich der akademische Lehrer in seiner Unverwechselbarkeit präsentieren kann. Dass eine Einheit zwischen der Person des Vortragenden und dem Vorgetragenen besteht, dass ein unmittelbarer Zusammenhang zwischen dem Inhalt einer Vorlesung und den individuellen Besonderheiten des Vorlesenden zu spüren ist – dies rechtfertigt zwar die Vorlesung noch nicht, verleiht ihr aber eine besondere

Qualifikation auch und gerade im Zeitalter der technischen Reproduzierbarkeit.

Die Vorlesung erinnert daran, dass auch die Erscheinung des Wissens an ein unverwechselbares Hier und Jetzt gebunden sein kann. Sie gemahnt daran, dass auch bei zunehmender Objektivierung und Kollektivierung von Forschung und Lehre Individualität ein bestimmendes Moment von Wissenschaft bleibt. Aus Büchern und Skripten konnte man immer schon lernen. Die Möglichkeit, mit einer Theorie eine Gestalt, ein Gesicht, einen Habitus, modische Vorlieben oder Ignoranzen, eine Redeform, eine Mimik und Gestik verbinden zu können, ist aber nicht nur ein ephemerer Nebeneffekt von Vorlesungen, sondern führt zu einem wesentlichen Aspekt: In der Vorlesung präsentiert sich Wissenschaft als individuelles Unternehmen, als ein singulärer Akt, bei dem bewusst auf alle Formen von Gruppenkommunikation und auf alle Illusionen von Partnerschaft verzichtet wird. Die Vorlesung ist die Form, in der eine Differenz kommuniziert wird, ohne die kein Vorbild, auch kein akademisches, sein kann.

Allerdings: ohnehin schon längst bekannte Texte oder Theorien nur mit der Präsenz ihres Autors zu schmücken, wäre auf Dauer zu wenig, um die Vorlesung zu rechtfertigen. Die aus der mittelalterlichen Universitätsidee tradierte Form der Vorlesung setzt die vorläufige Unzugänglichkeit des Vorgetragenen voraus. Es sind die Ergebnisse des forschenden Denkens, in extremen Fällen dieses selbst, die den Gegenstand von Vorlesungen ausmachen sollten. In Zeiten, in denen der allgemeine Reproduktionsdruck die Menschen noch nicht in dem Maße gefesselt hatte, wie es heute der Fall ist, war die Vorlesung eine eigenständige Form der wissenschaftlichen Kommunikation – angesiedelt zwischen dem improvisierten Diskussionsbeitrag und dem schriftlich fixierten, zum Lesen bestimmten und in Aufsatz- oder Buchform gebrachten Text. Im besten Fall sind Vorlesungen Erscheinungsformen des lebendigen Denkens. Wittgenstein, so erzählt man sich, soll seine Vorlesungen abgebrochen haben, wenn ihm nichts mehr eingefallen war. Solche Konsequenz möchte man sich freilich öfter wünschen.

Der Form nach scheint die Vorlesung autoritär. Aber die Vorlesung ist trotz der Distanz zwischen dem Lehrer und seinem Publikum keine eindimensionale, sondern eine rückgekoppelte Kommunikation – denn der Vorlesende wäre schlecht beraten, der nicht die nonverbalen, oft nur atmosphärisch wahrnehmbaren, aber nichtsdestotrotz aussagekräftigen Reaktionen seiner Hörer registrierte und nach Möglichkeit darauf reagierte. Vor allem aber sollte daran erinnert werden, dass sich – auch wenn dies überraschend sein mag – gerade in der Vorlesung jenes humane Moment verwirklicht, das zu den Idealen der Universität gehörte: die

Freiheit von Forschung und Lehre, in der Vorlesung angelegt als die Freiheit des *Denkens* und die Freiheit des *Zuhörens.* Es gehört wohl zu den großen und folgenschweren Missverständnissen der Fortschrittspädagogik, das Zuhören als rein passiv und rezeptiv denunziert zu haben, und die verbale und psychomotorische Aktivität, wie undifferenziert diese auch immer aussehen mag, vorbehaltlos zu befördern. Es stimmt schon: Anders als bei Diskursgemeinschaften aller Art, die von der unterschiedlichen verbalen Durchsetzungskraft und physischen Ausdauer ihrer Beteiligten oft recht chaotisch strukturiert werden, herrschen bei der Vorlesung noch klare Verhältnisse. Diese gewähren dem Vortragenden aber die selten gewordene Möglichkeit, einen Gedanken über einen längeren Zeitraum hinweg ungestört zu entfalten. Nicht zuletzt durch das Ergreifen dieser Möglichkeit kann sich so etwas wie akademische Lehrerschaft in einem emphatischen Sinne überhaupt erst entfalten.

Auf der anderen Seite aber gibt die Vorlesung auch dem Hörenden eine Freiheit: die Möglichkeit, sich zu ihr in seinem Denken zu verhalten, wie er will. Der Vorlesende trägt vor, und der Hörende denkt nach. Während bei pseudopädagogischen Veranstaltungen, die alle Beteiligten dazu bewegen wollen, sich einzubringen, oft ein unerträglicher Zwang zu spüren ist – jeder muss etwas sagen, und dann sagt auch jeder irgendetwas –, belässt die Vorlesung den Hörenden bei sich. Er kann in Gedanken abschweifen, kritische Gegenentwürfe durchprobieren, vertrauensvoll mitschreiben, und wenn es ihm gar nicht gefällt, kann er aufstehen und gehen. Vorlesungen sollten nie verpflichtend sein. Sie könnten ihrer Struktur nach ein wunderbares Instrument gegen die oft beklagte Verschulung der Studien abgeben. Die Vorlesung ist eine Form der Wissensvermittlung unter Erwachsenen, die niemanden bevormunden oder durch raffinierte Tricks bei der Stange halten will. Die Vorlesung erinnert daran, dass auch im bewussten und verantwortungsvollen *Hören* ein großes Stück Mündigkeit und damit Menschlichkeit enthalten sein kann, nicht nur im Reden oder Mitreden. Das Ressentiment gegen die antiquiert klingende Bezeichnung *Hörer* für Studierende verkennt dabei diese Bedeutung eines aktiven Hörens, eines Mit- und Nachvollzugs des Denkens, eines Vernehmens der Vernunft. Immanuel Kant hat einmal das Wesen der Vernunft darin gesehen, selbständig in Übereinstimmung mit sich und mit anderen zu denken. Solche Übereinstimmung muss sich nicht immer aus einer endlosen Wechselrede ergeben, die oft Gefahr läuft, im Palaver zu versanden. Die Vorlesung erinnert auch daran, dass Wissen, letztlich Kultur etwas ist, das weitergegeben werden muss, nicht von jedem jederzeit neu erzeugt werden kann. Die Idee des Weitergebens aber verlangt die Bereitschaft von Empfangenden. Das Hören einer Vorlesung signalisiert solche Bereitschaft. Das bedeutet nicht, dass solches Hören reflexions- und kritiklos vor sich gehen muss. Im Gegenteil: Gerade weil die Vorlesung ihrer Struktur nach ad hoc auch darauf verzichtet, Zustimmung einzufordern, gewährt sie ein Höchstmaß jener Distanz, die Vorbedingung aller Kritik ist. Nur ist die Vorlesung nicht selbst der Ort dieser Kritik. Sie fordert vom Hörenden auch die Disziplin und Reife, sich seine Einwände in Ruhe und gründlich zu überlegen und an geeigneter Stelle – bei einem Konversatorium, einem Kolloquium, im begleitenden Seminar oder in einem Text – zu formulieren. Damit legt sie den Grundstein zu dem, was später zu einem konflikt- und ereignisreichen Lehrer-Schüler-Verhältnis werden kann.

In den Vorlesungen präsentieren sich die Professoren und geben dadurch ihren Hörern die Möglichkeit, zu wählen und Formen einer intensiveren Begegnung in die Wege zu leiten. Die Vorlesung ist auch das Forum, auf dem zukünftige Schüler über ihre Schülerschaft bestimmen können. Es sind die Studierenden, die sich dort, wo man den Begriff der akademischen Freiheit noch ernst nimmt, ihre Professoren wählen und im weiteren Studiengang versuchen können, ihnen näher zu kommen. Der Besuch von Seminaren und Oberseminaren erlaubt dann eine Form der Kommunikation, in der nicht nur der akademische Lehrer seine Gesprächs- und Dialogbereitschaft unter Beweis stellen kann, sondern in der der Student vor allem die Chance hat, auf sich aufmerksam zu machen: durch ein brillantes Referat, durch kenntnisreiche Einwände, durch pointierte, vielleicht manchmal auch freche und provozierende Diskussionsbeiträge. Aus der großen Masse anonymer Hörer kristallisieren sich so für den Professor allmählich Individualitäten heraus, von denen einige dann tatsächlich zu Schülern in einem engeren Sinn werden können.

Die Anrüchigkeit des akademischen Ziehvaters gründet allerdings nicht nur, vielleicht nicht einmal primär in der persönlichen Abhängigkeit, in die sich seine Schüler und Assistenten begeben mussten, sondern vielmehr in der Verletzung zweier Gebote des modernen Wissenschaftsbetriebs: »Du sollst keine Schule gründen«, lautet das erste Gebot. Und das zweite: »Du sollst niemanden beurteilen bzw. evaluieren, den du persönlich kennst.« Das erste Gebot ergibt sich aus dem Willen zur Innovation. Schulbildung ist wenig innovativ, da sie den genialischen Sinn für das Neue bei den jungen Leuten erheblich dämpft; zudem ist sie autoritär, da sie Traditionen stiftet und darauf beharrt, dass auch das Neue auf etwas Altem aufbauen muss. Das zweite Gebot ergibt sich aus dem Willen zur leistungssteigernden Objektivität. Aufgrund eines bislang noch nicht erforschten Mythos geht der zeitgeistige Wissenschaftsbetrieb davon aus, dass man jemanden umso besser beurteilen kann, je weniger man von ihm weiß. Anstelle der Lehrer, die die Stärken und Schwächen ihrer Schüler und

Mitarbeiter aus jahrelangen Kontakten kannten, treten nun die auswärtigen Gutachter und Evaluationsprofis, die alles über einen quantifizierenden Kamm scheren, weil für intime Kenntnisnahme weder Zeit bleibt noch Geld vorhanden ist. Das mancherorts anvisierte Ideal, den Betreuern von Diplomarbeiten und Dissertationen nicht mehr die Beurteilung derselben zu überlassen, zeugt von einem nur noch pathologisch zu nennenden Misstrauen der selbsternannten Universitätsreformer gegenüber Charakter und Geist der akademischen Lehrer.

Natürlich: Die Beziehung zwischen dem akademischen Lehrer und seinen Schülern respektive Mitarbeitern ist voller Tücken. Es ist eine paradoxe Form der Abhängigkeit, denn ein Student rückt in die Nähe eines Professors, wenn er durch Originalität, Wissen und Intelligenz auffällt, um dann, seinem Vorbild nacheifernd, diese Eigenschaften in der Unterwerfung wenigstens eine Zeitlang zu sistieren. Durch den Lehrer wird ja nicht nur ein gleichsam transpersonales Wissen vermittelt, sondern vor allem die Form, in der ein Wissen kommuniziert und im idealen Fall auch gelebt wird. Vom akademischen Ziehvater übernimmt man ja nicht nur eine Theorie, sondern auch die Art des Redens, Gesten und Handbewegungen, manchmal sogar den Gang und die verzogenen Schultern, sicher die eine oder andere kleine Idiosynkrasie und vor allem eine unverwechselbare Terminologie, wenn es schlimm kommt einen Jargon. Es sind die tragikomischen Momente der Geistesgeschichte, in denen sich die Schüler durch billige Imitationen verraten, in denen an dem Gebrauch eines Begriffes oder einer Satzkonstruktion erkannt werden kann, wes Geistes Kind jemand im Wortsinn ist. Und hinter allem steckt die Hoffnung oder auch Angst, dass sich dabei das Denken selbst, eine wissenschaftliche Methode oder wenigstens ein Forschungsansatz durch die willfährigen Schüler auch dann am Leben erhalte, wenn der Ordinarius, das Vorbild, der imaginäre Vater längst in jeder Hinsicht emeritiert ist.

Die akademischen Genealogien kennen, wenn auch in sublimierter Form, alle Varianten wechselseitiger Abhängigkeit. Und nicht immer ist es so, dass die Schüler unter der Macht des Doktorvaters leiden oder daran zerbrechen. Wohl gibt es die übermächtigen Figuren, die faszinieren und doch kaum atmen lassen, aber es gibt auch die redlichen und braven Wissenschaftsbeamten, die vergessen wären, hätten sie nicht einem ihrer begabten Schüler einen ersten Anstoß gegeben. Wer kennt heute noch den Neukantianer Hans Cornelius? Aber er war der Lehrer von Theodor W. Adorno und überlebt in dessen Biographie. Und umgekehrt mag es Wissenschaftler minderen Ranges geben, denen das Glück zuteil wurde, ein paar Jahre bei jemandem Assistent gewesen zu sein, dessen Name eine Epoche der Wissenschaftsgeschichte überstrahlt. Von diesem Glück der

Schülerschaft werden sie lange zehren – vorausgesetzt, diese erweist sich nicht als Verhängnis. Man kann auch, aber dies weiß man meistens erst hinterher, Schüler des falschen Lehrers gewesen sein. Schülerschaft wird dann zu einer Hypothek, die besonders in den Gesellschaftswissenschaften lange auf einem lasten kann.

Was heißt es überhaupt, jemandes Schüler gewesen zu sein? Es gibt, zumal in der Geschichte der Geisteswissenschaften, denkwürdige Genealogien und, damit verbunden, alle Schattierungen, die die akademische Schülerschaft einmal annehmen konnte. Da sind einmal die begeisterten Adepten, die sich willig dem Werk des Meisters unterwerfen, es hegen und pflegen, bestenfalls ein wenig weiterentwickeln und modernisieren. Und man wäre ungerecht, würde man diesen Typus geringschätzen. Ganz im Gegenteil: der Wissenschaftsbetrieb wäre ohne diese treuen Diener ihrer Herren undenkbar. Sie sind es, die die Vorlesungen ihrer Lehrer mitschreiben, transkribieren und herausgeben, sie sind es, die ihr Leben der Ordnung, Sichtung und Edition eines Nachlasses widmen, sie sind es, ohne die es keine verlässlichen Werkausgaben gäbe. Sie verzichten auf Ruhm und Anerkennung, verewigt sind sie allein in dem Zusatz »Aus dem Nachlass herausgegeben von«, durch den man in der akademischen Welt wohl als »Kenner« oder »Spezialist«, aber eben auch als ewiger Schüler ausgewiesen ist. Sie hängen zeitlebens an der Nabelschnur ihres geistigen Nährvaters, treten nicht aus seinem Schatten, gehen auf in seinem Werk, das sie treulich bewahren. Paradigmatisch für diesen Typus ungebrochener Schülerschaft sind in der deutschen Geistesgeschichte Hegels konservative Schüler, die *Althegelianer*, denen wir doch fast den ganzen Hegel verdanken. Hegel selbst hatte bekanntlich wenig publiziert, nach den Effizienzkriterien der Gegenwart würde er als unproduktiv gelten. Seine einflussreichen Reflexionen über Recht und Staat, über Kunst und Religion, über die Philosophie der Geschichte und die Geschichte der Philosophie waren Vorlesungen, die von seinen Schülern, von Eduard Gans, Karl Rosenkranz, Heinrich Gustav Hotho, Philipp Marheineke und anderen emsig mitgeschrieben und veröffentlicht wurden. Der Ruhm des Meisters verdankt sich so nur allzu oft dem aufopfernden Fleiß der Schüler. Die Nachwelt dankt es diesen selten, ja sie entblödet sich mitunter sogar, den Überlieferern mangelnde kritische Distanz vorzuwerfen.

Natürlich ist Distanz vonnöten – aber sie ist selbst Ausdruck einer anderen Art von Schülerschaft. Sich an dem Lehrer zu reiben, ihn kritisch zu überbieten, sein Denken weiterzutreiben oder gegen ihn selbst zu kehren – das sind die Gesten der rebellischen Schüler, der zornigen Seminaristen, der aufmüpfigen Doktoranden. Sie machen die Pubertät zu einer akademischen Haltung, müssen gegen den Lehrer opponieren, dem sie am meisten verdanken. Ohne sie gäbe es nur Stillstand, sie ermöglichen Tradition durch Negation, und vor allem: Sie sind jung aus Prinzip. Unter Hegels Schülern findet sich auch für diesen Habitus das exemplarische Personeninventar, die *Junghegelianer:* Ludwig Feuerbach, Bruno und Edgar Bauer und, wenn auch nur in zweiter Generation, Karl Marx. Solche Schüler sind wohl infiziert vom Geist des Lehrers, aber sie wollen und müssen über ihn hinaus: aus Gründen der Selbstachtung. In ihnen wurde durch den Lehrer ein Funke entzündet, aber mit diesem wollen sie eine eigene Welt in Brand stecken. Sie müssen ihren Lehrer kritisieren, und diese Kritik ist vernichtend. Ihre Abnabelung ist schmerzhaft und demonstrativ, radikal und lustvoll, Selbstfindung durch Negation. Nie käme es ihnen aber in den Sinn, einfach den Lehrer zu wechseln: Sie müssen bleiben, um zu überwinden. Später dann, wenn alles vorbei ist, finden sie manchmal zu einer Gelassenheit, die es ihnen erlaubt, dem einstigen Lehrer jene Gerechtigkeit widerfahren zu lassen, die ihnen ihre eigene stürmische Jugend verwehrt hatte. Zu den rührendsten Dokumenten der Philosophiegeschichte gehört deshalb auch jene Passage im Nachwort zur ersten Auflage des *Kapital,* in der sich Karl Marx offen zur Methode jenes Hegel bekennt, der nach seinem Tode von der gleichermaßen selbstgefälligen wie kleinlichen Zunft wie ein »toter Hund« behandelt wurde. Nicht zuletzt in solch einer Solidarität im Vergessen erweist sich die Treue von Schülern, die sich diese Treue leisten können, weil sie sich aus einer unmittelbaren Abhängigkeit befreien konnten, aber sehr wohl wissen, was sie ihrem einstigen Lehrer verdanken.

Und dann gibt es das, was man die Schüler aus Verzweiflung nennen könnte: angezogen und abgestoßen zugleich von einem akademischen Lehrer, den sie lieben und verachten müssen. Nehmen wir ein prominentes Beispiel: Martin Heidegger. Man hört es nicht gerne, aber Heidegger muss ein faszinierender Lehrer gewesen sein. Vor dem Erscheinen von *Sein und Zeit* verdankte sich sein Ruhm fast ausschließlich dem Gerücht, dass in seinen Vorlesungen ein lebendiges Denken am Werke war, wie es im Deutschland der zwanziger Jahre seinesgleichen nicht hatte. Die Liste seiner damaligen Schüler liest sich dann auch wie ein *Who is Who* der späteren Nachkriegsphilosophie: Herbert Marcuse, Günther Anders, Hannah Arendt, Karl Löwith – um nur einige derjenigen zu nennen, die nicht im Banne seines Denkens gefangen blieben. An Heidegger und seinen Schülern lässt sich, weil unter zugespitzten Bedingungen vollzogen, viel über die Qualen erfahren, die die Ablösung von einem übermächtigen Lehrer bedeutet. Hannah Arendt, die Heidegger auch erotisch verfallen war, kam trotz allen Wissens über dessen Verstrickung in den Nationalsozialismus ein Leben lang nicht los von ihm; Günther Anders, der sich, was erst jetzt, nach der längst fälligen Publikation seiner bislang unveröffentlichten Texte über Heidegger[1], klar wird, schon frühzeitig aus dem Bann des Meisters lösen wollte, blieb, wenn auch ex negativo, auf Heidegger fixiert; und in Herbert Marcuses philosophischem Werk sind, trotz aller Versuche, sie zu tilgen, die Spuren Heideggers unübersehbar. Nicht von seinem Lehrer loskommen zu können und doch gegen ihn andenken zu müssen – dies kann als die tragische Variante akademischer Kinderschaft gedeutet werden, die sich in jenen schmerzhaften Nabelbrüchen ausdrückt, bei denen man noch nach Jahrzehnten plötzlich einer Verbindung gewahr wird, die man längst für gekappt gehalten hatte.

In einem entpersonalisierten Wissenschaftsbetrieb haben Vorbilder und Ziehväter an Bedeutung verloren. Wenn alles, was auf dieser Ebene noch Sorge bereitet, die Frage ist, ob sich Studentinnen von ihren Professoren sexuell belästigt fühlen, ist eine Gestalt des akademischen Lebens alt geworden. Natürlich wird es eine erfolgreiche Produktion und Vermittlung von wissenschaftlichem Wissen auch ohne persönliche Beziehungen, jahrelange Konflikte, lebenslange Auseinandersetzungen, ohne Traumata, Anhänglichkeiten und Abhängigkeiten weiterhin geben. Auch die modernen Wissenschaftsmanager werden dafür zu sorgen haben, dass begabte Studenten gut dotierte Projekte, Stipendien und Doktorandenstellen bekommen. Aus der geistigen Ziehvaterschaft wird so eine wenig spektakuläre, aber deshalb nicht weniger wichtige pekuniäre Nährvaterschaft. Über solche Prozesse der Ernüchterung und Abkühlung ist nicht zu klagen. In Momenten aber, in denen man darauf gestoßen wird, wie sich in manchen Segmenten der Wissenschaft Methoden und Gedanken, Begriffe und Deutungen, wenn auch auf verästelten und schmerzhaften Pfaden, über mehrere Generationen von Lehrern und Schülern ihre Wege in das allgemeine Bewusstsein bahnten, wird man darüber nachsinnen dürfen, ob mit dem Verlust dieser Genealogien nicht auch ein Stück Humanität aus den Universitäten und Hohen Schulen verschwunden ist.

Anmerkung

1 Günther Anders: *Über Heidegger,* München 2001.

Der Kommunist muss ein Vorbild sowohl an Realitätssinn wie an Weitblick sein. Denn nur wenn man die Wahrheit in den Tatsachen sucht, kann man die gestellten Aufgaben lösen; und nur wenn man weit vorausschauen kann, verliert man beim Vorwärtsschreiten nicht die Orientierung.

Mao Tse-tung: Der Platz der Kommunistischen Partei Chinas im nationalen Krieg (1938)

Ein Kommunist darf niemals von sich selbst eingenommen sein und hochmütig auf andere herabsehen, in dem Wahn, dass bei ihm alles gut, bei den anderen alles schlecht sei; er darf sich niemals in seinen vier Wänden abkapseln, darf nicht prahlen und sich selbst rühmen, darf nicht über andere dominieren.

Mao Tse-tung: Rede in der Kunsultativ-Versammlung des Schensi-Kansu-Ningsia-Grenzgebiets (1941)

Eine mühevolle Arbeit ist wie eine Traglast, die vor uns steht und uns gleichsam herausfordert, sie zu schultern. Manche Traglasten sind leicht, andere schwer. Es gibt Leute, die das Leichte wählen und vor Schwerem zurückschrecken, sich selbst die leichtere Last aussuchen und die schwere anderen überlassen. Das ist keine gute Einstellung. Es gibt auch Genossen, die sich anders verhalten; sie überlassen anderen das Angenehme und bürden sich selbst die schwerere Traglast auf. Sie sind die ersten, wenn es gilt, Mühsal auf sich zu nehmen, und die letzten, wenn man sich einer Bequemlichkeit erfreuen kann. Das sind gute Genossen. Von diesem kommunistischen Geist müssen wir alle lernen.

Mao Tse-tung: Über die Verhandlungen in Tschungking (1945)

Reinhard K. Sprenger
Abschied vom Leithammel

Das wird vorgeschlagen: Unternehmer an die Front! Wir brauchen wieder Entrepreneure! Henkel! Grundig! Neckermann! Nixdorf! Das waren noch *Vorbilder*! Die Unternehmen artikulieren Traditionsbedarf. Sie stöbern in den mental-historischen Dachböden nach wegweisenden Urahnen, Gründervätern, traditions- und haltvermittelnden Vordenkern, Vormachern. Allseits beschwört man Schumpeters »kreativen Zerstörer«. Das *manager magazin* weiht seitenweise eine »Business Hall of Fame« ein. Die Renaissance des »great man« ist allerorten zu spüren, die Wiederauferstehung der neokonservativen Denkfigur des »Man-hat's-oder-man-hat's-halt-nicht«. Mitarbeiterorientierung? Schnee von gestern. Der Schnee von heute heißt: Charisma. Persönlichkeit. Ausstrahlung. Der Rückgriff auf Vorbilder, der vereinfachende Personifizierungsdrang: Wenn es überhaupt einen gemeinsamen Orgelton der Wirtschaftspublizistik gibt, dann ist es der Appell an die Vorbildfunktion der Führungskräfte, die insbesondere die Kluft zwischen erwünschten Leitbild-Verhaltensformen und real existierendem Sozialdesaster überbrücken soll.

Maskuline Muskelspielerei

Historisch gesehen entstammt das Vorbildpostulat einer Zeit klarer hierarchischer Zu- und Unterordnung, wo man noch »Untergebener« sagte (und das auch so meinte), typisch für patriarchalische Strukturen, militaristische Grundmuster (ran wie Blücher!). Es ist richtungsgleich mit dem Wunsch nach Hierarchie, Autorität und elitärem Denken. Denn das Vorbild wächst analog zum Einschüchterungswert. Es ist damit zweifellos ein Relikt aus der Unternehmenskultur eiserner Sekundärtugenden, die für die Generation der vor 1945 Geborenen verpflichtend war.

Konsequent ist »Vorbild-sein« eine ausgesprochen männlich assoziierte Denkfigur (wie auch der Größenwahn bei Frauen viel seltener vorzukommen scheint als bei Männern). Auf gewisse Weise ist die Vorbildidee der Gegenentwurf zum Individuellen und Spontanen, das die weiblich vorgestellte Ursprungsmacht in der griechischen Mythologie verkörpert. Denn das Vorbildliche ist nicht das Individuelle, sondern das vereinfachend Verallgemeinerbare. Die Personifizierung eines Prinzips. Und trotz begreiflicher feministischer Einwände bleibt einstweilen gültig, dass dieser beispielhafte Mensch ein Mann ist.

Führungsgrundsätze: vorbildlich

Ja, »Vorbilder« sollen sie wieder sein, unsere Führungskräfte, Modelle von Tugend, Moral und Werten. Hat man diese Persönlichkeitsriesen nicht zur Hand, werden künstliche geschaffen: Führungsgrundsätze als Hochglanz-Ersatz-Vorbild. Auch der peinlich-obszöne »Mitarbeiter des Monats« – den sozialistischen Stachanow-Miezen und »Helden der Arbeit« entlehnt – gehört hierher. Der dort als mustergültig angepriesene Wertekanon spiegelt im Regelfall die Karriereerfahrungen des Topmanagements wider (bildet insofern Vergangenheit ab) oder ergießt sich in Platitüden des sogenannten gesunden Menschenverstandes. Ich kenne keine einzige Broschüre dieser moralschweren Vorbild-Substitute, in der nicht die Führungskräfte angewiesen, ja geradezu nötigend aufgefordert werden, in ihrem gesamten Handeln – ja, eben: Vorbild zu sein.

Nun war der Rückgriff auf Vorbilder schon immer ein Akt der Unsicherheit. Insbesondere Ermüdungs- und Schwächephasen induzieren regelmäßig die heftige Nachfrage nach Männern mit Follow-me-Aura, die als Einzelne den Überblick haben oder zu haben vorgeben. Sie sollen als Über-Ich mit suggestiver Kraft die Unsicherheit der Gruppe ausgleichen, Sicherheit und Vertrauenswürdigkeit ausstrahlen. Man will ja vorankommen; man will ja keine Zeit verlieren.

Warum aber gerade heute dieser organisationspsychologische Salto rückwärts? Die neue Unübersichtlichkeit, die neue Beliebigkeit machen orientierungslos. Auf die gesamtgesellschaftliche Werteerosion und aktuelle wirtschaftliche Schieflagen reagieren viele Unternehmen mit einer altneuen Eliteorientierung, mit dem rückwärtsstabilisierenden Auftürmen von Sollsatzpyramiden. Die aktuelle Konjunktur von Benimm- und Knigge-Trainings für den knitterfreien Marktauftritt postmoderner Manager ist kein Zufall. Hier spricht die Krise.

Aber nicht nur diese: Wenn man in Führungsseminaren die Teilnehmer fragt, was denn aus ihrer Sicht das Wichtigste beim Führen sei, kommt mehrheitlich die Antwort: »Vorbild sein!« Und bei einer großen deutschen

Bank, deren einhundertfünfzig Top-Führungskräfte angaben, welche Eigenschaften sie bei einer Führungskraft für unentbehrlich hielten, fiel die Wahl ebenso unmissverständlich aus: Führungskräfte hätten Vorbild zu sein, zuallererst *fachlich,* sodann, nachrangig, aber kaum weniger wichtig, *menschlich.* (Oft habe ich den Eindruck, sie meinen nur »länger arbeiten«. Wenn man Führungskraft wird, gibt man offenbar seine Leidensbereitschaft zu erkennen.)

Anstrengende Eitelkeiten

Fachliches Vorbild? Wer das fachliche Vorbild zu seinem beruflichen Lebensideal kürt, hat einen dornenreichen Lebensweg. Die Halbwertzeit der Fachkompetenz verkürzt sich auf allen Gebieten dramatisch. Wir gehen heute davon aus, dass sich das Menschheitswissen etwa alle viereinhalb Jahre verdoppelt. Über 90 Prozent der Wissenschaftler, die je auf dieser Erde gelebt haben, leben zur Zeit noch. Wer unter diesen Bedingungen fachliches Vorbild sein will, dem wird der ständige Druck im Nacken Rückenschmerzen verursachen. Diesen Wettlauf zu gewinnen ist unmöglich. Man kann nicht ein Orchester dirigieren und gleichzeitig die erste Geige spielen (außer man heißt Johann Strauß; aber das war gestern).

Natürlich sollte eine Führungskraft nach wie vor wissen, welches Spiel da in ihrem Bereich gespielt wird. Zweifellos sollte sie sich auch fachlich weiterbilden. Aber »Vorbild«? Wieso hat sie überhaupt Mitarbeiter? Ach so, sie hat ein Zeitproblem; am liebsten würde sie alles alleine machen. Jedenfalls wird das Maximum an Exzellenz durch sie selbst definiert. Das führt zwangsläufig zur Verkrampfung. Der Burn-Out wartet. Armer Chef! Aber wir wissen ja: Die genuine Form des Helden ist die Tragödie. Und noch die wenigsten zum Vorbild Hingestellten sind zu Lebzeiten ihres Ruhmes froh geworden. Diese Manager sind die Krone der Erschöpfung.

Besser-Wisser

Man könnte nun sagen, das ist das Problem des Einzelnen. Für das Unternehmen aber wird es prekär, wenn das nach wie vor hoch dynamische Peter-Prinzip den besten Schraubendreher zum Chef aller Schraubendreher macht. Das Unternehmen hat dann meistens zwei Probleme: einen guten Schraubendreher weniger und eine schwache Führungskraft mehr.

Die exekutiert dann Taylors »one best way of Schraubendrehen«, nämlich ihren eigenen, den vorbildlichen, an den Mitarbeitern, nicht nur als Vorbild, sondern als Vorschrift: »Seht her, auf diese Weise bin ich doch so erfolgreich geworden!« Ein solcher Chef ist für seine Mitarbeiter eine stetig sprudelnde Quelle der Demotivierung. Er zieht als Oberschraubendreher alle runter, die es anders, nämlich auf ihre eigene Weise machen wollen. Dies wird besonders problematisch, wenn man sich vorstellt, auf welche Chefs die im Vergleich zu früher hochindividualisierten und immer besser ausgebildeten jüngeren Jahrgänge stoßen.

Mehr noch und am wichtigsten: Aus den Suchscheinwerfern des »Lernenden Unternehmens« fällt ein schiefes Licht auf die Vorbildprosa deutscher Führungskulturen. Das Vorbild will es nämlich nicht nur *sein* – es will es auch *bleiben.* Vorbilder sorgen dafür, dass andere immer hinterherrennen. Sie werden alles tun, damit der Abstand zwischen ihnen und ihren Mitarbeitern auch fachlich respektvoll bleibt. Ihr Weiterbildungsaktionismus hat sehr wohl einen Zweck: den Mitarbeiter zu distanzieren. Diese Chefs werden alles tun, um die Entwicklung ihrer Mitarbeiter zu verhindern!

Um ein konkretes Beispiel zu nennen: In einer Vorbildkultur liegt die Verbesserungsidee des Mitarbeiters in gefährlicher Nähe der Majestätsbeleidigung. Das betriebliche Vorschlagswesen (eine organisationspsychologische Sumpfblüte aus der Zeit der Frühindustrialisierung) wird letztlich immer an diesem Widerspruch scheitern. Denn die selbstinszenierte Tüchtigkeitsarroganz bewacht hochsensibel ihre Fachautorität.

Personalabwickler

Der Chefkoch unter den Führungskräften (»Hier kocht der Chef selbst!«) bezieht seine Existenzberechtigung dabei häufig genug aus der Schwäche seiner Mitarbeiter. Er ist daher gar nicht daran interessiert, seinen Mitarbeitern Entwicklungschancen zu eröffnen. Er wird sich nach alter Feldherrenideologie ins Zentrum aller Energielinien stellen und die Mitarbeiterpotentiale seiner Gruppe nicht oder nur unteroptimal fördern. Und damit stellt sich die führungsgrundsätzliche Forderung nach dem Vorbild geradezu als *Negation der Personalentwicklung* heraus, als ihr fundamentaler Widerspruch. Sie ist gleichbedeutend mit der Forderung nach ihrer Abschaffung. In die Leistungsfähigkeit der Mitarbeiter investieren? Gefahr im Verzug! Exakt aus der Vorbildmentalität vieler Vorgesetzter erklärt sich das verbreitete Zögern gegenüber einer Personalentwicklung, die wirklich etwas bewegen will. Wie soll das auch zusammengehen: partnerschaftliche Netzwerke und Vorbild? Wie soll das passen: vorbildhörige Mitarbeiter und Entrepreneurship? Deutlich wird: Das Vorbildgeraune ist eines der verdeckt-wirksamsten, weil unerkannten Hindernisse auf dem Weg zur »Lernenden Organisation«. Mit einer solchen Verschwendung von Leistungskraft wird sich die Zukunft kaum ertragreich bewältigen lassen.

Was bleibt? Wenigstens Führungskräfte als menschliches Vorbild? Das ist schlicht Anmaßung. Mit welchem Recht macht sich jemand zum menschlichen Vorbild für andere? Weil man Führungskraft ist? Dann wird es nur noch lächerlich.

Selbst-Aufgabe

Es gibt allerdings nicht wenige Führungskräfte, die sich bis zur Selbstaufgabe melken, um als Vorbild dazustehen. Ja, es ist eine wortwörtliche Form der »Selbst«-Aufgabe – man will ja dem Vor-Bild gerecht werden. Überanstrengung ist der Mindesteinsatz. Ein Vorbild zeigt keine Schwäche. Es ist *immer* Vorbild. Menschliche Regung? Enttäuschung? Unsicherheit? Trauer? Geschwätz! Stattdessen: Symbolisches Handeln für die Tribüne. Eine Präsentationskultur gelungener Selbstverhärtung, in der nicht getan wird, was für richtig und wichtig gehalten wird, sondern was anderen gefallen, mithin als vorbildlich gelten könnte. Vorbild sein heißt Lügen.

So ist denn jede Investition in das Image eine Investition in das eigene Gefängnis. Das selbstgeschaffene Vorbild soll zwar schmücken, normativ gelten – und legt doch selbst fest, wirkt normativ auch nach innen, auf den Investor zurück. Das Vorbildhandeln verlangt von der Führungskraft ein hohes Maß an Selbstverleugnung unter dem dauernden Anpassungsdruck. Es ist ja anstrengend, sein berufliches Leben einem Stildiktat zu unterwerfen. Die antrainierten Verhaltenspartituren gehen oft bis zur Perversion dessen, was man persönliche Identität nennt. Da nimmt es nicht wunder, dass diese Helden ständig in der selbstgesuchten Gefahr schweben, vom Sog der Selbstüberforderung verschlungen zu werden. Oft zahlt der Aufsteiger einen gesundheitlichen, in der Regel aber einen charakterlichen Tribut. Stellen Sie sich vor, Sie müssen über Jahre Dinge tun, von denen Sie nicht überzeugt sind; andererseits jahrzehntelang Verhalten unterdrücken, das zu Ihnen passt.

Wer sich derart exhibitionistisch auslaugt und beim Exempel, das er statuiert, die Beschämung und den Nacheifernsdruck berechnet: erleidet der ein Martyrium? Nein, er inszeniert es, sagt Nietzsche, und damit bekommt es – etwas Unseriöses. Dort, wo man Wahrhaftiges und Reines vermutet, sind Hintergedanken im Spiel, werden Effekte kalkuliert. Selbstauszehrung, um andere anzustacheln: Das ist der unverblümte Kuhhandel, der die Glaubwürdigkeit meuchelt.

Nicht wenige Führungskräfte haben in der Tat die Vorbildzumutung derart verinnerlicht, dass sie geradezu als wandelnde Laienschauspieler ihrer selbst daherkommen, reduziert auf eine von außen an sie herangetragene, prototypisch-gestanzte Erwartung, geronnen zu Typen, fast entmenschlicht – und damit auf eigenartige Weise tot. Der Rekurs auf Vorbilder hat nämlich etwas genuin Nachrufhaftes. Wie heißt es doch gleich?: »Er wird uns immer ein Vorbild sein. Das ist die Diktion von Todesanzeigen. Ein zu Lebzeiten Verstorbener, zum Charakterpanzer erstarrt, damit handhabbar für Zwecke. Früher hieß das: »Für Deutsche in verzagter Zeit«. Heute: »Es tut not (!), die wahren Unternehmer öffentlich sichtbar zu machen.« Oder: »Was wir brauchen, sind Führungskräfte mit visionärer Kraft, die ihren Mitarbeitern den Sinn ihrer Arbeit vermitteln.« Hurra! Alle ihm nach! Nur ein Toter kann seinen Dienst als Vorbild überhanglos leisten, ohne das Bild durch Allzumenschliches zu trüben. Sprühende Lebendigkeit macht Brüche sichtbar. So aber strahlt der Grabstein. Naja, wer eher stirbt, ist länger tot.

Ob das Martyrium etwas nützt, ist zweifelhaft; dass es schadet, steht fest. Es liegt auf der Hand, dass die damit einhergehende Verdrängung und Selbstkasteiung ein nicht geringes Aggressionspotential zu mobilisieren vermag. Unter dem dauernden normativen Zwang kommt es zu einer Selbstentfremdung, die in wesentlichen Teilen die kommunikative Brutalisierung in unseren Unternehmen zu erklären vermag. Das Ergebnis: die »Nach-uns-die-Sintflut-Mentalität« auf vielen Manageretagen. Und die Wüste wächst.

Managing as Parenting

Wer ein Vorbild braucht, muss sich der mühevollen Anstrengung, herauszufinden, was er selbst eigentlich denkt, nicht unterziehen. Kein Vergleich, kein Abwägen von Vor- und Nachteilen, keine Rechtfertigung des Inhalts, der Ziele, der Überzeugung ist hier am Platze. Einzig die Empfehlung zur Nachahmung. Das ist nur konsequent. Denn das Vorbilddenken kommt aus dem »Erziehungs«-Kontext; aus der Erziehung unmündiger Kinder. In einem Führungshandbuch, das 1998 immerhin in der 5. Auflage erschien, steht zu lesen: »Ein guter Chef brüllt nicht bei jeder Gelegenheit seine Mitarbeiter an, sondern erzieht durch Vorbild.« Unabhängig davon, dass dieser Satz mir Übelkeit verursacht: Da ist er, der pädagogische Kontext, in dem unmündige Kinder »erzogen« werden sollen, die auf Werte schauen, die andere für sie festsetzen, nach Maßstäben arbeiten, die andere für sie aufstellen. Er perpetuiert das Modelllernen des Eltern-Kind-Verhältnisses. Infantilisierung als Führungsprinzip. Da ist es nur folgerichtig, wenn in einem der größten deutschen Chemieunternehmen die Verbesserungsvorschläge von weiblichen Mitarbeitern mit Kosmetikspiegelchen prämiert werden.

Psychologisch gesehen gleicht das Vorbildschema der gütigen Elternrolle gegenüber dem angepassten Kind in uns. (Im Privaten ist man oft genau das geworden, was man am wenigsten sein wollte: das Abbild der Eltern.) Unausgesprochen werden die Prinzipien der Kindererziehung auf Führung übertragen – wie ohnehin viele Manager reflexhaft beide Bereiche analogisieren. Und dies bildet sich in der Entmündigungskultur vieler Unternehmen ab: Managing as Parenting.

Eine von Vorbildern (gleich welcher Art) gestützte Unternehmenskultur teilt die Mitarbeiterschaft in zwei Teile: einen, der das Vorbild ist oder es künstlich erstellt, und einen, der sich nicht optimal verhält und daher das Vorbild braucht (letzterer Teil ist die Mehrheit). Das heißt im Klartext: Es gibt in den Unternehmen viele Mitarbeiter, die ein Vorbild zum Nacheifern brauchen. Die Rede vom Vorbild disqualifiziert mithin einen Teil der Mitarbeiter (den größten!) als eines Vorbildes bedürftig. Spürt noch jemand die Anmaßung, die diese Unterscheidung beinhaltet?

Aber die Wirkung auf Produktivität und Motivation hat eine ironische Wende: Die Größe des einen besteht nämlich nur darin, dass der andere ihm seine Kleinheit als Geschenk darbringt. Das Vorbildliche des einen reicht nicht; es muss der andere – damit das Vorbild sichtbar wird – ihm seine Mängelhaftigkeit gleichsam zu Füßen legen. So wie manche nur deshalb groß erscheinen, weil die anderen sich ducken. Und wieder sind die Folgen Passivität und Unterzuständigkeit. Ein klassisches Beispiel für das kurzgreifende Denken, das einfache Lösungen für komplexe Phänomene installiert, deren Nebenfolgen aber den angestrebten Effekt aufheben.

Nun zeichnen sich viele Menschen durch einen nachgerade frühchristlichen Widerstand gegen alle Anfechtungen der Selbstverantwortung aus. Dazu gehört eine Tendenz zur symbiotischen Verschmelzung mit dem Vorbild; Sehnsucht nach Sicherheit. Aber es ist die Sicherheit des Kindes. Viele kalendarisch erwachsene Mitarbeiter bleiben ewig Lehrlinge, mal willige, mal unwillige Befehlsempfänger. Und dieselben Führungskräfte, die eben noch Vorbild sein wollten, jammern nun über die Unselbständigkeit ihrer Mitarbeiter.

Denn jede Organisation gewinnt die Freiheit, die der Einzelne an sie verliert – übernimmt damit aber auch die entsprechende Verantwortung. Das Gewissen ist auf mehr oder weniger subtile Weise durch betriebliche Autoritätsfiguren geprägt oder auf autoritäre Regeln eingeschworen. Es geht ums »Hinterherlaufen«. So bleibt man denn auch: dahinter. Stets zweiter Sieger. Erwachsene verharren in einem pubertären Zustand, der Möglichkeiten beschneidet und Potentiale der Mitarbeiter ungenutzt lässt. Die Vorbildsteuerung reduziert erwachsene Menschen zu Betriebsmarionetten, die jeder Beeinflussung offenstehen, die aber niemals in die Verantwortung gehen. Damit wird eine an Vorbildern orientierte Unternehmenskultur kenntlich als Kultur ohne Selbstverantwortung. Die Betonung der Führungskraft als Vorbild ist das Kainsmal unreifer Organisationen.

In Abwandlung eines bekannten Brecht-Zitats: Glücklich das Unternehmen, das keine Helden braucht.

Lebende Imitate

Die Konsequenzen der Vorbildidee für die Unternehmen sind schlicht katastrophal. Denn diese Denkfigur beruht auf dem kategorialen Irrtum, dass Vorbilder für das Erreichen der Unternehmensziele nützlich seien. Wer aber davon ausgeht, dass nur Commitment, Innovation und Unternehmertum das wirtschaftliche Überleben sichern, dass, wer morgen am Markt bestehen will, auf das kreative Potential der Mitarbeiter zurückgreifen muss, der sollte sich fragen: Sind das die Mitarbeiter, die wir brauchen, jene, die die Nachbilder von Vorbildern sind? Das Original produziert immer Fälschung, lebende Imitate: »Sei mir gleich!« Mitarbeiter, die nicht lernen, indem sie sich selbst erfahren, sich selbst begegnen, sondern die beeindruckt sind von der Ausstrahlung des Vorbildes. Die nicht kreativ sind, sondern nachahmen. Die nicht denken, sondern kopieren. Die ihr Erstgeburtsrecht auf Selbstbestimmung gegen das Linsengericht des Nacheiferns verkauft haben. Machen diese Mitarbeiter einen Unterschied? Tragen sie etwas Eigenständiges bei? Wer immer in die Fußstapfen anderer tritt, hinterlässt keine Eindrücke.

Solche Menschen haben ihr eigenes inneres Wertekonzept abgegeben zugunsten einer Abhängigkeit von außen. Aber Menschen, die von etwas abhängen, verlieren leicht das Gleichgewicht. Wer von guten Vorbildern abhängt, hängt auch von schlechten ab. Ein Alptraum: Was also, wenn das Vorbild sich als Mensch aus Fleisch und Blut, mit Fehlern, Schwächen, gar menschlichen Abgründen herausstellt? Was, wenn die Maske fällt? Gerade das Image charismatischer Führungspersönlichkeiten kann schnell einfach wegkippen (siehe Lee Iacocca). Wer ein Vorbild braucht, bezeugt damit häufig nur seine Ichschwäche. Er unterschlägt seine Einzigartigkeit, seine Individualität und deren Möglichkeiten.

Das hat Konsequenzen: Ein negatives Vorbild in hoher hierarchischer Position gilt z. B. oft aus verschiedensten Gründen als »untouchable«. Diese, in einem kurzgreifenden Unternehmensinteresse wohlgemeinte Immunität prägt aber junge Einsteiger oft über Generationen, die an diesem Negativ-Vorbild ablesen, welche Eigenschaften offenbar in diesem Unternehmen belohnt werden. Viele Unternehmen sind völlig blind für diese Neben- und Spätfolgen ihrer Kurzsichtigkeit, die ein Muster ohne Wert unbeabsichtigt zu hoher Wirksamkeit kommen lässt.

Eine auf Vorbilder gebaute Unternehmenskultur schafft mithin unbeabsichtigt Abhängigkeit und unterzuständige Mitarbeiter, die ihr Ichzentrum nach außerhalb verlegt haben. »Nachmachen!« verwandelt die Mitarbeiter in tumbe Toren, die anders offensichtlich nicht zu mobilisieren sind. Bedenkliche Auswirkungen: Der Vorbildbetrachter geht nie in die Verantwortung: Er bleibt abhängig von der Vorgabe des idealisierten Anderen. »Ich mache es, nicht weil ich es für richtig halte, sondern weil er es vormacht.« Oder: »Ich mache es nicht, wenn der andere es auch nicht macht.« Selbst jene, die sonst größten Wert auf ihre Eigenständigkeit legen: »Sollen die Vorstände das erst mal vorleben!« Gerade bei negativen Vorbildern: der Verweis auf die Nachbarabteilung, die sich ja auch nicht an die Vereinbarung hält. Oder: »Wenn der sich nicht an die Spielregel hält, muss ich es auch nicht tun.«

Im Grunde aber ist dies des Pudels Kern: Die Forderung nach dem Vorbild ist das Nicht-verantwortlich-sein-Wollen: »Hannemann, geh‘ du voran!« Ein Beispiel dafür, dass wieder erst der andere sich ändern muss, bevor ich für mich überhaupt darüber nachdenke. Selbstverantwortung? Das schlechte Vorbild ist nur allzu häufig ein Argument, passiv bleiben zu können. Und kein Chef ist so schlecht, dass er nicht als abschreckendes Beispiel dienen könnte.

Vorbild – eine passive Qualität

Ist das, was überall gefordert wird, überhaupt möglich, nämlich Vorbild zu sein? Ist ein Vorbild absichtsvoll machbar? Das scheint äußerst fragwürdig, weil die Voraussetzung wäre, dass es von allen Menschen in etwa gleicher, eben »vorbildlicher« Weise wahrgenommen würde. In Wirklichkeit macht jeder sich ein anderes Bild vom anderen; und was der eine für vorbildlich hält, findet der andere keineswegs nachahmenswert;

was dem einen erstrebenswert scheint, gilt dem anderen nichts. Die selektive Wahrnehmung tut ein übriges. Erkenntnistheoretisch ist die Forderung, Vorbild zu sein, schlicht Nonsens.

Dennoch – wäre es, das Wahrnehmungsproblem ausgespart, möglich? Nein. Vorbild sein ist keine aktive Kategorie, sondern eine passive. Menschen werden zum Vorbild allenfalls *gemacht.* Wer Führungskraft ist, wird unter Umständen nicht verhindern können, dass die anderen ihn zum Vorbild erwählen, dass sie in ihm etwas Vorbildliches sehen – als Fremdzuweisung, aber nicht als Selbstinszenierung. Ein Vorbild zur Orientierung kann also nicht (im Doppelsinn) »vorgesetzt« werden. Wenn schon Vorbild, dann wählt der Einzelne es selbst, nach seinen individuellen Kriterien. Vorbilder sind keine Sterne, die von alleine leuchten, sondern, wenn überhaupt, Laternen, die wir in uns selbst anzünden.

Wer aber versucht, aktiv Vorbild zu sein, wird es wohl gerade deshalb nicht. Das (aktive) Vorbild handelt nicht, um zu handeln, sondern um Vorbild zu sein; es verlagert damit den Schwerpunkt, das Motiv seines Handelns nach außen; es will »scheinen«, es inszeniert sein Tun als Wirkung auf andere. Und es wird gerade dadurch seine Wirkung verfehlen. Mitarbeiter haben in der Regel ein sehr feines Gespür für Glaubwürdigkeit. Gerade und vor allem, wenn es ihrer ermangelt.

Das Feindbild-Vorbild

En vogue ist gegenwärtig das »Feindbild«, gleichsam die Negativausgabe des Vorbilds. Da in Unternehmen Konsens zu einem chronisch knappen Gut geworden ist, müssen vielerorts Feindbilder als konsensstiftende Ersatzquellen her. Jedem, der es hören will, wird die alte Geschichte vom Nutzen eines gepflegten Dreschflegels erzählt, auf den man gerade in schlechten Zeiten einschlagen sollte, um unternehmensintern harmonisierend zu wirken. Das hat die Funktion, Mitarbeitern vorzugaukeln, sie vollbrächten eine vaterländische Tat, wenn sie sich voll zu Füsilierung des feindlichen Unternehmens einsetzten.

Das geht nach dem alten »Petz-Prinzip«: *Der andere ist schuld!* Alle Gewalt geht vom Feinde aus. Er bedroht uns, nicht umgekehrt. Das denken natürlich beide Seiten. Dabei wird verschwiegen, dass das Bild des Feindes von uns selbst erzeugt wurde. Wieder können wir unsere Hände in Unschuld waschen: Nicht verantwortlich für diese Situation! Unter dem Druck der Verhältnisse, der Aggression des Feindes und immer knapper Zeit wird alles dringlich-dringlich, was zur Abwehr der Bedrohung dient. Erzielt wird Verteidigungskonsens. Dieser ermächtigt einige wenige – die »Verantwortlichen« eben – irgendetwas für »notwendig« zu halten, was dann die vielen anderen exekutieren sollen. Feindbilder sind geradezu Dukatenesel für Notwendigkeiten. Keine Zeit für langes Geschwafel! Bekanntlich liegt die Autorität einer Regierung über ihre Bürger zum guten Teil in ihrer Macht begründet, Krieg zu führen.

Schweigen möchte ich hier von dem unsäglichen Appell an niedrigste Instinkte, schweigen von der Dürftigkeit der Argumentation, schweigen von den historischen Parallelen (hatten wir alles schon mal: Juli 1914). Aber es ist einfach unintelligent, so zu verfahren: Wehe, der Feind stellt sich als gar nicht so schlimm heraus, wie man ihn brauchen könnte. Wer ein Feindbild inszeniert, macht das Unternehmen massiv abhängig von einem Außendruck. Auch hier wieder: Er baut nicht auf die innere Stärke, sondern auf eine von außen aufgenötigte Haltung, in diesem Falle eine Defensivhaltung.

Es ist zudem ein Irrtum zu glauben, die aggressive Energie ziele nur auf den Konkurrenten. Eine Feindbildatmosphäre schürt auch die Binnenaggressivität. Unter dem aggressiven psychologischen Überhang leidet am meisten das eigene Unternehmen. Das Feindbild ist Seelenbeihilfe zum Selbstbetrug.

We don't need another hero

Brauchen wir nicht dennoch den Kanon des Vorbildlichen? Ich übersehe nicht, dass in vielen Unternehmen die Vorbildlichkeit – dort oft auch »Parkettfähigkeit« genannt – als Voraussetzung für (Be-)Förderungswürdigkeit gilt. Natürlich weiß ich auch, dass viele Mitarbeiter Vorbilder (gleichsam als Vater- und Muttterersatz) zu brauchen glauben. Und bekannt ist mir ebenso, dass insbesondere das schlechte Beispiel des Vorgesetzten einerseits die Legitimität der Führungsposition in Frage stellt, andererseits häufig als Freifahrschein für das Fehlverhalten der Mitarbeiter gilt.

Gleichwohl – müssen wir das auch noch fördern? Noch durch normativ aufgeladenen Führungsrichtlinien unterstützen? Ist es wünschenswert, dass dieses ethische Soll als Zielverpflichtung gilt? Und ist diese Forderung in Zeiten hochvernetzter Arbeitsstrukturen, Team-Organisationen, internationaler Mobilisierung und Flexibilisierung, flacher Hierarchien und breiter Führungsspannen, einer auf Symmetrie und Partnerschaft abzielenden Wertedynamik, eingedenk der Sozialisationsprozesse, die auf frühe Selbständigkeit und ausgeprägte Individualisierung zielen – ist diese Forderung noch hilfreich und sinnvoll? Und kann jemand ernsthaft glauben, dass die zwischen 1945 und 1965 Geborenen, die das heutige Management dominieren, eine vorbildgläubige Generation seien? (Es ist auffällig, wie oft bei den beliebten Persönlichkeits-Fragebögen – z. B. in der *FAZ* – die Frage nach einem Vorbild unbeantwortet bleibt.) Grundsätzlich skeptisch gegen alle moralgepanzerten Ideale, entideologisiert, pragmatisch, aufgewachsen in einer Ethik des umfassenden Selbst, sind sie die abgeklärt Aufgeklärten, mit eher ironischem Verhältnis zu Moralathleten. Für sie gibt es keine autoritativen Eindeutigkeiten mehr, sondern nur noch Subjektivismen, Einstellungen, Präferenzen. Für sie sind die traditionell wertsetzenden Vorbilder schon längst mental emeritiert. We don't need another hero.

Jeder kennt die ursprüngliche Reaktion, wenn man jemanden als Vorbild vorgesetzt bekommt; man wertet offen oder insgeheim ab, sucht nach dem kleinen Fehler – um die Situation sozialer Ungleichheit auszubalancieren. Nein, es geht nicht darum, vorbildlich zu sein. Es geht darum, glaubwürdig zu sein. Glaubwürdige Führungskräfte ermutigen die Besonderheit *jedes Einzelnen.* Jeder Mitarbeiter stellt eine einzigartige Persönlichkeit dar. Jeder Mitarbeiter darf beanspruchen, in seiner Einzigartigkeit respektiert zu werden. Voraussetzung für echtes Commitment ist, sich von der ständigen Außenleitung durch Vorbilder zu lösen und die Verantwortung für das Handeln selbst zu übernehmen. Thomas Banyacya, Hopi-Elder, sagt: »No one can predict to what height you can soar, until you have spread your wings.« Um jemanden zu ehren, muss man über ihn hinausgehen.

Bernd Flessner
Imitatio machinae

Die Säkularisation der Idee vom vollkommenen Menschen

»I want to be a machine.«
Andy Warhol

1.

In Ray Bradburys Erzählung »I Sing the Body Electric!« verlieren die Kinder Timothy, Agatha und Tom ihre Mutter und somit ihre wichtigste Bezugsperson. Doch leben sie in einer Zeit, in der familiäre Katastrophen dieser Art technisch gemeistert werden können, denn die Firma Fantoccini GmbH offeriert »die Lösung für alle Ihre schmerzlichen Probleme«[1]: Sie erhalten als neue Bezugsperson eine »humanoide mikro-elektrische wiederaufladbare Elektrische Großmutter«[2].

Und mit ebenjener sich als faktisch vollkommen erweisenden Maschine führen die Kinder eines Tages eine Diskussion über Vorbilder, denn der großmütterliche Android hat sich binnen kürzester Zeit anderen möglichen Idolen als weit überlegen erwiesen. Für das Versagen konventioneller Vorbilder hat das künstliche Familienmitglied eine simple, aber plausible Erklärung, die von den Kindern vorbehaltlos akzeptiert und bestätigt wird.

»So habt ihr Menschen also Tausende von Jahren Könige, Priester, Philosophen gebraucht, schöne Beispiele, zu denen ihr aufschauen und sagen konntet: ›Sie sind gut, ich wünschte, ich könnte sein wie sie. Sie bestimmen den überragend guten Stil.‹ Aber weil sie menschliche Wesen sind, machen die besten Priester, die empfindsamsten Philosophen Fehler, fallen in Ungnade, und die Menschheit ist desillusioniert und macht sich gleichgültige Skepsis oder, schlimmer noch, erstarrten Zynismus zu eigen, und die gute Welt kommt knirschend zum Stehen, während das Böse mit langen Schritten voranschreitet.«

»Aber du machst doch keine Fehler, du bist vollkommen, du bist besser als irgendjemand jemals war!«[3]

Unvollkommenheit ließ die konventionellen Vorbilder scheitern, denn sie waren Menschen, die sich selbst ohnehin seit jeher als unvollkommen betrachtet haben. Menschen werden krank, altern, sterben, sie machen Fehler, begehen Sünden, sind korrupt, lügen, stehlen und morden. Homo hominis lupus. Homines sumus, non dei.

2.

Der Begriff »Vollkommenheit« ist eine absolute Metapher, die sich einer exakten Definition entzieht und einen unermesslichen Bedeutungsüberschuss impliziert. Vollkommenheit ist ein seit Jahrtausenden tradiertes Postulat, eine gleichfalls betagte wie aktuelle Utopie, eine Konstruktion des menschlichen Geistes, die uns ebenso zu beflügeln wie zu terrorisieren vermag, ein faszinierendes Telos, von Religionen, Philosophien und Ideologien immer wieder bemüht und immer wieder anders definiert, so dass sich im Laufe der Zeit ein weit gefächertes Angebot unterschiedlichster Vollkommenheiten angesammelt hat.

Seit den Hochkulturen der Antike wird Vollkommenheit primär als göttliche Eigenschaft angesehen, doch auch der Natur, geometrischen Figuren und so manchem Kunstwerk wurde schon Vollkommenheit attestiert. Und seit der Antike stellt sich die Frage, wie der Mensch sich vervollkommnen, wie er den Göttern gleichen kann, Schöpfungskraft und Unsterblichkeit inklusive.

Vielfältig wie die möglichen Vollkommenheiten sind auch die von uns erdachten Wege, diese zu erreichen. An erster Stelle steht natürlich der richtige Glaube, denn wer ihn hat und die entsprechenden religiösen und moralischen Gesetze befolgt, wer Rituale und vorgegebene Lebensentwürfe praktiziert, den erwarten im Jenseits Himmel, Nirwana, Paradies und ein ewiges Leben, befreit von irdischen Sünden und anderen Unvollkommenheiten. Für das Abendland wurde somit die Devise ausgegeben: Imitatio Christi.

Weitaus profaner sahen die Konzepte der Aufklärer aus, die auf eine Vervollkommnung im Diesseits und somit vor allem auf die richtige Erziehung und Ausbildung setzten. Jean-Jacques Rousseau hielt uns das Schicksal seines Emile vor Augen. Bacon, Descartes, Voltaire und andere führten Ratio und wissenschaftlich-technischen Fortschritt wider die tradierten Vervollkommnungskonzepte ins Feld: »Das Programm der Aufklärung war die Entzauberung der Welt. Sie wollte die Mythen auflösen und Einbildung durch Wissen stürzen.«[4] Die sakralen Wege verloren ihr Monopol, die einzig gangbaren zu sein.

Diverse Ideologen und Demagogen schließlich, insbesondere jene des 20. Jahrhunderts, hielten hingegen radikal-rücksichtslose Veränderungen der Gesellschaft für geeignet, den neuen, den vollkommenen Menschen zu erschaffen. Da Vollkommenheit ein Konstrukt ist, eine Idee, bestand indes gravierende Uneinigkeit über die Definition. Einmal sollte der vervollkommnete Mensch arisch, einmal sozialistisch sein, einmal blond und blauäugig, einmal Arbeiter und Bauer. Wer diese Wege verschmähte oder als nicht geeignet angesehen wurde, landete in Konzentrationslagern oder Gulags, fiel dem Holocaust oder Schauprozessen zum Opfer. Wer sich der Vervollkommnung von Mensch und Staat in den Weg stellte, wer nicht germanisiert, diszipliniert, zwangskollektiviert und ideologisiert werden konnte, blieb auf der Strecke.[5] Die anderen gingen den Weg weiter und jubelten ihren Vorbildern zu, die auf Plakaten, Spruchbändern, Leinwänden und Bildschirmen allgegenwärtig waren, wenn auch meist nur für kurze Zeit.

Ohnehin hat sich der Verschleiß an Vollkommenheitsangeboten und den entsprechenden Idealen, Idolen und Wegen in der Moderne exorbitant gesteigert und zeitaltertypisch beschleunigt. Zwar gesellen sich zu den tradierten regelmäßig neue Varianten und Angebote, doch auch sie widerstehen nicht lange der Erosion durch den Zeitgeist: Paradigmenwechsel, Sinnkrisen und Utopieverluste kennzeichnen das 20. Jahrhundert. Nicht nur die großen Entwürfe, auch die Postmoderne selbst, vor kurzem noch als Revision der Moderne und die Tradition integrierender Neubeginn ausgerufen, konnte dem tachogenen Wandel nicht standhalten. Längst ist man neuen, postpostmodernen Zeitaltern und Weltinterpretationen auf der Spur.[6]

3.

Aber Totgesagte leben bekanntlich länger. Mag die Moderne auch weitgehend das Zeitliche gesegnet haben, zumindest die Idee der Vervollkommnung des Menschen hat sämtliche Werte- und Weltbilderosionen nahezu schadlos überstanden: »Fast über Nacht kehrten alle Motive des utopischen Denkens wieder: der Sieg über sämtliche Mängel und Nöte der Spezies, über Dummheit, den Schmerz und den Tod«, konstatierte jüngst Hans Magnus Enzensberger.[7] Einen der wichtigsten Gründe hierfür lieferte die Moderne selbst, die wie keine andere Epoche als Beleg für die fortwährende Unvollkommenheit des Menschen angesehen wird. Denn das Versagen des Menschen im Umgang mit sich, seiner Technik und der Welt »geschieht auf der Höhe der Kultur, in einem Zeitpunkt, wo die materiellen und intellektuellen Errungenschaften der Menschheit die Schaffung einer wirklich freien Welt zu erlauben scheinen«[8].

Doch welche Wege sind noch verblieben, welche Vervollkommnungsstrategien sind noch nicht umfassend ausgelotet worden, wer oder was taugt noch als Vorbild oder Leitbild? Natürlich bleibt der radikale Rekurs auf alte, längst beschrittene Wege, ein fundamentalistisches, apodiktisches Beharren auf religiösen oder ideologischen Traditionen, die man bewusst gegen den beschleunigten Wandel der Welt setzt, gegen westliche Dekadenz im Besonderen oder den Verfall der Werte im Allgemeinen. Überall auf der Welt befinden sich Menschen auf dem Rückweg, in der Hoffnung, einen geeigneten Wegweiser zu finden, um sich von dort aus noch einmal auf den Weg zu machen, ihn diesmal besser und konsequenter zu beschreiten.[9] Im gleichen Terrain verlaufende Wege aus den Krisen der Moderne offerieren auch diverse Sekten, die zumeist ebenfalls einen Bogen um die Tradition der Aufklärung machen.

Für die wie auch immer nachmoderne Informationsgesellschaft westlicher Prägung kommt diese Umorientierung allerdings nicht in Frage, auch wenn immer wieder Mitglieder oder Gruppen dieser Gesellschaft für einen Rekurs plädieren. Nicht einmal mehr die Angebote der professionellen Idolfabriken, allen voran Hollywood, sind verlässlich. Zwar produzieren sie Vorbilder wie am Fließband, Heldinnen und Helden in allen Gewichtsklassen, längst auch digitale, doch ist deren Haltbarkeit im allgemeinen sehr begrenzt, tauglich für die eine oder andere Saison, konsumierbar, austauschbar und, offensichtlicher denn je, unvollkommen und fehlerhaft: Michael Jackson? Ist zwar King of Pop, aber ein kranker Mensch, weder schwarz noch weiß, weder natürlich noch künstlich. John Travolta, Tom Cruise und andere Leinwandikonen? Sind Mitglieder fragwürdiger Sekten, untreu, ausschweifend, alternd. Boris Becker und andere Sportler? Sind längst Teilprodukte der Idolfabriken, haben ohnehin zumeist pekuniäre Ziele, gehen fremd und werden früher oder später des Dopings überführt. Unvollkommen und ungeeignet auch sie. Andere übliche Verdächtige scheiden ebenso aus: »Es war diesmal nicht die Geschichtsphilosophie, die mit Erlösungsversprechen aufwartete; keine Partei, keine politische Ideologie trat mit einem neuen Menschheitsprojekt auf den Plan (...). Die neuen utopischen Verheißungen kamen aus den Forschungsinstituten und den Laboratorien der Naturwissenschaften.«[10]

Doch so neu sind die Verheißungen nun auch wieder nicht, die uns die Gentechniker und K.I.-Forscher als letzten gangbaren Weg offerieren, der noch verbleibt, um Vollkommenheit zu erreichen. Denn so alt die Idee der Vollkommenheit, so alt ist auch der Mythos einer zweiten Schöpfung, einer zweiten Erschaffung des Menschen durch den Menschen. Träumten die Kabbalisten von der »Kraft des Schöpfers, ein Geschöpf zu machen« und in Gestalt eines Golems die Erschaffung Adams zu imitieren, so versuchten die Alchimisten, aus Blut und Sperma, einen Homunculus zu erzeugen.[11] Lang ist die Liste derer, die sich in den vergangenen 2000 Jahren als Gott versuchten und gleich ihm Menschen erschaffen wollten. Nicht nach seinem, sondern nach ihrem Bilde.

Die Allmachtsphantasien, die Antike und Mittelalter hervorbrachten, waren indes der Magie verpflichtet und mussten somit Phantasien bleiben. Der Traum einer zweiten Schöpfung war jedoch mit dem Beginn der Aufklärung nicht ausgeträumt, der Mythos nicht als solcher decouvriert, im Gegenteil, er wurde zum festen Bestandteil des Programms: »Die Herrschaftssehnsucht der Magier«, erläutert der Wissenschaftshistoriker Otto Ullrich, »erhält durch die experimentelle Naturwissenschaft (…) erstmals eine reale Potenz.«[12] Der antiquierte Traum wurde modernisiert, adaptiert und fand so »eine neue Zuflucht im System der Wissenschaften«[13].

Ein zweiter Adam aus Lehm, mit magischen Sprüchen zum Leben erweckt, hatte allerdings als Paradigma ausgedient. Ein neues musste her und wurde, zeitaltergemäß, auch gefunden: die Maschine, profane Schöpfung des Menschen, konstruierbar, technisch, mit repetitiven, programmierbaren Bewegungen, passend zum neuen, nun mechanistischen Weltbild, weit entfernt vom Übernatürlichen. Erst dieser Paradigmenwechsel, erst die Säkularisation des scheinbar antiquierten Traums einer zweiten Schöpfung machte eine Integration in die Zielsetzungen der Wissenschaften möglich.

Flugs wurde auch der Mensch als Maschine interpretiert, wenn auch als komplexe. René Descartes sah ihn zwar noch als beseelt an, wollte nur Tiere als Maschinenwesen gelten lassen, doch der bretonische Arzt Julien Offray de La Mettrie ließ nicht ab von der Maschinen-Metapher und postulierte 1748: *L'homme machine* (*Der Mensch eine Maschine*). In diesem Standardwerk der Entzauberungsepoche versicherte er seinen Zeitgenossen: »Der Körper ist nur eine Uhr«[14]. Angeregt hatte ihn auch der aus Grenoble stammende Mediziner Jacques de Vaucanson, der als Automatenbauer Karriere machte und 1738 seinen berühmten »Flötenspieler« der Öffentlichkeit präsentierte. Der aus Holz konstruierte Musiker konnte Lippen, Finger und Zunge bewegen und zwölf Melodien auf einer Querflöte spielen. Ein Meisterwerk mechanischer Präzision und Urahn unserer heutigen Roboter. Auch seine »Ente«, die sogar die Verdauung von Körnern nachahmen konnte, beeindruckte La Mettrie nachhaltig, so nachhaltig, dass er seine Schrift einem klaren Ziel widmete; sie »diente als Anregung zur Vervollkommnung der mechanischen Menschenkonstruktion«[15]. Die Automaten Vaucansons waren für ihn lediglich der Anfang eines umfassenden Neuschöpfungs- und Vervollkommnungsprozesses.

4.

Als Pionier auf dem Gebiet der Erschaffung künstlicher Menschen gilt der griechische Gott Hephaistos, dessen bekannteste Schöpfung Pandora ist, die Zeus als Strafe für Prometheus geordert hatte. Ausgerechnet übrigens, um dessen Menschenschöpfungen zu ahnden. Hephaistos indes ist kein typisch göttlicher Schöpfer, vielmehr verdankten seine sich selbsttätig bewegenden Statuen und künstlichen Menschen der profanen Kunst des Schmiedens ihr Leben. Seine Geschöpfe waren technische Produkte, also Maschinen. Das Wort »Maschine« stammt aus dem Griechischen und bedeutet weiter nichts als »Hilfsmittel« bzw. »Werkzeug« und, im erweiterten Sinn, »Kriegswerkzeug«. Und als solches wurden Hephaistos' Kreaturen zumeist auch eingesetzt, allen voran Talos, ein eiserner Riese, der im Auftrag des sagenhaften König Minos die Insel Kreta zu bewachen hatte. Er tat dies, indem er sie dreimal täglich laufend umrundete. Näherten sich Feinde der Küste, wehrte er sie selbsttätig mit Wurfgeschossen ab oder umarmte sie, stieg in ein Feuer und ließ sie verbrennen.[16]

Talos war jeder Armee weit überlegen, und genau aus diesem Grunde ließ ihn König Minos die Insel beschützen. Und es bedurfte einer List der Medea, um dieses nahezu perfekte Geschöpf auszuschalten, andere Wege gab es nicht. Nicht nur Homer, auch andere Autoren der Antike berichten von lebenden Statuen, geschmiedeten Menschen und sprechenden Bildersäulen, von denen eine unbeschreibliche Faszination ausgegangen sein soll. Ebenso sind Maschinenschöpfungen bekannt, die tatsächlich existiert haben sollen, etwa das Autotragorama des Philon von Byzanz, eine Attraktion aus dem 3. Jahrhundert v. Chr. Hierbei handelte es sich um ein gigantisches Automatentheater, dessen mechanische Darsteller Sophokles' (verlorengegangenes) Stück »Nauplios« dargeboten haben: »Einmal in Gang gesetzt, ließ Philons ingeniöses Räder- und Hebelwerk die Tragödie (mit dem Raffinement einer kurzen Verzögerung) vollautomatisch in fünf Bildern ablaufen.«[17]

An dieser Theatermaschine faszinierte die Perfektion, die von keinem lebenden Ensemble zu erwarten war. Vollkommenheit wird auch heute noch, und dies mehr denn je, der Maschine attestiert. Vollkommenheit vor allem in Form von Vervollkommnungsfähigkeit, Perfektionierbarkeit. Maschinen lassen sich reparieren, permanent weiterentwickeln, neu konstruieren. Außerdem sterben sie nicht; neue Energie haucht ihnen auch nach längerer Ruhezeit neues »Leben« ein. Maschinen sind dem Menschen überlegen, sie sind stärker, schneller und belastbarer.

Aber Intelligenz, einen Geist, ein Bewusstsein hat die Maschine nicht. Bis ins 20. Jahrhundert hinein galt diese Gewissheit und wurde regelmäßig ins Feld geführt, wenn es darum ging, die Position des Menschen im technischen Zeitalter zu verteidigen. Doch die Entwicklung des Computers in den vierziger Jahren hat dieses Verdikt nachhaltig erschüttert. Bereits 1946 konnte der Wissenschaftspublizist Waldemar Kaempffert feststellen: »Die Unterscheidung zwischen Leben und Nichtleben ist nicht die gleiche wie früher.«[18] Als Ziel der neuen Macht der Wissenschaft nennt er, lange vor Frank J. Tipler, Hans Moravec, Raymond Kurzweil und anderen

Apologeten posthumaner Kulturen: »Elektrische Unsterblichkeit« in Gestalt technischer Lebensformen. Auch die These von der »Schrumpfung des Körpers« zu Gunsten eines immateriell-digitalen Lebens im Rechner, 1985 formuliert vom Medienphilosophen Vilém Flusser, ist bei ihm schon zu finden. Kaempffert nennt diesen Prozess schlicht »Entkörperlichung des Lebens«[19]. Erst wenn der Wissenschaft die zweite Schöpfung geglückt ist, so sein Fazit, wird sie »ihren höchsten Triumph erreicht haben«[20].

Dass Kaempffert nicht der einzige ist, der nun, da Maschinen im Begriff sind, das Denken zu erlernen, auf eine wissenschaftlich-technische Vervollkommnung bzw. Neuschöpfung des Menschen setzt, lässt sich anhand vieler Äußerungen aus der Frühzeit des Computers belegen, der ja einst bezeichnender Weise »Elektronengehirn« genannt wurde. So wagt, um nur ein Beispiel zu nennen, der britische Physik-Nobelpreisträger Sir George Thomson 1956 einen Blick in die Zukunft, die der Mensch seiner Ansicht nach der technischen Perfektionierung seines Körpers und insbesondere seines Geistes widmen wird. Erst wenn dies gelungen ist, brechen für den Menschen die wahren goldenen Zeiten an: »Wie weit er es bringen wird, wenn dieses Gehirn noch vervollkommnet wird, vermag sich auch die kühnste Phantasie nicht auszumalen.«[21]

Neben den oben bereits genannten Qualitäten der (denkenden) Maschine ist es vor allem eine, die nicht nur die Vertreter der Künstlichen Intelligenz fasziniert. Kein Geringerer als der MIT-Papst Marvin Minsky stellte sie schon 1968 deutlich heraus: »In keiner wissenschaftlichen Maschinentheorie ist ein Hinweis auf Grenzen aufgetaucht (...) Die Geschwindigkeit der Maschinenentwicklung ist millionenmal größer, weil wir verschiedene Verbesserungen einfach miteinander verbinden können, während die Natur vom zufälligen Zusammentreffen von Verbesserungen abhängt.«[22]

Die vom Menschen initiierte Techno-Evolution wird nun von immer mehr Mitgliedern der Scientific Community als die überlegenere angesehen, überlegen deshalb, weil sie bewusst und zielgerichtet verläuft, weil sie in Monaten absolviert, wozu die Natur Millionen Jahre benötigt. Bereits 1965 hat Gordon Moore, der spätere Gründer der Firma Intel, die bis heute gültige Regel für die Evolutionsgeschwindigkeit von Computern formuliert, seither »Moore's Law« genannt: Etwa alle 18 Monate verdoppeln sich bei gleichbleibenden Preisen Speicherkapazität und Rechengeschwindigkeit. Da Moore's Law seit Konrad Zuses erstem Digitalrechner gültig ist, die Entwicklung also seit fast 60 Jahren konstant und kontinuierlich verläuft, gehen viele Mathematiker und Computerexperten davon aus, dass sich diese Tendenz auch nicht ändern wird. Die in den USA in Entwicklung befindlichen Quantenrechner, eine Milliarde Mal so schnell wie der Pentium-III-Prozessor, sprechen sogar eher für eine Beschleunigung der Techno-Evolution.

Vor diesem Hintergrund machte der kalifornische Mathematiker Vernor Vinge 1993 die Prognose, dass der Computer bereits im Jahr 2035 den Zustand der Singularität erreichen wird: Seine Intelligenz explodiert ins Unendliche, Unermessliche, kann von uns nicht einmal mehr ansatzweise begriffen oder auch nur vorgestellt werden.[23] Doch schon weitaus früher wird der Informationsdurchsatz unseres Gehirns von 10 hoch 17 Bits pro Sekunde vom Computer spielend überholt worden sein. Längst befassen sich Zukunftsforscher mit der Zäsur, die sämtliche Bedingungen unserer Existenz und unseres Selbstverständnisses radikal verändern wird, so etwa Angela und Karlheinz Steinmüller vom Gelsenkirchener »Sekretariat für Zukunftsforschung«: »Was kommt nach der Singularität? Das posthumane Wesen wird geradezu göttliche Fähigkeiten besitzen.«[24] Der Deus ex machina des 21. Jahrhunderts ist die Maschine selbst.

5.

Die sich abzeichnende und von der Scientific Community heftig diskutierte Entwicklung entpuppte sich rasch als hochwertiger Nährstoff für die sorgsam konservierte Utopie einer zweiten Schöpfung und somit einer Vervollkommnung des Menschen. Die anhaltende Kontroverse, wer in der Hierarchie an der Spitze stehe, Mensch oder Maschine, ist von der Zunft der K.I.-Forscher schon vor Jahren zu Gunsten der Maschine entschieden worden: »Rechner sind dem Menschen offenkundig (...) überlegen«, konstatierte 1968 Norman Stuart Sutherland von der University of Sussex.[25]

Seither wird in den Labors und Forschungsinstituten in diese Überlegenheit investiert, werden Zeitpläne aufgestellt, wann der Roboter der sogenannten vierten Generation alle Fähigkeiten des Menschen in den Schatten stellen wird. Allen voran zeichnen die K.I.-Enthusiasten Hans Moravec und Raymond Kurzweil in ihren Publikationen das Bild einer nahen Zukunft, in der uns hyperintelligente, perfektionierte Maschinen wie Zootiere versorgen und in uns verwehrte Welten und Zukünfte aufbrechen: »Zurück bliebe ein vom Weltraum subventioniertes Naturreservat namens Erde. Menschen leben dann in diesem Reservat, während sich die schnell weiterentwickelnden Maschinen im restlichen Universum ausbreiten.«[26] In vierzig Jahren, so seine Prognose, die sich mit jener von Vernor Vinge deckt, ist die Geschichte der Menschheit zu Ende. Dann sind wir seiner Ansicht nach »völlig obsolet«[27].

Zu diesem Schluss kommt auch der namhafte Politologe Francis Fukuyama, allerdings als Kritiker der aufgezeigten Entwicklung: »Wir werden das Ende der menschlichen Geschichte tatsächlich herbeigeführt haben, weil wir dem Menschen, wie wir ihn kennen, ein Ende bereitet haben. Dann beginnt in der Tat eine neue, eine posthumane Geschichte.«[28]

Selbstverständlich will auch die Gentechnologie diese posthumane Geschichte mitgestalten, sie konstruiert zwar keine Roboter, doch ist auch ihr Vorbild die Maschine, denn die von ihr initiierte Vervollkommnung des Menschen orientiert sich an deren Eigenschaften. Gleich dieser wird der Mensch als reparierbar und perfektionierbar angesehen, als Maschinenwesen, für das Ersatzteile gezüchtet werden können, das geklont, also reproduziert werden kann, letztendlich beliebig oft, ein Industrieprodukt wie ein PC. De La Mettries Maschinen-Metapher ist auch hier das Agens der Neuschöpfungsutopie. Die Gentechnologie lässt sich allerdings auf einen Wettlauf mit den K.I.-Laboratorien ein, vielleicht in der Hoffnung, den Menschen davor bewahren zu können, zum musealen Geschöpf zu werden.

Der K.I.-Pionier Marvin Minsky gab indes den Menschen schon 1980 den Rat, »sich in Maschinen zu verwandeln, denn wenn sie ihre Intelligenz in eine andere Verkörperung zu übertragen vermögen, könnten sie in der Lage sein, ewig zu leben und sich fortzuentwickeln.«[29] Nicht nur perfekte Maschinen zu konstruieren, ist somit das Ziel, sondern selbst zur Maschine zu werden. Marvin Minsky bringt die Devise des technischen Zeitalters auf den Punkt, denn sie lautet: Imitatio machinae. Werde zur Maschine, werde vollkommen, vollkommen wie sie.

6.

Das Vorbild Maschine, die Vorstellung, sich durch eine wie auch immer realisierte Maschinenwerdung nach so vielen Fehlschlägen doch noch umfassend vervollkommnen zu können, ist nicht nur innerhalb der Scientific Community anzutreffen. In den letzten Jahrzehnten hat auch und gerade die populäre Kultur, insbesondere in zahlreichen Filmen und Musiktiteln, die Maschine zum Kultobjekt erhoben. War die erste Hälfte des 20. Jahrhunderts noch geprägt von der Furcht vor den Folgen des sogenannten »Maschinenzeitalters«, so wich diese in der zweiten Hälfte allmählich einer Bewunderung der Maschine, die Ende des Jahrhunderts gar in einer Art Liebeserklärung an die nunmehr denkende Maschine gipfelte. Nicht einmal Tschernobyl konnte der um sich greifenden Philotechnie, dem neuen Technikoptimismus schaden. In immer neuen Popsongs bekunden die Interpreten ihre Affinität zur Maschine; in immer neuen Filmen, Computerspielen und TV-Serien etablieren und emanzipieren sich Roboter als Freunde des Menschen, als gleichberechtigte Vertreter einer neuen Spezies mit tendenziell göttlichen Eigenschaften.[30]

Ob Terminator, RoboCop, C-3PO, Lara Croft oder eines der anderen Kunstwesen, die zweite Schöpfung ist längst ein unverzichtbares Segment der populären Kultur, die schon heute den Triumph des Posthumanen zelebriert. Zwar gibt sich Hollywood hier und da Mühe, die Einmaligkeit und (moralische) Überlegenheit des Menschen über posthumane Kreaturen herauszustellen, doch merkt man gerade diesen Filmen an, wie sehr inzwischen Roboter ob ihrer Fähigkeiten beneidet werden, denkt man nur an »Bicentenial Man« (1999) oder Data aus der Serie »Star Trek, Next Generation«.

Sein wie eine Maschine, sich bewegen wie sie, tanzen wie sie, zu einer Musik, die maschinell generiert wurde, mächtig sein, allmächtig, unsterblich. Die populäre Kultur applaudiert den K.I.-Ideologen und folgt wie diese der Devise: Imitatio machinae.

Ob sich indes der säkularisierte Traum einer zweiten Schöpfung tatsächlich realisieren lässt, ob der aufgezeigte Weg zur Vervollkommnung des Menschen tatsächlich gangbar ist, bleibt äußerst fraglich, nicht zuletzt deshalb, weil es sich bei beiden Vorhaben, wie eingangs erwähnt, um Konstruktionen des menschlichen Geistes handelt. Niemand kann das Entstehen einer posthumanen Kultur ausschließen, doch wie das vielleicht letzte Experiment der Menschheit auch ausgehen mag, der Mensch könnte dabei endgültig auf der Strecke bleiben, weil »technische und gesellschaftliche Tendenz, von je verflochten, in der totalen Erfassung der Menschen konvergieren«[31].

Anmerkungen

1 Ray Bradbury, »Ich singe den Leib, den elektrischen«, in: *Das Kind von morgen,* Zürich 1984, S. 193.
2 Ebd., S. 194.
3 Ebd., S. 226.
4 Max Horkheimer, Theodor W. Adorno, *Dialektik der Aufklärung,* Frankfurt am Main 1971, S. 7.
5 John Passmore, *Der vollkommene Mensch. Eine Idee im Wandel von drei Jahrtausenden,* Stuttgart 1975.
6 Siehe z. B.: Thomas Reinhardt, *Jenseits der Schrift. Dialogische Anthropologie nach der Postmoderne,* Göttingen 2000.
7 Hans Magnus Enzensberger, »Putschisten im Labor. Über die neuste Revolution in den Wissenschaften«, in: *Der Spiegel* 23/2001, S. 216-222.
8 Herbert Marcuse, *Triebstruktur und Gesellschaft,* Frankfurt a. M. 1990, S. 12.
9 Thomas Meyer, *Fundamentalismus. Aufstand gegen die Moderne,* Reinbek bei Hamburg 1989.
10 Enzensberger, ebd., S. 217.

11 Klaus Völker, *Künstliche Menschen. Dichtungen & Dokumente*, 2 Bde., München 1971, Bd. 2, S. 215.

12 Otto Ullrich, *Technik und Herrschaft. Vom Hand-werk zur verdinglichten Blockstruktur industrieller Arbeit*, Frankfurt a. M. 1979, S. 101; siehe auch: Bernd Flessner, »Die Herrschaft Der Prothesen«, in: *Kursbuch 128*, Juni 1997, S. 35-44.

13 Enzensberger, ebd., S. 217.

14 Julien Offray de La Mettrie, »Der Mensch eine Maschine«, in: Völker, a. a. O., Bd. 1, S. 87.

15 Völker, a. a. O., Bd. 2, Nachwort, S. 257.

16 *Die Griechische Sagenwelt, Apollodors Mythologische Bibliothek*, Leipzig 1992, S. 45.

17 Klaus Bartels, »Fast schon Kino: Philons ›Autotragorama‹«, in: *Neue Zürcher Zeitung*, 5. 8. 1996, S. 13.

18 Waldemar Kaempffert, *Wissenschaft von heute und morgen. Ergebnisse der Forschung und ihre Auswirkungen.* Rudolfstadt 1946, S. 161.

19 Ebd., S. 201; Vilém Flusser, *Ins Universum der technischen Bilder*, Göttingen 1985, S. 144 f.

20 Kaempffert, a. a. O., S. 163.

21 George Thomson, *Ein Physiker blickt in die Zukunft*, Zürich 1956, S. 219.

22 Marvin Minsky, »Maschinen sind mehr als sie scheinen«, in: Robert Jungk/Hans Josef Mundt, *Maschinen wie Menschen*, München 1969, S. 12.

23 Vernor Vinge: »Technological Singularity«. Paper presented to the Symposium Vision 21, NASA Lewis Research Center/Ohio Aerospace Institute 1993.

24 Angela & Karlheinz Steinmüller, *Visionen 1900–2000–2100, Eine Chronik der Zukunft*, Hamburg 1999.

25 Norman Stuart Sutherland, »Maschinen wie Menschen«, in: Jungk/Mundt, a. a. O., S. 19.

26 Hans Moravec, »Geisteskinder. Universelle Roboter: In vierzig Jahren haben sie uns überholt«, in: *c't 6*/1996, S. 105; siehe auch: Raymond Kurzweil, *Homo sapiens. Leben im 21. Jahrhundert. Was bleibt vom Menschen*, Köln 1999.

27 Ebd., S. 106.

28 Francis Fukuyama, »Der programmierte Unmensch«, in: *SZ am Wochenende*, Nr. 180, 7./8. August 1999, S. 1.

29 Marvin Minsky, *Newsweek*-Interview (1980), zit. nach Dirk Hanson, *Die Geschichte der Mikroelektronik*, München 1984, S. 332.

30 Bernd Flessner, »Antizipative Diffusion. Science Fiction als Akzeptanzbeschleuniger und Wegbereiter einer multitechnokulturellen Gesellschaft«, in: Bernd Flessner (Hg.), *Nach dem Menschen. Der Mythos einer zweiten Schöpfung und das Entstehen einer posthumanen Kultur*, Freiburg i. Br. 2000, S. 245–264; Josef Spiegel, »Mit Maschinen anstelle von Menschen. Liebe und Sex in der Pop-Musik«, in: Rudolf Drux, *Die Geschöpfe des Prometheus. Der künstliche Mensch von der Antike bis zur Gegenwart*, Bielefeld 1994, S. 107-114.

31 Horkheimer/Adorno, a. a. O., S. 35.

Experientia docuit

Nachdem die Erfahrung mich gelehrt hat, dass Alles, was im gewöhnlichen Leben häufig vorkommt, eitel und unnütz sey: da ich sah, dass Alles, wovon und was ich fürchtete, nur in sofern Gutes oder Schlechtes in sich enthalte, als die Seele davon bewegt wurde, beschloss ich endlich nachzuforschen, ob es etwas gebe, was ein wahrhaftiges Gut sey und an sich Theil nehmen lasse und wovon allein, mit Ausschluss alles Uebrigen, die Seele ergriffen werde; ja ob es etwas gebe, nach dessen Auffindung und Erlangung ich eine beständige und höchste Lust auf ewig geniessen könnte.

Baruch de Spinoza: Abhandlung über die Berichtigung des Verstandes (1677)

Otto Kallscheuer
Den lieben Gott zum Vorbild

Von der Nachfolge Christi

> Wissen Sie, ich frage mich ja auch manchmal, warum Spiritus Lector Carlos ausgerechnet mich immer wieder auf die theologischen Anschlusszüge im *Kursbuch* angesetzt hat. Ich nehme an, das muss seine diabolische Ader gewesen sein.

1.

Kann denn Gott der HErr uns Menschen Vorbild sein? Völlig undenkbar! Unter aufrechten Monotheisten, welche wahrhaft an IHN als den Herrn der Welten, den Allbarmherzigen, den Erbarmer glauben, müsste sich das doch von selbst verstehen. Wie denn auch könnten wir endliche Geschöpfe IHM nacheifern wollen? Gott: jenem körperlosen, allgegenwärtigen, allmächtigen und alles wissenden Wesen vollendeter Güte, über das hinaus Größeres nicht gedacht werden kann (Anselm, *Proslogion* 2-4)! IHM, der in souveräner Entscheidung die Welt – *alles was es gibt* – erschuf und sie im Sein erhält, und zwar ebenso ihre kosmische Ordnung wie die Gesetze der moralischen Welt!

Es gibt keinen Gott außer Gott. IHM nacheifern zu wollen, wäre darum eine geradezu wahnwitzige Vorstellung. Sei dieser Wahn nun geprägt von existentialistischer Rebellion oder titanischem Ungehorsam. Wenn es IHN gibt, wie könnte ich es da ertragen, kein Gott zu sein? Da nun sprach die Schlange zu den Menschen: Wenn ihr wollt, werdet ihr sein wie Gott; bald schon könnt auch ihr den Code von Gut und Böse begreifen und über die Konstruktionsregeln ihres Unterschiedes verfügen. Nun, die Folgen sind ja allgemein bekannt (Genesis 1, 3).

Den Gott wohlgefälligen Weg zu gehen, darf also für radikale Monotheisten gerade *nicht* heißen, du und ich könnten uns tatsächlich IHN DER IST selber zum Vorbilde nehmen. Vielmehr geht es darum, SEiner Rechtleitung zu folgen, uns also SEinem Gesetz mit Herz und Verstand zu unterwerfen. Gottes Leitung ist die einzige Leitung (*Koran,* Sure 2, 120).

Im hochkulturellen Monotheismus läuft dies in der Regel bekanntlich darauf hinaus, SEin gerechtes Gebot präventiv zu verinnerlichen, vorab als Filter unserer Absichten einzubauen, zur Kontrolle aller unserer Maximen vorzuschalten. Denn später – nach der Tat, nach diesem Leben – können wir Gott den HErrn nur noch fürchten. Post factum werden wir SEine Gerechtigkeit im Endgericht erfahren oder auch SEine Strenge, was aber auf dasselbe hinausläuft (denn wir haben von Rechts wegen nichts als SEine Strenge verdient).

Ein jeder haftet für seine Taten. So fürchtet denn den Tag der Abrechnung, an dem keine Seele für die andere zahlen kann, an dem weder Lösegeld zugelassen noch Fürbitten akzeptiert werden und ihnen keine Hilfe zuteil wird (Sure 2, 48 u. 123). Seid darum schon heute streng zu euch selbst, doch maßet euch untereinander nicht SEinen Richterspruch an. Gott der HERR allein verfügt über die Gerechtigkeit. Werdet nicht selbstgerecht! Richtet nicht, auf dass ihr nicht gerichtet werdet (Matthäus 7. 1; Markus 4. 24; Lukas 6. 37) – warnte schon der Nazarener seine Anhänger.

Das war noch in der charismatischen Urzeit des nahenden Gottesreichs: in freier Wildnis, in der Wüste, in der Predigt auf dem Berge, auf freiem Felde erfindet Gottes Gerechtigkeit die Sprache puritanischer Selbstdisziplin. Schwer mag's freilich werden, ihren Geboten auch treu zu bleiben, wenn wir uns einmal in der reichen, bunten, ausdifferenzierten, anonymen Stadt niedergelassen haben. Gottes Strenge können wir dann – ein jeder für sich – nur mehr uns selber gegenüber walten lassen. Auf SEine Barmherzigkeit und Milde können wir nur hoffen und beten: Herr, vergib uns unsere Sünden und tilge unsere Missetaten (Matthäus 6, 12; Sure 3, 193).

2.

Uns an Gottes Willen zu orientieren heißt, SEine Gebote zu unserer Lebensmaxime zu machen. SEiner Rechtleitung unterwirft sich jeder Muslim, ebenso wie Gottes Bundesvolk Israel sich auf SEine (zehn) Gebote verpflichtet hat – und soweit es sich dabei um moralische Regeln handelt, verpflichtet der Dekalog darüber hinaus alle Menschen, die guten Willens sind und auf die Stimme der natürlichen Vernunft und des Gewissens hören.

Aber gerade in unserem rechtgläubigen Gehorsam wird uns Menschen doch niemals ernstlich der Schöpfer selber, der Allgewaltige und Allerbarmer, zum Vorbild werden können. Gottes erstes Gebot – IHN, DER DA IST, als einzigen Gott (an) zu erkennen, neben dem es keinen anderen HERRn gibt – statuiert doch bereits die unüberbrückbare Kluft zwischen IHM (dem Schöpfer) und allen Geschöpfen. Menschen aber sind bloße Geschöpfe, mit göttlichem Odem aus Lehm und Genen gebrannt. Und hat nicht der ewige Töpfer alle Gewalt über seine Produkte, kann er nicht aus derselben Ton- und Biomasse ebensogut Gefäße SEiner Glorie formen wie Gefäße des Zorns, bestimmt zur Vernichtung (Römer 9, 21 f.)?

Zudem sind nach christlicher Auffassung wir Menschen seit dem notorischen Sündenfall unserer Stammeltern Adam und Eva in all unseren Strebungen und Fähigkeiten zutiefst verrottet, dem permanenten Risiko der Sünde verfallen. Daher rührt es doch, »dass ich mit Seele und Leib zerbrochen, halt- und willenlos mit meiner angeborenen Schuld und mitgeborenen Strafe in Lust und Leid auseinanderfalle« (Bernhard, Bd. IV, S. 40). Will dann solch ein Menschlein auch noch werden wie Gott, was zum Teufel soll denn dabei schon herauskommen? Versuche, Gottes Allmacht in eitlen Karikaturen nachzuäffen, ohne über SEine intrinsisch überquellende Güte zu verfügen. Ganz zu schweigen von SEiner umfassenden Weisheit, von des HERRen Augenmaß.

Ihr werdet sein wie Gott? Dass ich nicht lache: Hybride Organismen werdet ihr bauen, funktionale Netzwerke spinnen, Overkill-Kapazitäten akkumulieren. Gnadenlos und ohne jede Selbstironie kann der unerlöste Homo sapiens doch nur elektronische Idioten und andere künstliche Intelligenzen programmieren, hominide Replikanten und andere verballhornte Tiere züchten, Embryonen als Ersatzteillager oder Versuchskarnickel für den pharma-industriellen Verbrauch produzieren, die eigene Natur »gattungsethisch« zum Instrument kontingenter Zwecke machen. Schon die Phantasie ist Parodie.

3.
Und doch sollen die Christen – als einzige Sekte unter allen Monotheisten, die an die unvergleichliche Einzigkeit Gottes, des Allerbarmers, glauben – (wie) Gott werden. Freilich in einem anderen Sinne: Sind sie nicht dazu aufgerufen, Jesus Christus nachzufolgen – also Gottes eingeborenem Sohne? Damit muss ja wohl mehr gemeint sein als nur das Befolgen der ethischen Maximen des Nazareners, der Lebensregeln und Sozialprogramme des frei praktizierenden Rabbis und Sozialpropheten Jesus, der offenbar das Gesetz Mosis zugleich verwirklichen und radikalisieren wollte.

Als solcherart sozialethisches Programm hat ja die deistische Aufklärung die Botschaft der Evangelien verstehen wollen, man denke etwa an Thomas Jeffersons Reader's-Digest-Version von Leben und Lehre Jesu oder an George Bernard Shaws *Intelligent Women's Guide* zu den vier Evangelien. Heute passt solch eine humanistische Gutmenschendeutung gerade noch zum flach-folgenlosen »Weltethos« mancher Interfaith-Dialoge.

Und seit einigen Jahrzehnten wird das Programm des Gott-Menschen Christus, SEin Evangelium des Reichs Gottes auch in protestantischen Akademien, von Befreiungstheologien und Linkskatholiken theologisch zur bloßen Nächstenliebe verharmlost; in den Vereinigten Staaten dekonstruieren die progressiven Bibel-Seminare den Herrn Jesus zum kynischen Sozialreformer (J. D. Crossan) – freilich nur in den politisch korrekten

Divinity-Schools. Denn die Southern Baptists, Pfingstler und Evangelikalen (also die christlichen Wachstumsbranchen in Gottes eigenem Lande) dürften von solch weichgespülter Jesuanik nicht berührt werden.

Am Ende würde sich ein derart »jesuanisch« reduziertes Mainline-Christentum dann in der Tat kaum mehr von einem spiritualistisch verdünnten Judentum unterscheiden (H. Schnädelbach). Wenn ER nicht im interreligiösen New Age noch zu einer Art Kollegen Buddhas mutiert. Damit erübrigten sich natürlich sofort die meisten theologisch ernstzunehmenden Fragen nach der Doppelnatur Jesu. Wir alle sind schließlich Kinder Gottes – von IHM geschaffen nach SEinem Bilde. Schön und gut, aber wodurch unterscheidet sich denn Gottes Anwesenheit im nazarenischen Lehrer und Meister von SEinem Wirken in allen Menschen, die guten Willens sind? Reichen etwa guter Wille und Rechthandeln aus, um uns aus dem Sündenelend zu erlösen?

Der Islam, der keine grundsätzliche Verderbtheit der menschlichen Natur durch die Last der Erbsünde kennt (Hans Zirker), muss sich mit dieser Frage nicht herumschlagen: Jeder Muslim hat Allahs Rechtleitung zu folgen – und basta. Soweit er gefehlt hat, muss er SEine Gerechtigkeit gewärtigen. Einzig Gott der Allerbarmer könnte dereinst am Tage des Gerichts noch Milde walten lassen. Aber das stellt kein sonderlich theologisches Problem dar. Vermittler des Einen Gottes, Stellvertreter auf Erden, Gottessöhne haben in diesem *klaren* Gehorsamsverhältnis nichts zu suchen.

Und wieso könnte denn der christliche Jesus nicht allein durch sein ethisches, sprich: jüdisch-universalistisches Programm unser Heiland sein? Eine Botschaft, wie sie dann grosso modo (mit Ausnahme einer Reihe vermeintlicher »Verfälschungen«) bekanntlich auch noch von den Muslimen akzeptiert wird (Tarif Khalidi)? Nun, damit bliebe ER doch bloß Mensch wie wir – er wäre halt »nur« ein heiligmäßiger Mann, vielleicht mit stärkerem Bewusstsein seiner Sendung durch Gott als alle anderen: der letzte der Propheten (der letzte *vor* Mohammed, dem definitiv allerletzten oder »Siegel« der Propheten). Einer, der für seine Lehren auch mit seinem Opfertode geradestand.

Nicht wenig, fürwahr – aber fürs Mysterium des Christus halt nicht genug. Ihre Dramatik und ihre Paradoxie erhält die christliche Forderung der Nachfolge vielmehr durch die unabdingbare Vermittler- und Erlöserrolle Jesu Christi als göttlicher Person. Jesus bekräftigt, verwirklicht, universalisiert nicht nur Gottes Gesetz (und Israels Bund), er verkündet nicht nur Gottes Reich, sondern verkörpert den Herrn der Himmel in Seiner Person: bis hin zum Tode am Kreuze.

Könnte denn der »historische« Jesus uns Gottes Liebe offenbaren, wenn

ER nicht selber, aus erster Hand, in göttlicher Fülle sprechen könnte – gewissermaßen als göttlicher »Insider« (Gerald O'Collins)? Wie sonst könnte Jesus Heiland sein: also über Gottes Gnadenfülle verfügen, die doch nötig ist, um den durch den Sündenfall entstandenen Riss in der Schöpfung zu kitten?

Nun, warum Gott bzw. einer der DREI, SEin Sohn Mensch werden »musste« (warum der HERRgott dies wollte, sich dazu entschloss, SEinen einzigen Sohn unserer beschränkten menschlichen Existenz zu überlassen), darüber gibt es ganz verschiedene, einander teils widersprechende, teils ergänzende Theorien (Gerald O'Collins). Genannt seien hier nur drei: a) Gottes Sieg über Tod und Teufel. Nur Gott konnte als Mensch die menschliche Sterblichkeit überwinden, schließlich eine der Folgen der Ursünde. Am Kreuze sterbend, besiegt der Heiland die Unterwelt, sodass es fürderhin in der christlichen Liturgie heißen kann: Tod – wo ist dein Schrecken?

b) Die Auslösungstheorie. Einzig ein sündenfreies menschliches Wesen (das darum nicht einfach *nur* aus Adams Gehen stammen durfte) konnte uns, die ob ihrer Sünden verdammte Menschheit, mit seinem Blute vom Satan »freikaufen«, der durch Adams Sünde Gewalt über uns gewann. Jesus als der zweite Adam: Tit for Tat!

c) Jesu Passion und Auferstehung als kosmische Reparatur, zweite Schöpfung. Da all unsere Sünden die Ehre des unendlichen Gottes, des Allerbarmers, beleidigt haben, müssten auch die Wiedergutmachungsleistungen unendlichen Wert haben. Den aber könnte auch der gottgefälligste Mensch, als bloß endliches, sterbliches Wesen, niemals aufbringen.

Also – und das ist die These des hl. Anselm in seinem Traktat zu Gottes Menschwerdung *Cur Deus homo* – muss Gottes Unendlichkeit in die beschädigte menschliche Existenzweise eintreten. Als sündenloser *Gott-Mensch* müsste Jesus Christus ja eigentlich nicht sterben: Aber dass er dies Los doch auf sich nimmt, dieser unendlich kostbare Opfertod des Gottessohnes kann auch den kosmologischen Schaden reparieren, den die ersten Menschen mit ihrer Sünde in eine ansonsten perfekte Schöpfung hineingebracht haben.

4.

Doch in dieser theologischen Hard-core-Version ist die Frohe Botschaft kein bloß humanistisches Zuckerschlecken für fromme Gutmenschen mehr, sondern ein donnerndes Paradox: Gottes Wort wird vom Menschen Jesus Christus zugleich verkündet und durch ihn inkarniert.

Dieser konkrete, historisch bezeugte Mensch Jesus aus Galiläa, Sohn eines Zimmermanns (wenngleich mit jüdisch-messianischer Ahnentafel: Matthäus 1, 1-14) soll in Fleisch und Blut, als ein und dieselbe Person, in seinem Fühlen und Handeln zugleich den Herrgott verkörpern. Gottes Wort hat unter uns gewohnt (Johannes 1, 1). Der Jesus der Christenheit ist nicht nur der Messias der Endzeit, der SEinem Volke Israel verkündete Menschensohn, sondern als Gottessohn zugleich von göttlichem Wesen: unendlich, ewig, zeitlos.

Wie üblich findet G. W. F. Hegel – der es mit seiner Philosophie, die darum auch reflexives Christentum heißen könnte, unternahm, die Wirklichkeit der Vernunft aus dem Worte Gottes zu rekonstruieren – die eleganteste Formulierung: »Die höhere Betrachtung aber ist die, dass in Christus die *göttliche Natur* geoffenbart worden sei« (Bd. 17, S. 287). Gelöst hat er das Paradox Jesu Christi damit freilich auch nicht.

Jesus der Christus ist also beides zugleich: a) das unveränderliche, vor aller Zeit bestehende Selbstverhältnis des ewigen und einzigen Gottes. Genauer gesagt des Vaters, der das Wort aus sich entlässt und wieder in sich aufnimmt – oder: der ihm als SEinem einzig geborenen Sohn in jener Condilectio oder Mitliebe begegnet, welche nur dem Allerhöchsten möglich ist. Nur Gott ist unendlich, und nur SEine Liebe ist total, schon bevor der HErr der Welten sich die Welt erschuf. Denn ER selber *ist* Liebe, also *in* sich Beziehung, Gemeinschaft. Und diese vollständige Einheit gemeinschaftlichen Liebesgenusses verlangt dann übrigens *in* Gott auch noch den »dritten Mann«: Vater und Sohn wollen den Heiligen Geist zum Medium und Zeugen, so dass die Neigung der beiden in der Flamme der Liebe zum Dritten ununterschieden zusammenschlägt (Richard, *De Trinitate* III, 11-15; usw.).

b) Und doch ist dieser Jesus zugleich Mensch, wenngleich ein ausgezeichneter, auserwählter Mensch: ein leibhaftiger Mann, der damit (oh Wunder!) gleichzeitig stellvertretend selbst den Frauen noch die Erlösung vom Übel vermittelt. Wie alle Sterblichen ist auch Jesus mit Vernunft, Willen, Gefühlen und Gedächtnis begabt, entwicklungsfähig, gesellschaftlich verortet (denn das ist Jesus ja auch als Außenseiter) und voller Hoffnung auf ein glückseliges Leben.

Wie aber soll das wohl gehen, dass ein Individuum zwei Naturen haben kann? Friedrich Schleiermacher, Begründer des liberalen Protestantismus, hielt dies für undenkbar: Der Erlöser war ihm daher eine rein menschliche Person, »allen Menschen gleich, vermöge der Selbigkeit der menschlichen Natur, von allen aber unterschieden durch die stetige Kräftigkeit seines Gottesbewusstseins, welche ein eigentliches Sein Gottes in ihm war« (§ 94).

Doch so sehr hat Gott die Welt geliebt, so sehr hat ER SEine von den ersten Menschen befleckte Schöpfung heilen wollen, dass er SEinen Logos persönlich hat eingreifen lassen – in Menschengestalt. Freilich nicht nur als logischen Fallschirmspringer aus dem Himmel der Ewigkeit, der kurz »unten« abgesetzt wird und die Folgen der Erbsünde im Prinzip wieder in Ordnung bringt, um dann wieder in die himmlischen Gefilde zurückzukehren. Gottes Eingreifen, das Wirken der zweiten Person der göttlichen Drei-in-Einigkeit in der Heilsgeschichte, ist zugleich eine Niederlage Gottes (Sergio Quinzio). Gott erleidet in Christo SEine Todeskrise: Sie ausschließlich als eine gewollte zu verstehen – gar als »Selbstmord des Gottessohns« (Jack Miles) – heißt, die Passion zu verharmlosen.

Der Ewige umfasst und erfährt in Jesus als Christus alle Kontingenz des Menschlichen. Jesu Botschaft, Gottes Opfer bestand darin, die menschliche Endlichkeit, das von der Ursünde verursachte Sein zum Tode in allen ihren Konsequenzen selber auf sich zu nehmen. Noch einmal unser so vernünftig christlicher Schwabe: »der Tod ist so der höchste Beweis der Menschlichkeit, der absoluten Endlichkeit. Und zwar ist Christus gestorben den gesteigerten Tod des Missetäters; nicht nur den natürlichen Tod, sondern sogar den Tod der Schande und Schmach am Kreuze: die Menschlichkeit ist an ihm bis auf den äußersten Punkt erschienen« (Hegel, Bd. 17, S. 289).

5.

Was also heißt Imitatio Christi? Dem Menschen Jesus können wir folgen. Einiges mag vielleicht an seiner Botschaft nach zwei Jahrtausenden modernisierungsbedürftig sein (das geht uns mit dem Buddha ja auch nicht anders). Doch seine Liebesethik, die das jüdische Gesetz verwirklicht, ergänzt, transzendiert, ist voll anschlussfähig. Ihr können wir immer noch mit guten Gründen folgen. *Aber das ist nicht die Nachfolge Christi:* Und Gott, dem Sohne nachzulaufen – der zweiten Person des (DREI-IN) einzigen Gottes, dem ewigen Logos, der bei Gott ist und der Gott selbst ist, das ist uns schlicht unmöglich.

Dieses Paradox muss einfach explodieren. Und das geschieht dadurch, dass der »Inhalt« der Nachfolge Christi zwar nicht beliebig ist – er steht für rückhaltlose Bindung an Christus den Heiland und Gott –, aber *leer.* Die genannte gottmenschliche Spannung ist ja von höchstmöglicher Intensität: Sie motiviert zum Einreißen von Grenzmauern, zum Loslassen aller nicht von Gottes Liebe durchwirkten sozialen Beziehungen. Wenn Jesus der Mensch als Gott ruft, lassen wir alles stehen und liegen und folgen ihm nach. Wohin? Das hängt von den Umständen ab.

Der Code der Imitatio Christi ist darum in der Geschichte des Abendlandes gerade in Umbruchzeiten produktiv gewesen: Ein Abbruch überkommener Routinen – eine Tabula rasa im Angesicht von Christi Ruf – war stets die Voraussetzung für den Aufbau einer neuen Disziplin ex nihilo: Die zisterziensische Kloster- und Lebensreform Sankt Bernhards, des Kreuzzugspredigers und europäischen Politikers, zieht aus der nur in Christi Liebe überbrückten absoluten Dimensionsdifferenz der göttlichen von der menschlichen Natur die Energie, um den Weg empor als Disziplin zu reorganisieren.

Sursum corda: Bernhards Bild ist die Leiter, auf der Christus aus SEiner göttlichen Natur zu uns herabstieg und später wieder hinauf (Bd. IV, S. 216 f.). Ihn zu imitieren heißt, methodisch zu bleiben – und es braucht Energie, keinen Schritt in billigem Enthusiasmus zu überspringen. Bei Christi Herabstieg aus SEiner göttlichen Natur gab es Stufen, analoge Stufen gilt es auch für uns, bei unserem Hinaufstieg zur Begegnung mit Gott zu beachten. Und sie bestehen im systematischen Nachvollzug von Christi Selbsterniedrigung: Demut, Unterwerfung, Ausdauer.

Für Thomas von Kempen hingegen, im 14. Jahrhundert – bzw. für Geritt Grote, den Stifter der Bruderschaften vom gemeinen Leben, auf dessen geistliches Tagebuch der Bestseller *Imitatio Christi* wohl zum großen Teil zurückgeht (F. Kern) – besteht die Nachfolge in der neuen spirituellen Praxis einer *Devotio moderna.* Das ist die neue Disziplin eines innerlichen Kampfs um gottgefällige Haltungen und Bewegungen der Seele, welche – darin durchaus auf die Reformation vorausweisend (Ch. Taylor) – der Bewahrung von Frömmigkeit und innerer Ruhe gilt, inmitten des gewöhnlichen Lebens, der städtischen Berufe, im sozialen Umbruch. In dieser Frömmigkeitsbewegung entsteht die »Innenleitung« der Moderne.

Unser städtischer »Mystiker« Grote argumentiert durchaus rational: Unter zwei Übeln sollte man das geringste wählen: Wenn du aber jetzt schon unter dem bisschen christlicher Askese leidest, wie wirst du dereinst, nach dem Gericht, das Fegefeuer ertragen? Ganz zu schweigen vom ewigen Höllenfeuer der Gottferne (*De imitatione* III, 12). Sub specie aeternitatis ist alles Eitelkeit – alles, außer Gott zu lieben (*ibid.* I, 3-4). Darum ertrage Verzicht und Leiden, sagt er sich wieder und wieder, um des ewigen Lebens willen. Keep cool! ist die Botschaft, Energien der Lebensführung nicht verschleudern, nicht verzetteln: Nicht die theologische Schulweisheit oder die Artes liberales (mit denen Gerrit Grote sehr wohl als Studiosus in Köln, Aachen und Paris seine Erfahrung hatte) und auch nicht die Suche nach einer Klerikerkarriere helfen uns dabei, aus unserem Leben ein zweites Leben Jesu zu gestalten.

Am radikalsten »leer« – nicht blind, aber offen für jeden Entscheidungstyp – aber ist dann, wieder zwei Jahrhunderte später, die ignatianische Nachfolge Christi in seinen geistlichen Übungen, welche Trost und *Electio*

(Auswahl, Erwählung, rechte Entscheidung) bei der Weltveränderung einüben helfen. Die Exerzitien (sie verdienten hier eine detailliertere Analyse: siehe Barthes, Rahner, Perniola) dienen sowohl der beständigen Vergegenwärtigung des christlichen Einsatzes und Auftrages – als auch der beständigen Kontrolle des »Reflexionsgleichgewichts« (John Rawls) des Exerzitanden durch seinen Coach oder Seelentrainer.

Die am Ende der zweiten Exerzitienwoche angepeilte entscheidende Electio selber ist dann – wie Roland Barthes und Karl Rahner gezeigt haben – in ihrem Inhalt gerade nicht methodisch standardisierbar, vorproduzierbar. Wichtig ist nur, *dass* es sich um eine methodische, sich ihrer selbst bewusste Entscheidung handelt (Karl Rahner: in der das Subjekt in seiner Transzendenz vor Gott zum Thema wird) – *was auch immer das sei.*

Denn keines der methodisch in vier Wochen innerer, immer wiederholter Szenarien, Vorstellungstheater, Einfühlungstechniken produzierten, akkumulierten, protokollierten Zeichen ist bei der »Mantik«, der Deutung von Gottes Willen, je eindeutig – wie der Semiotiker Barthes weiß und wie dies schon Sankt Ignatius eindrücklich und leidvoll in seinem eigenen geistlichen Tagebuch vorgeführt hat: Das ist das Protokoll seines Ringens um eine Entscheidung in der für den Jesuitenorden zentralen Armutsfrage. Nach wochenlangen Strichlisten (Quantifizierung und zeitliche Verteilung der Tränen der Ergriffenheit und des geistlichen Trosts *vor, nach, während* der Messe) hat der Ordensgründer immer noch keine Klarheit ... und entschließt sich für den Ausweg, »gerade aus dem Ausbleiben der [von Gott gesandten] Markierung ein letztes Zeichen zu machen: den Respekt, die ehrfürchtige Hinnahme von Gottes Schweigen« (Roland Barthes).

6.

Alles kann Anlass und Zeichen der Nachfolge Christi sein. Aber der Grund liegt, wie Dietrich Bonhoeffer in seinem Buch über die Nachfolge aus der Zeit seines Ringens um die Bekennende Kirche schreibt, einzig im Rufer. Also in Gott, der als Mensch zu uns spricht: »Nur der Mittler, der Gottmensch, kann in die Nachfolge rufen.«

Sie ist bedingungslos, wie Jesus es vom Zöllner Levi verlangt (Markus 2, 14): Er spricht zu ihm, folge mir nach. Und dieser stand auf und folgte ihm nach. Die Nachfolge Christi nimmt auch keinerlei Rücksicht (Markus 9, 59-62): Nicht auf das Gebot des Gesetzes, Vater und Mutter zu ehren. Als ein Jünger Jesu fragt, ob er zuvor noch seinen Vater begraben könne, antwortet ihm der Menschensohn, er solle die Toten ihre Toten begraben lassen. Gehe du aber hin und verkünde das Reich Gottes!

Keinerlei Rücksicht nimmt die Nachfolge auch auf gewachsene Bindungen; nicht einmal der Abschied vom eigenen sozialen Milieu, von der eigenen Familie darf die Nachfolge aufschieben oder konditionieren. Wer seine Hand an den Pflug legt, darf nicht zurückschauen. Sonst ist er nicht geschickt für das Reich Gottes.

Der Ruf in der Nachfolge Christi gilt gerade keinem mit guten Argumenten begründeten Moralgesetz oder Ethikprogramm – auch wenn die Sprüche Jesu in der aus Matthäus und Lukas rekonstruierbaren sogenannten »Logienquelle« *Q* als eine Summe sprichwortartiger Exemplifikationen von ethischen Haltungen gelesen werden könnten (Crossan). Der Ruf zielt auf die »Bindung an die Person Jesu Christi allein, [auf] Durchbrechung aller Gesetzlichkeiten durch die Gnade dessen, der ruft« (D. Bonhoeffer).

Dieser Ruf der Nachfolge Christi führt also, wie Bonhoeffer schreibt, zum Bruch mit der »Unmittelbarkeit« der vorgegebenen – kulturellen, sozialen, moralischen – Welt. Er vereinzelt also den Jünger, der dem Rufe folgt, lässt ihn heraustreten aus seiner bisherigen Existenz. Ist er deshalb schon »der Grund ganz neuer Gemeinschaft«, wie Bonhoeffer meint? In der Geschichte Europas und seines puritanischen Ablegers in der Neuen Welt produzierte die Imitatio Christi vor allem Disziplin, Innenleitung, Rückgrat. Eine eindeutige soziale Ordnung gibt sie nicht vor. Das ist ihre Chance. Das ist das Risiko.

Literaturhinweise

Anselm [von Canterbury], *Proslogion;* ders., *Cur Deus Homo*

Roland Barthes, *Sade Fourier Loyola,* Frankfurt/M. 1974

Bernhard, IV [= *Die Schriften des honigfließenden Lehrers Bernhard von Clairvaux,* hrsg. von der Abtei Mehrerau durch E. Friedrich S. O. Cist., Wittlich 1936, Bd. IV: *Miszellen. Ansprachen über verschiedene Gegenstände*]

Dietrich Bonhoeffer, *Nachfolge,* München 1937 [jetzt DBW, Bd. 4, 1994]

John D. Crossan, *Der historische Jesus,* München 1995

Gerrit Grote, *Die Nachfolge Christi oder Das Buch vom inneren Trost* (Text vom Jahre 1348, übs. u. hrsg. von F. Kern), Olten 1947

Jürgen Habermas, *Die Zukunft der menschlichen Natur,* Frankfurt/M. 2001

Georg Wilhelm Friedrich Hegel, *Werke,* hrsg. von Eva Moldenhauer und Karl Markus Michel, Frankfurt/M. 1969

Jefferson: Gary Wills, »Jefferson's Jesus«, in: *New York Review of Books,* 24. 11. 1983

Ignatius von Loyola, *Die Exerzitien* (Übs. H. U. v. Balthasar), Einsiedeln 1946

Saint Ignace, *Journal Spirituel,* (trad. M. Giuliani) Paris 1958

Jesus und Buddha. *Worte die unser Herz erleuchten* (hrsg. von Marcus Borg), München 1999

Tarif Khalidi, *The Muslim Jesus,* Cambridge, Mass. 2001

Jack Miles, *Jesus. Der Selbstmord des Gottessohns,* München 2001
Gerald O'Collins, *Christology,* Oxford, UK 1995
Mario Perniola, *Del sentire cattolico,* Bologna 2001
Q. Das verlorene Evangelium. Was Jesus wirklich sagte (Hrsg. Mark Powelson und Ray Riegert), München 1967
Sergio Quinzio, *Die Niederlage Gottes,* Hamburg 1996
Karl Rahner, »Die ignatianische Logik der existentiellen Entscheidung«, in: *Ignatius von Loyola. Seine geistliche Gestalt und sein Vermächtnis: 1556-1956,* Würzburg 1956
Richard [von Sankt-Viktor], *De Trinitate*
Herbert Schnädelbach, »Der Fluch des Christentums«, in: *Die Zeit,* Nr. 20/2000
Friedrich Schleiermacher, *Der christliche Glaube,* Berlin 1960
George Bernard Shaw, »Die Aussichten des Christentums«, in: *Vorreden zu den Stücken,* Bd. 1, Frankfurt/M. 1952, S. 492-620
Richard Swinburne, *The Christian God,* Oxford, UK 1994
Charles Taylor, *Quellen des Selbst,* Frankfurt/M. 1994
Thomas von Kempen, *De imitatione Christi / Das Buch von der Nachfolge Christi,* Stuttgart 1950
Hans Zirker, *Islam,* Düsseldorf 1993

Eine Mitteilung

Von der nächsten Ausgabe an ist unsere Autorin Ina Hartwig Mitherausgeberin des *Kursbuch*.

Norbert Miller, geb. 1937, lehrt deutsche und vergleichende Literaturwissenschaft an der Technischen Universität Berlin. Im Frühjahr 2002 erscheint *Der Wanderer. Goethe in Italien*.
Roderich Fueß, geb. 1935, studierte Romanistik in Frankfurt am Main, Zürich und Paris. Aufsätze und Bücher zur Theorie des Romans und zum Theater des 17. und 18. Jahrhunderts. Lebte früher in Mailand.

Silvia Bovenschen, geb. 1946, Literaturwissenschaftlerin und Essayistin, lebt in Frankfurt am Main und Berlin.

Gennaro Ghirardelli, geb. 1944, lebt in München.

Claudia Schmölders, geb. 1944, Kulturwissenschaftlerin an der Humboldt Universität. Zuletzt erschien *Hitlers Gesicht. Eine physiognomische Biographie* (München 2001).

Fritz W. Kramer, geb. 1941, lehrt kunstbezogene Anthropologie an der Hochschule für Bildende Künste Hamburg.

Stefanie Flamm, geb. 1970, arbeitet für das Feuilleton der FAZ, lebt in Berlin.

Yaak Karsunke, geb. 1934, Schriftsteller, lebt in Berlin.

Joachim Kalka, geb. 1948, lebt als Übersetzer und Kritiker in Stuttgart.

Heidi Schüller, geb. 1950, Dr. med., Journalistin, Autorin; zuletzt erschien *Wir Zukunftsdiebe. Wie wir die Chancen unserer Kinder verspielen* (Berlin 1997). 1972 war sie Mitglied der deutschen Olympiamannschaft. Lebt in Köln.

Julia Graf, geb. 1971, seit 1998 Lektorin im Berlin Verlag. Zuletzt erschien von ihr *Leidenschaft und Nüchternheit. Zeitgeschichte in Thomas Manns Roman »Joseph und seine Brüder«* (Bonn 1999).

Konrad Paul Liessmann, geb. 1953, Professor für Philosophie an der Universität Wien. Zuletzt erschienen von ihm *Die großen Philosophen und ihre Probleme* (Wien 2001) und der von ihm herausgegebene Band *Der Vater aller Dinge. Nachdenken über den Krieg* (Wien 2001).

Reinhard K. Sprenger, geb. 1953, arbeitet als Unternehmensberater und Publizist. Zuletzt erschien von ihm *Aufstand des Individuums* (Frankfurt/M. 2000). Lebt in Essen und Santa Fe.

Bernd Flessner, geb. 1957, Literaturwissenschaftler und Autor. Unterrichtet an der Universität Erlangen-Nürnberg. Zuletzt erschien von ihm zum Thema: *Nach dem Menschen. Der Mythos einer zweiten Schöpfung und das Entstehen einer posthumanen Kultur* (Freiburg i. Br. 2000).

Otto Kallscheuer, geb. 1950, Philosoph und Politikwissenschaftler; lebt zumeist in Italien. Zuletzt erschien der von ihm herausgegebene Band *Das Europa der Religionen* (Frankfurt/M. 1996).

Das Foto auf Seite 72 und 73 »Büsten preußischer Helden« stammt von *Regina Schmeken.*

Das Foto auf Seite 156 und 157 wurde im Park von Schloss Sanssouci von *Sabine Sauer* aufgenommen.

Die Zeichnung der Hauptgestalten aus der Ilias von Johann Heinrich Wilhelm Tischbein haben wir dem Katalog *Troia. Traum und Wirklichkeit* (Konrad Theiss Verlag, Stuttgart 2001, S. 273) entnommen. Wir danken dem Verlag für die Abdruckgenehmigung.

Kursbuch 147	**Gewalt**	März 2002
Kursbuch 148	**Die Rückkehr der Biographien**	Juni 2002

Vorschauen auf diese beiden Ausgaben enthält der Beihefter in dieser Ausgabe zwischen den Seiten 64 und 65.

Hilfe!
PETRA GERSTER
CHRISTIAN NÜRNBERGER
DER ERZIEHUNGS-NOTSTAND
Wie wir die Zukunft unserer Kinder retten
ROWOHLT BERLIN

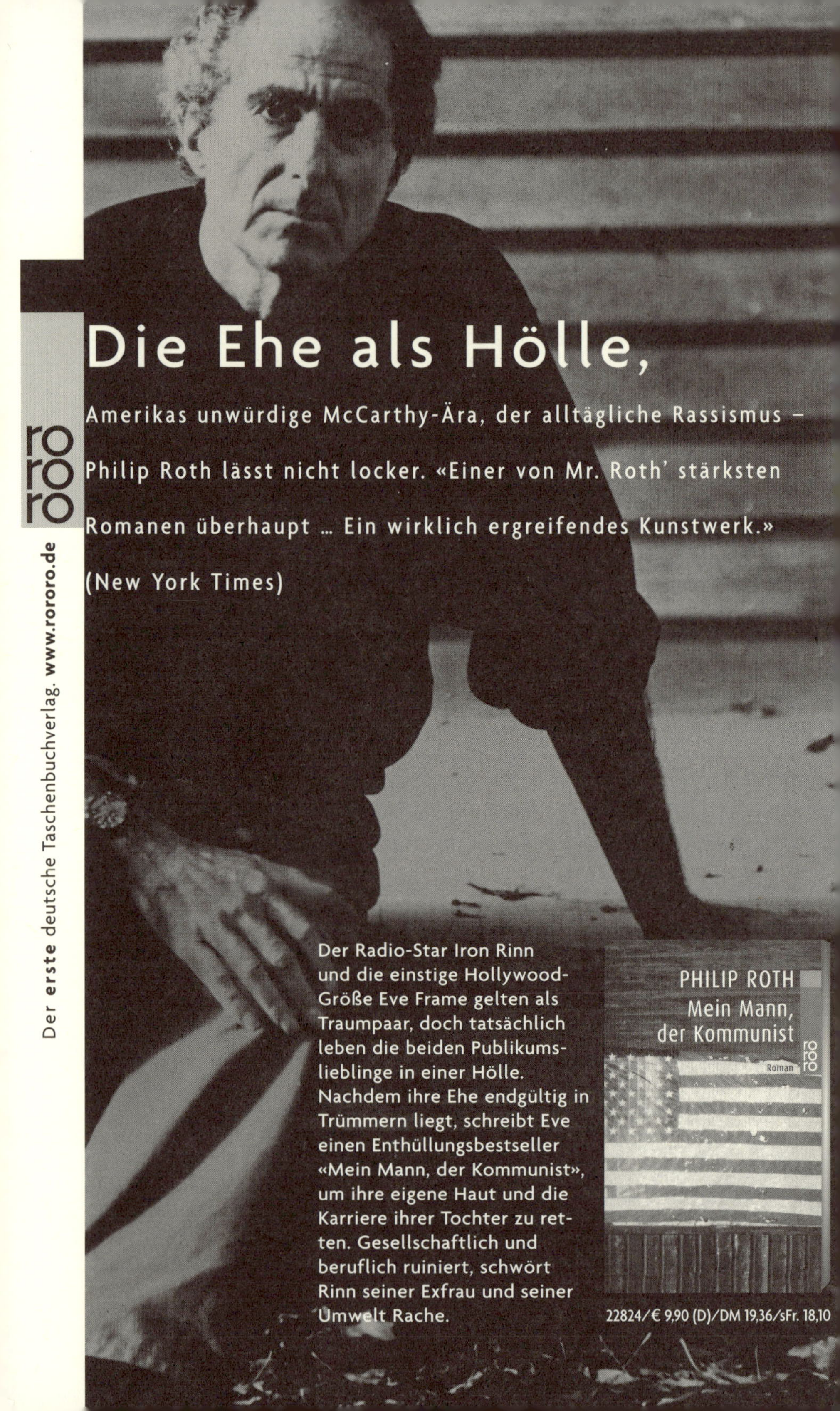
rororo
Der erste deutsche Taschenbuchverlag. www.rororo.de
Die Ehe als Hölle,
Amerikas unwürdige McCarthy-Ära, der alltägliche Rassismus – Philip Roth lässt nicht locker. «Einer von Mr. Roth' stärksten Romanen überhaupt ... Ein wirklich ergreifendes Kunstwerk.» (New York Times)
Der Radio-Star Iron Rinn und die einstige Hollywood-Größe Eve Frame gelten als Traumpaar, doch tatsächlich leben die beiden Publikumslieblinge in einer Hölle. Nachdem ihre Ehe endgültig in Trümmern liegt, schreibt Eve einen Enthüllungsbestseller «Mein Mann, der Kommunist», um ihre eigene Haut und die Karriere ihrer Tochter zu retten. Gesellschaftlich und beruflich ruiniert, schwört Rinn seiner Exfrau und seiner Umwelt Rache.
PHILIP ROTH
Mein Mann, der Kommunist
Roman
rororo
22824/€ 9,90 (D)/DM 19,36/sFr. 18,10